ほっかいどうサムライ伝

THE SAMURAI HISTORY OF HOKKAIDO

〜流れる星の如く、北辺の地へ〜

村岡章吾

歴史春秋社

碧血碑

正しくは「へきけつひ」と読む。義に殉じた武人の赤い血は、３年経つと碧《みどり》の血と化す、中国の故事で「碧玉《へきぎょく》」になることを意味する。

函館山中にあるこの碑は、旧幕府側の800人余の戦死者が祀られているが、その一人土方歳三を称《たた》えて建てられたともいわれる。

明治８年(1875) ５月、榎本武揚ら有志によって建立。

会津鶴ヶ城
幕末、戊辰戦争での新政府軍との戦いにおいて１ヵ月もの籠城戦が行われた。維新後、城は解体されたが、昭和40年（1965）に天守が復元された。（好川之範氏撮影）

五稜郭
元治元年(1864)に築造された星形稜堡式の城郭である。箱館戦争において旧幕府軍と新政府軍との間で繰り広げられた戦いの舞台となった。

箱館奉行所
元治元年に五稜郭とともに完成。幕府の箱館奉行所、箱館戦争時には榎本軍本営となったが、明治4年(1871)に解体。平成22年(2010)に奉行所全体の1/3の復元が行われた。

松前城

安政元年(1854)築城。旧幕府軍の攻撃を受けるなど主戦場となっている。天守は焼失後、昭和36年(1961)に再建されている。

幕府軍艦「開陽」

幕府艦隊の旗艦「開陽」は慶応元年(1865)11月にオランダで進水、その名は北斗七星を意味し、オランダ語では「夜明け前」と訳される。戊辰戦争中に江差沖で暴風雪により沈没したが、平成２年(1990) ４月に復元された。

土方歳三最期之地碑、一本木関門

箱館戦争の末期、新選組副長土方歳三は、一本木関門付近において壮烈な最期を遂げる。今も献花が絶えることはないという。

開拓使札幌本庁舎

明治６年(1873)10月に完成した開拓使本庁舎。「白亜館」とも呼ばれ、屋根に八角形のドームをもつ外観は偉容を誇っていたが、明治12年(1879)に焼失。現在、「北海道開拓の村」に復元されている。

新琴似屯田兵中隊本部

琴似、山鼻に次ぎ新琴似に入植した屯田兵第一大隊第三中隊本部の建物として明治19年(1886)に建造。昭和47年(1972)に改修復元され、昭和49年(1974)に札幌市指定有形文化財に認定されている。

傷心惨目碑

箱館戦争において、旧幕府軍の傷病兵を新政府軍が襲撃し、多くの会津武士が命を落とした。その供養として、明治13年(1880)に旧会津藩士が函館・高龍寺に建立。「傷心惨目」は、唐の李華の『古戦場を弔う文』から引用されたものである。

『ほっかいどうサムライ伝』発刊に寄せて

北海道剣道連盟会長
剣道範士八段　武田牧雄

この本は、北海道剣道連盟発行の機関誌『剣友北海道』（月刊）に、平成十四年（二〇〇二）四月から令和四年八月までの間、二十八回に亘り「歴史を辿る」に登載された幕末から明治にいたる様々な武士たちの生き様の軌跡を辿ったもので、このたび『ほっかいどうサムライ伝』として集編し、発行されました。

明治期の日本は、たった十数年で近代化を成し遂げ、欧米列国と肩を並べる世界の大国になりましたが、これらの発展の陰には、幕末・明治・大正という時代の移行期に日本の歴史を動かした人物の武士道精神が大きく関わっており、その重厚さが現代への発展に繋がっていると言えます。

著者の村岡章吾氏は、北海道幕末維新史研究会の会員であり、同会機関誌「北の幕末維新」の編集人ですが、他にも北海道の歴史関連の書籍『高田屋嘉兵衛のすべて』を高名な作家の先生と共著されており、北海道開拓の進展とともに剣道の発展を知るうえで、新たな視点から一石を投じたその功労は多大です。

また、北海道剣道連盟の広報委員として、『剣友北海道』の編纂にもご苦労を頂いており、連盟創立五十周年、六十周年、七十周年記念誌の発刊に当たり編集委員として編纂にご尽力頂きました。

こうしたことから剣友諸氏の熱望に応じ再編纂し発刊された本書によって、過去の知り得なかった事実を、文献・伝承等から多角的な視点で研究・検証・解析し、幕末・維新のなかで混迷と変革の時代を、まさに苦悩・葛藤・挑戦した知られざる生き様と、その偉大さを垣間見れる光と影の武士道の歴史を読み解くことができます。

幕末・維新における栄枯盛衰、埋没する史実を、村岡章吾氏の研究と造詣の深さ、知識により命を得たことは、北海道剣道の発展の歴史、人物史の一端を知るうえで参考となる書です。

貴重な資料として真に意義深く、剣道の歴史書としても価値あるもので、心から敬意を表しますとともにお祝い申し上げます。

こうした歴史に興味ある方々、特に剣友の皆様には、剣道発展史の書として是非ご一読されますことを切望いたします。

まえがき

〝サムライ〟であるための心の持ち様《よう》がある。

それは、「自律心である、ひとたびイエスといった以上は命をかけてその言葉をまもる、自分の名誉を命をかけてまもる、敵に対する情《なさけ》。さらには私心をもたない、また私に奉ぜず、公に奉ずる」と、司馬遼太郎は『「明治」という国家』のなかで要約している。

すべてのサムライたちが、このとおりであるわけではないにしても、少なくとも本書に登場する人物は、〝サムライ〟を実践してくれているようだ。

この国に七百年もの間、連綿と君臨した階級であったサムライは、江戸末期にあって敗者側、勝者側を問わず命を賭して革命戦争に突き進み、この国を変えようとした。

明治維新のとき、日本の人口三千万人ほどのうち、武士層は家族を含めて二百万人ほどといわれているが、この戦いによってサムライ自《みずか》らが、その時代に終止符を打ち、そして新らたに〝国民〟を生む。

この本は、こうした時代の流れを俯瞰《ふかん》的背景として、それぞれの一途な思いを抱き、津軽海峡を渡って北辺の僻隅《へきぐう》たる蝦夷の地を踏んだ数例のサムライたちを書いたつもりである。

平穏に生きていけるはずだったサムライもしくはその末裔たちは、世が急激に移《うつ》ろうなか、予想もしなかった道に進まざるを得ない事態に直面し、場面的には〝官〟に準じたり、抗しながらも北海道を生きる舞台として選んだのである。

伝えられる歴史が、常に勝者側によって捉えられ、造《つく》られてきたなかで「勝てば官軍、負ければ賊軍」の言葉が、もっとも象徴されるのが戊辰《ぼしん》戦争であったといえる。本書は、どちらかといえば、勝者を褒め称える〝正史〟ではなく、敗者の側に立つ〝稗史《はいし》〟に立脚する視点で書いている稿が多い。

ともあれ、こうしたサムライたちを書く機会を与えてくれたのが、北海道剣道連盟の機関誌『剣友北海道』である。当誌は月刊であるが、平成十四年（二〇〇二）

五月号から令和四年（二〇二二）八月号まで「歴史を辿る」と題して、不定期ながら掲載したものを『ほっかいどうサムライ伝』と改題し、一冊にまとめたのがこの本である。

したがって、剣道連盟機関誌に掲載ということもあって、登場人物が遣《つか》ったであろう剣術、撃剣、剣道の類《たぐい》がページを割《さ》いているのも本書の特徴といえるかも知れない。

サムライたちは、当然に剣を遣う。

剣術は、室町時代あたりに流派の源が誕生し、それらが継承、あるいは分派しながら、江戸時代には数百もの流派が生まれている。流派には各々独自の技法があり、サムライは自己を厳しく律する修練の一つとして剣術をはじめとする武芸を学び、非常時に備《そな》えて自己を磨くことに努めていた。

それは、礼儀、剣の理《ことわり》、合理的な身体運用、精神の鍛練といったサムライを形成するうえで欠かせない支柱でもあった。

おそらく、最も激しい変革の時代に、その基盤を失ったサムライたちにとっては、この剣で培《つちか》った自信が、生き抜くことへの心身両面の不屈さ、強靭さに繋《つな》がっていることは間違いないだろう。

しかし、ここまで書いても、具体的にサムライを理解することは難しく、現代人が、その遺伝子を持っていたとしても、また歴史を感覚として捉えることができたとしても、実像を導びき出せていない気がする。

令和四年は、札幌、旭川、函館、釧路、小樽、室蘭の道内六市が大正十一年（一九二二）八月一日の市制施行から百年という一つの節目の年である。

北海道史については、北海道全体の歴史が浅いせいもあるが、例えば、道央圏に住む人にとって、戊辰の最後の戦いである箱館戦争が道内で起こったという歴史認識が希薄かつ淡泊ということも挙げられるのではないだろうか。上野で〝あの戦い〟といえば上野戦争をいい、会津では会津戦争と解するのとは異相である。

とはいっても、この狩猟の民であるアイヌの地に和人が移住したのは、平安時代末期の文治五年（一一八九）、渡島半島南部の一部のみを安東氏が領有し、その後、蠣崎《かきざき》氏から松前氏に名を変えることによって、慶長四年（一五九九）に松前藩が誕生している。確かに限られた地域の歴史は古きを残しているが、当時のほとんどの日本人にとって〝蝦夷〟という言葉の持つイメージは、その日常とは遥かかけ離れたものであった。

ともあれ語り尽されている言葉だが、歴史を知ることは、今の時代を知ることに繋がり、また将来を予測することにも結びつく。本書に登場するサムライたちを通じて、サムライの興亡を語る〝ドキュメント〟として、北海道の歴史と風土の断片を描く〝エピソード〟として捉えていただければ幸いである。

「歴史を辿る」は、平成十四年から書き始めている。そのため、表記に不統一な面もあり、また掲載期間中に新しい史実が見い出されたりしており、細部において書き改《あらた》めるべきところも多々あると思うが、その点、ご容赦願いたい。併せて、本書を書くに当たって、登場人物ごとに数多くの著書を参考とさせていただいたことに、誌面を借りてお礼申し上げる。

著　者

目次

ほっかいどうサムライ伝　～流れる星の如く、北辺の地へ～

永倉《なが》倉《くら》新《しん》八《ぱち》

新選組二番隊隊長、小樽・札幌での顚末

剣の腕は新選組随一

明治も終わろうとしている頃、カラコロ、カラコロと車音をたてながら孫たちを木馬に乗せて、小樽の公園や坂道をよく歩き回っている老人がいた。

この翁が、かつて幕末の京洛において近藤勇、土方歳三らとともに、〝鬼の永倉〟と恐れられた新選組きっての剣の遣《つか》い手、永倉新八とは誰も気が付かない。

文久三年（一八六三）の新選組結成から解体まで、新八は一同志として名を連ね、沖田総司《そうじ》や斎藤一《はじめ》らとともに副長助勤として二番隊隊長、そして剣術師範を務めてきた。

『新選組往時実戦談書』には「沖田ト同等ノ人ナリ副長助勤ノ名アリ」と記され、「永倉新八というものがおりました。この者は沖田よりはチト稽古が進んでおりました」と元隊士の阿部隆明が伝えているとおり、新選組のなかでも新八の腕前が相当際立っていたことが裏付けられる。

新八の新選組結成時の年齢は二十五歳である。ちなみに近藤勇三十歳、土方歳三二十九歳、沖田総司二十二歳であった。

昭和四十五年（一九七〇）六月に発刊された長谷川吉次著『北海道剣道史』のなかに、幕末松前藩の剣士の一人として「天保十年（一八三九）九月十二日、江戸下谷《したや》三味線堀松前藩主松平伊豆守屋敷の長屋で、勘次長子として生る、幼名栄治。父は松前藩江戸定府取次役百五十石の武士。八歳にして父に剣を学び、のち神道無念流岡田十松に師事、十五歳切紙、十八歳本目録を受け同年元服して新八と称す」と、その経歴を含めて詳しく紹介している。

新八の実姓は長倉、諱《いみな》は載之《のりゆき》と称した。

新八が学んだ神道無念流は、享保二十年（一七三五）頃、福井兵右衛門によって興《おこ》され、その名は〝無念の境地〟に由来しているといわれる。

太刀筋は、相手に対して斜め前に体を移し、攻撃をかわすと同時に、わずかな角度差で生じた隙《すき》に打ち込む体捌《たいさば》きにある。

神道無念流の組太刀には、初伝五本、中伝七本、上伝十一本、非打十本、そして目録以上の伝位の者が修行する五加五形の五本の表裏合わせて七十六本の形があり、あらゆる構えから対応可能な技を基本としている。なかには、相手の意表をつく刀法もあり、実戦的なものが多い。

福井兵右衛門を継ぐ者として、戸賀崎熊太郎、岡田十松と続き、岡田の門から出た斎藤弥九郎の〝練兵館〟が江戸三大道場の一つとして有名である。現在も、東京目黒の〝有信館〟において、この神道無念流が引き継がれている。

十八歳にして岡田十松の〝撃剣館〟において神道無念流の本目録を授けられた新八は、同流の百合元昇三の道場に寄宿し、さらに四年間修業を重ねるが、同流免許皆伝の翌年に松前藩の江戸藩邸を出奔、脱藩という相当の覚悟で剣の道を志《こころざ》している。

その後、二十五歳で心形刀流《しんぎょうとう》の坪内主馬にも学び、その師範代を務めながら、近藤勇の〝試衛館〟に客分として出入りするうちに天然理心流にも通じた。

明治二十年（一八八七）に入って、天然理心流の後継者が、小樽に在命中の新八を訪れ、同流に関する教えを受けたという話が残っている。

その一途な剣風で無類の強さを誇る天然理心流についても触れておく。

流派名は、「天然自然の理と、心の理を以って剣理を究《きわ》める」ことから命名されている。

寛政年間（一七八九〜一八〇一）に、近藤内蔵之助によって創始、武州多摩地方を活動拠点として、門人総数が最盛期には三千人にも達したと伝えられている。近藤勇は四代目宗家に当たる。

常に相打ち覚悟で臨み、力尽きるまで気迫を絶やすことなく攻める〝気組《きぐみ》〟の流派といわれている。その実戦性の高さは、やがて新選組の活躍によって実証されることになる。

天然理心流が形で使う木刀は、重さは二キロほど、握り手は親指と他の指が到底つかないほど太い。この太く重い木刀で稽古することによって、自然と腕力、握力がつき、真剣を遣う手の内が鍛えられる。また、相手の斬撃を鎬《しのぎ》で受け流す術を養うことができる。

構えは、刀身を少し左に傾斜させた平晴眼《ひらせいがん》、受けと同時に斬ることが可能な攻防一体という独特なものである。攻めるも気迫、守るも気迫という気構えは、絶えず前に出て反撃するという動きとして随所に見られる。

いずれにしても、実戦的な三流派を会得したことが、新選組隊士として幕末の多くの修羅場をくぐり抜け、明治・大正を生き抜いたことに深く繋《つな》がっているように思われる。

靖共隊、会津へ

文久三年（一八六三）、幕府の募集した浪士隊に近藤勇らとともに参加、上洛後、新選組の結成に参画する。

新八の手記として存在が知られながら、行方が分からなくなっていた貴重な史料『浪士文久報國記事』が発見されたのは、平成十年（一九九八）一月のことである。和紙に毛筆、五年余にわたる新選組の歴史を三分冊、計百七十頁に自筆で記録したものである。

この手記は、後日、『新選組戦場日記』として世に出るが、元治元年（一八六四）六月五日の池田屋事件では、最初に踏み入った隊士を近藤勇、沖田総司、藤堂平助、永倉新八の四人と明記し、戦闘描写も「表口へ逃ル者永倉追カケ、是ハ袈裟ガケニ一刀デオサマル」など当事者ならではの詳細な内容が綴られている。

池田屋を急襲したとき、新八は二十九歳。大乱闘の末、気が付いてみれば自《みずか》らの親指の付け根の肉が切り取られ、刀は刃こぼれが激しかった。

「イザ、真剣を抜き払って、さあ、どっこい向かい合った。三尺の間合い、そんなもの実際に正確な間隔なぞ取れっこないさ。両人ともスッカリ逆上しているからな、用心して三尺位の間合いを取っていたつもりでも、外見からみれば実は六尺以上も離れてにらみあったまま…」。

新八翁在りし日に来客があり、話中、たまたま斬り合いの話が出たとき、このように面白く語ったという。

池田屋事件後も、数多くの闘争、抗争、粛清《しゅくせい》が続いたが、新八はそのほとんどの闘いを二番隊隊長として行動するなど常に隊の中心にあった。

慶応四年（一八六八）一月三日の鳥羽伏見の戦いでは、二番隊を率いて参戦し、伏見奉行所から薩摩藩の本営に斬り込んだが、新政府軍の攻撃の前に引き返さざるを得なかった。鳥羽伏見の戦いで、新選組隊士の多くが戦死し、生存わずか四十四人となる。

この戦いに敗れた新八は、幕府運送船「順動」に乗船し、一月十二日に江戸に戻るが、三月には甲陽鎮撫隊に加わり、甲州に向かう。この部隊の編成は、新選組のほか、旧幕府の伝習隊、撤兵隊や菜葉隊などおよそ二百人であるが、勝沼・拍尾山の戦いにおいて、兵力に勝《まさ》る征討軍に敗れ、八王子まで敗走、江戸に引き揚げることになる。

江戸において新八は、新選組の原田左之助とともに近藤勇を訪れ、ともに会津へ行くことを促《うなが》すが、新八に主従を求める近藤と、互いに同志であることを譲《ゆず》らない新八の意見の対立があったらしく、ここに近藤と訣別《けつべつ》するにいたる。

こうして新選組を離れた新八は、会津を目指すため、かつて神道無念流の百合元道場で同門だった芳賀宜道《はがぎどう》を隊長に据《す》え、副長に新八と原田左之助、新選組からは林信太郎、矢内賢之助、前野五郎、中条常八郎、松本喜三郎らとともに靖共隊を結成する。

約三百人の靖共隊は、小山、宇都宮で戦い、旧幕府歩兵隊と合流して八月に会津城下に入る。

このときに新八の宿泊した先が「酒造屋石津屋」とみられることが調査で判明したのは、平成二十一年（二〇〇九）のことである。場所は、現在の会津若松市行仁町三番、土蔵の扉に弾跡があったというが、今、その建物はない。

新八は、会津で出会った米沢藩士の雲井龍雄《くもいたつお》に請《こ》われて、援軍として米沢に出兵するが、藩論は主戦派と恭順派に大きく分かれていた。

一方、東北での雌雄《しゆう》を決する会津鶴ヶ城の攻防戦は、八月二十三日から火蓋《ひぶた》が切られ、約一ヵ月にわたる激戦ののち、ついに九月二十三日に落城するが、この報が米沢に届くや靖共隊は離散してしまう。

米沢藩は新政府軍に恭順し、新八らは華岳院に謹慎となるが、十一月に脱出。

この地からの逃亡は困難を極める。新八は〝馬具職人の喜八〟、芳賀は〝生糸買いの吉兵衛〟と偽名を名乗りながら、越後などを通り、芳賀の住んでいた浅草三軒町に辿り着く。

すでに、慶応四年は、九月八日に明治元年に改元され、江戸も東京と改名されている。

新八と行動を共にしていた芳賀は、明治二年（一八六九）一月に新政府軍脱走取締役をしていた義兄の藤原亦八郎と、酒の上で言い争いとなって、その部下に斬殺される。芳賀の妻から新八は仇討《あだう》ちを頼まれるが、その義兄も病没してしまう。

また、雲井は、政府転覆を謀ったとして、明治三年（一八七〇）十二月に斬首されているが、謀反者のなかに「入布新《いりふあらた》」の名がある。この入布新は、新八の変名である。

潜伏中の東京で旧幕浪士の取り締りが厳しくなるなか、次々と盟友を失った新八は、身をかくしきれぬと観念し、再起を期して、松前藩に帰参を願い出る。この新八の帰藩は、「家老下国東七郎の計らい聞き届けられ、百五十石で召出《めしだ》される」と咎《とが》めなく許されることになる。

さっそく新八は、その経歴を買われて藩の伝習隊の歩兵調練に当たる。松前藩改《あらた》め館藩から小隊曹長の辞令書が残されている。

さらに家老の下国の奨《すす》めで松前藩医師の杉村松伯の養子となり、杉村義衛と改名する。

『松前史網』に「明治四年一月十六日　杉村治備多内、後に更《あらた》め義衛、海関所復旧の報を齎《もたら》す。正月三日東京を発し函館に航す」とあり、東京を出発して海路十日ほどで函館に到着し、十六日に松前に入っている。

東京を発つ前、新八は板橋の近藤勇の刑死跡を訪れている。名誉回復のため、再び板橋に戻るのは四年後のことである。

新政府の厳しい追及の手があるなか、なぜ松前藩が新選組幹部であった新八を擁護したのかは定かではないが、松前藩において長倉家が名門の系譜であったことと、下国東七郎という人物がいなければ帰参することは叶《かな》わなかったと思われる。

名誉回復に奔走

改名した義衛とは、〝義《ぎ》を衛《まも》る〟という意であり、この名のとおり新八の後半生は、斃《たお》れていった多くの新選組隊士の名誉回復と供養に奔走《ほんそう》する。

明治七年（一八七四）に維新の功罪を問わないという太政官達が布告されると、新八はすぐに行動を起こし、自らが発起人となって斎藤一らとともに東京板橋に「新選組慰霊碑」を明治九年（一八七六）五月に建立する。正面に近藤と土方、側面には隊士の名が刻まれている。

さらに、日野高幡山金剛寺境内の近藤、土方の招魂碑「殉節両雄之碑」の建立にも尽力している。この碑の篆額《てんがく》は、旧会津藩主松平容保《かたもり》に依頼している。

子母澤寛《しもざわかん》の『新選組始末記』に「八木為三郎老人壬生《みぶ》ばなし」というのがある。

八木為三郎は、壬生浪士の屯所となった八木源之丞の次男であるが、同じ屋根の下、屯所内での隊士の暮らしぶりや人物評価も交えて多くの証言を残している。

そのなかに、明治に入ってから新八が八木邸を訪れ、「関西方面の道場を廻って、剣術の稽古をして歩いている途中だといって、一夕、酒をのんで昔がたりをして行きました。聞いてみると、私どもの知らなかったこともずいぶんあり、思い当たることも多かったわけです。松前の脱藩者ですが、気前は江戸っ子風の人物でした」と語っている。

明治９年、東京板橋に建立された新選組慰霊碑。永倉新八の発起による

新選組慰霊碑の傍らに建つ永倉新八の墓

維新後、新八は忙しく転居を繰り返すが、その流れについて、簡単に記しておく。
明治四年（一八七一）に初めて北海道の地を踏み、松前に居住、明治六年（一八七三）に小樽、明治八年（一八七五）に再び上京し、浅草に住みながら東京中の剣術道場を回り、試合した相手に署名を請うた「英名録」が数冊あったという。

明治十五年（一八八二）は、月形の樺戸集治監《かばとしゅうちかん》に勤務、明治十九年（一八八六）に辞任後、東京市千住に移り住み、自らの剣術道場〝文武館〟を構える。館名は、新選組の壬生屯所の道場と同名である。

明治二十四年（一八九一）は東京小石川、翌年九月に札幌、明治二十八年（一八九五）に再び東京本郷、小石川と転居を重ね、明治三十二年（一八九九）には娘ゆきの婿の岡田伝次が小樽警察署勤務となったことから小樽に住み、明治三十七年（一九〇四）に松前、次の年に小樽緑町へ戻っているが、特に在京中は、京都をはじめ大阪、米沢など各地に赴《おもむ》き、隊士の霊を弔《とむら》っている。

生き残りの隊士らとは何らかの交宜を続けていたものと思われるが、新選組伍長だった近藤芳助との交流記録はあるものの、他は残念ながら多少曖昧である。

明治三十三年（一九〇〇）には、土方とともに箱館で戦った島田魁の葬儀に、京都まで弔問に訪れている。

少し話を戻す。

明治十五年十月、新八は北海道樺戸郡月形村の樺戸集治監の剣道師範として招聘され、四十四歳で同地に赴任する。

就任祝いとして、山岡鉄舟揮毫《きごう》による〝修武館〟の扁額が贈られ、道場に掲げられていた。鉄舟と新八の出会いは、上洛した際の浪士隊の取締役を鉄舟が務めていたことが始めで、新八が東京に在住したときにも剣友として旧交を重ねていたという。

明治十九年には退職しているが、このときに看守だった上野彰義隊生き残りの牧田重勝と出会う。この仲は大正まで続き、大正二年（一九一三）に札幌の南四条西一丁目にあった五十嵐写真館において撮影された袴姿で居並ぶ六人の撃剣家の写真が残っている。時に永倉新八七十五歳、牧田重勝六十歳、新井忠勝五十歳、杉本正太郎三十歳、福光

大正２年、札幌の五十嵐写真館において撮す。新八75歳（北海道博物館所蔵）

保吉六十歳、栗田鉄馬七十五歳という面々である。

新八が樺戸に在住していたことが明らかになったのは、昭和四十六年（一九七一）十月のことで、月形町役場の『寄留《きりゅう》戸籍簿』に杉村義衛の名が発見されたことによる。届け出ていた住居は「札幌県後志国小樽郡小樽村入船町百九十九番地」である。

北海道大学道場で形を披露

明治四十二年（一九〇九）、新八は小樽緑町から終《つい》の住処《すみか》の花園町へ移る。娘婿の伝次が巡査部長を退職し、小樽区聯合衛生組合に奉職したことから、同事務所に併設の官舎に、娘夫婦家族とともに住むことになるが、寝起きしていた六畳の部屋には、近藤と土方の写真が飾られていたという。住居表示は、「小樽区公園原野三番地」とある。

『新撰組顚末《てんまつ》記』のなかで、「永倉翁の俤《おもかげ》を偲びて」を書いている佐々木鉄之介は、往時に思いを馳《は》せながら取材に応じる新八の様子を「あの小肥りの、そしてまぶし気な眼つきをした親しみ深い童顔を、ときどき緊張させつつ、あるいは大刀をもって敵を斬り倒し、あるいは長槍をふるって刃むかう者を突き殺した場面を物語ったその伜に接するの想いあらしめるのである」と綴っている。この取材は、明治四十四年（一九一一）に行われている。

大正二年三月から六月上旬にかけて、当時の小樽新聞が存命中なる新八を訪問して、その回想録を絵入りで連載している。

この七十回に及ぶ連載記事を知ってか、同年の夏、ぜひ実戦の話や形などを指導願いたいと、剣道袴に紋服姿の学生が訪れた。齢《よわい》七十五の新八は、この話に張り切り、家族が止めるのも聞かずに、東北帝国大学農科大学（現在の北海道大学）の道場へと出かけたのである。

この顛末は、栗賀大介著『新選組興亡史』に詳しい。

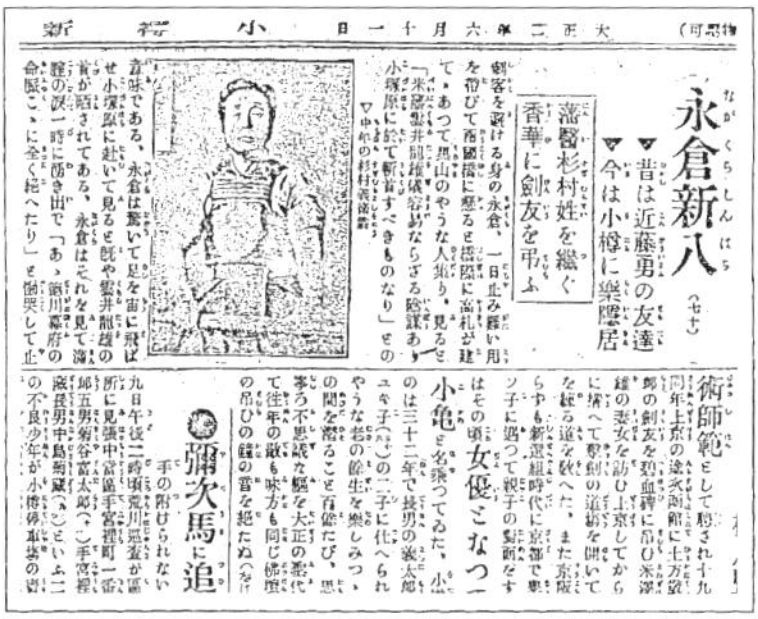
小樽新聞　大正二年六月十一日

永倉新八（七十）
▽昔は近藤勇の友達
▽今は小樽に楽隠居

薬医杉村姓を継ぐ
香華に剣友を弔ふ

大正2年3月から6月にわたり、小樽新聞に掲載された新八の回想録

昭和52年８月５日、「永倉新八来訪の地」の歴史案内板除幕式。写真中央は孫の杉村逸郎氏

「北大演武場に立った杉村義衛翁は、額《ひたい》に鉢巻き姿で、高々と股立《ももだ》ちをとって、白刃《はくじん》のなかをくぐってきた往年を瞼《まぶた》に描きながら、大いに張り切ってみせたらしい。しかももっとも得意とする神道無念流の型をみせ、その他諸流の型をみせて居ならぶ学生を唸《うな》らせた」とある。

最後に真剣をとって、「さあ、諸君、よく見て下さい。人を斬るときは、こうして斬る」と大上段にふりかぶり、大喝一声、振り下したが、老齢での急激な動作だったためか、そのまま道場に倒れてしまったという。

この新八が形を演じた道場は、現在の北海道大学本部のある北九条西五丁目にあった。昭和六年（一九三一）に取り壊され、今は跡形さえもない。

昭和五十二年（一九七七）、北九条西四丁目に札幌市北区役所の手によって「新選組隊士・永倉新八来訪の地」という高札形の歴史案内板が立ったが、この案内板も、今は〝北区歴史と文化の八十八選〟の一ヵ所として標示板に姿を変え、場所も北海道大学正門の北側に移設されている。

平成四年（一九九二）四月、「サムライ札幌展」が札幌市中央図書館で行われた。一般初公開の新八の遺品である陣羽織を仕立て直したチョッキと愛用の小木刀。新選組の〝誠〟の肩章など六十点余りが展示された。

この陣羽織は、文久三年に京都大丸呉服店に特別注文で仕立てたもので、チョッキに仕立て直したのは江戸から会津に向かったときといわれる。

この裏地に、墨字で書き残された歌がある。

武士《もののふ》乃《の》節《せつ》を尽《つく》して厭《あく》までも
貫現竹《ぬきたるたけ》の心《ここ》ろ一筋《ひとすじ》

新八の遺筆である。

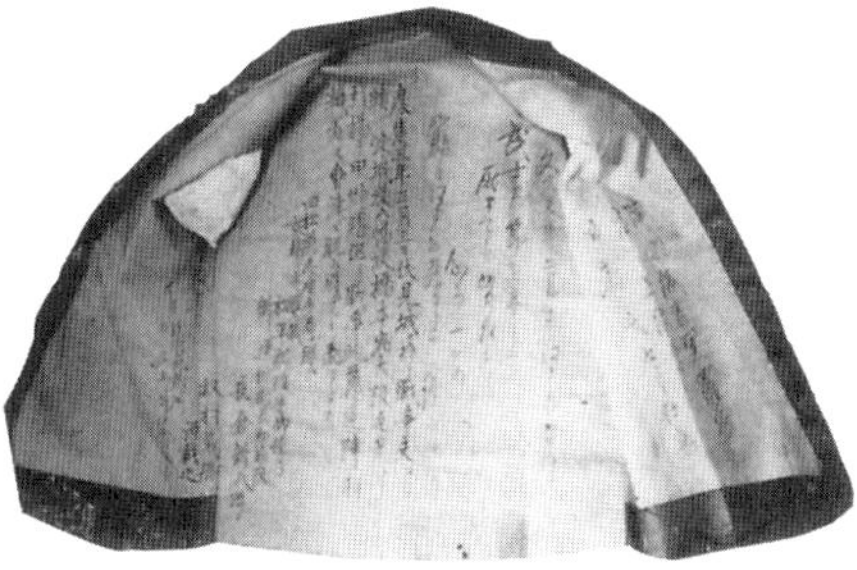

新八着用の陣羽織をチョッキに仕立て直したもの（北海道博物館所蔵）

北海道幕末維新史研究会の好川之範副代表は、「黒い光沢を放っていたはずの羅紗の地色はすっかり変色しているが、その色あいの変化に、幕末から明治、大正、昭和、平成の星霜を経て伝えられてきたのだという歴史の重さを、見るものに感じさせてくれる」と感想を寄せている。

この遺品の数々は、札幌に住む新八の孫の杉村逸郎氏の自宅に秘蔵されていたものだが、これを北海道開拓記念館に寄贈、現在は、その収蔵庫に保管されている。

逸郎氏は、少年時代、小樽で新八と同居し、新八の面影を知る人として広く全国の関係者に知られていた。多くを語り伝えた逸郎氏も平成七年（一九九五）八月二十五日、九十二歳で生涯を終えた。

大正三年（一九一四）の師走は、雪もなく穏やかな天候に恵まれたが、新八は寝込んだままであった。

高齢による体力の衰えとともに歯痛を訴え、結局、この抜歯が骨膜炎から死因となった敗血症を引き起こし、ついに大正四年（一九一五）一月五日の午後二時に息を引き取った。

享年七十七歳の大往生であった。

新八の葬儀は、八日午前十時から小樽区聯合衛生組合事務所の二階の集会室において執り行われた。一月七日の小樽新聞に「杉村義衛翁逝く」の訃を報《しら》せる記事が掲載されたこともあって、多くの参列者が集い、葬儀は盛大なものとなった。

晩年、新八が住んでいた小樽区聯合衛生組合事務所。建物左部分が官舎で、新八の居室があった

杉村義衛翁逝く

「永倉新八」と題し一昨年中本紙に連載せる當區花園町杉村義太郎氏の嚴父義衛翁は舊臘以來病臥中なりしが六日終に逝けり行年七十七、氏が近藤勇の心友にして勇の歿後板橋に其墓碑を建てしは讀者の知りたまふところ、八日午前十時出棺葬儀を營む筈なりといふ

永倉新八事故杉村義衛翁

小樽新聞に掲載された新八の訃報記事

孫の逸郎氏は「今のような寝棺ではなく、座棺というのか。樽《たる》の中にあぐらをかいて座らせていた」と回想する。また、同じく孫の杉村利郎氏の日記には、「私は白装束となり、先頭についた。時々ふり返ると、雪が白

くて、列は延々と続き…」と書かれている。

寒風吹きつける雪の上を葬列は進み、新八の遺体は稲穂《いなほ》墓地火葬場において荼毘《だび》に付され、小樽中央墓地に埋葬された。

青春を剣に賭し、剣に生きた新八は、この北海道の地において波高き生涯を閉じた。

新選組の光と影を背負い、幕末から大正までを生き抜いた新八の脳裏には、晩年、一体何が去来していたのだろうか。

「さあ、坊主ども、ちゃんと跨《また》いだか。よし馬の耳をしっかりつかまえておれ」。孫たちを木馬に乗せて、小樽の坂を登る馬子役の新八の声が聞こえてくるようである。

牧《まき》田《た》重《しげ》勝《かつ》

剣一筋の人生、厚田・月形に残る足跡

かつて厚田に撃剣場

厚田では、古くから北西風のことを「あい風」と呼んでいる。海を藍色に染めることから付けられた名であるという。同時に、多くの漁師たちにとって春の訪れを告げる風でもあった。明治十四年（一八八一）、約一万二千人の人口があった厚田を含め、ニシン漁の最盛期である明治には、多くの番屋が北海道の日本海沿岸に集中していた。

そのような時代背景を持つ明治二十年（一八八七）秋のことである。月形で監守を斬殺した脱獄囚五人が厚田に逃げ込んできた。当然、村は大騒ぎになった。

村人が「誰か早くカンビさんを呼んでこい」と叫《さけ》ぶ。〝カンビ〟とは、アイヌ語で帳場のことをいう。

このとき、牧田重勝三十七歳。月形の樺戸《かばと》集治監《しゅうちかん》の監守を辞めて、厚田村の安瀬漁場の帳場に、いわゆるカンビさんとして納まっていた。

脱獄囚は、村内で乱暴狼藉を働いた後、残った二人が村の消防団に包囲されながら、サバ裂き出刃包丁を逆手に振りかざして、緊迫した対峙を続けていた。

そこへ、村人に導びかれた重勝が登場する。監守時代に見覚えのある顔だったらしい。

「そこの二人。この俺の顔を覚えているか」の一言に、「あっ。牧田の旦那さん」と二人は即座に自首を決めたというのがこの話の顛末《てんまつ》である。

その後、兇徒の一人は終身刑として網走集治監へ押送され、翌春に獄死。もう一人は、その年の冬に死刑となっている。

このような活躍を認められてか、明治二十三年（一八九〇）には、厚田村の私設消防団の小頭などを務め、同二十五年に同村では重勝を道場主として撃剣道場を建設した。「門人数、百二十三名」とある。道場に通う子供たちの姿を見て、かつての若き日の自分を想い浮かべたことは間違いないだろう。

　この道場が厚田〝直心館〟である。所在は、厚田郡厚田村二十番地。

　昭和五十二年（一九七七）九月に「直心館之碑」が建立されたが、実際の道場は、昭和五十年位まで廃屋として残っていたが、今はない。

　後年のことになるが、平成十八年（二〇〇六）十一月、重勝の三女スエの次男である鈴木公宜《きみひろ》氏が、在住のハンガリーから厚田神社を訪れ、長年の念願であった祖父の地で剣術と空手の演武を奉納した。六歳のときから、祖父と同様に直心影流《じきしんかげ》を学んだという。

昭和52年９月に建立された「直心館之碑」

　重勝は、安政元年（一八五四）七月二十三日生まれ、白河棚倉藩主阿部忠秋に仕え、江戸で藩主の小姓を勤《つと》めていた。剣の方は、下谷《したや》三味線堀の一刀流村越三道の教えを受けていたこともあり、腕前は抜群だった。

慶応四年（一八六八）五月、上野の山の戦いのとき、師匠である村越三道が彰義隊に参加し、さらに父、九之丞もまた越後高田藩の神木隊に加わったことから、若い重勝も熱い血を押えることができず、身辺を整理して上野に籠もる神木隊と行動を共にする。

この神木隊については、「彰義隊のなかでも勇名を馳《は》せた神木隊は、上野の山の涼泉院に屯した越後高田十五万石榊原式部大輔の家来衆で、その頃百人ほど隊員がいたが、その一人一人がいずれも剣術が出来て、隊長の酒井良助はもとより、布目又兵衛、石井八弥、井上玫治といった腕におぼえのある錚々《そうそう》たる者が八十四名も集っていた」と栗賀大介著『北海道歴史散歩』にある。

この戦いは、午前六時から始まったが、官軍の鉄砲と彰義隊の刀槍という戦力差のためか、約三時間で終了している。

引き続き『北海道歴史散歩』から言葉を借りると「神木隊から十四人の戦死者が出ていた。九之丞、重勝父子は残る七十名の者と、こんどは榎本武揚と行動を共に、はるばる蝦夷の箱館へやってくるのだが、ここで最後の戊辰戦の箱館戦争がはじまる。この戦争を境にして重勝の半生はガラリと変ってしまった」となる。

重勝は、榎本艦隊の軍艦「高雄」に乗って宮古湾海戦に参加する。船が損傷し、乗船者は宮古の浜で降伏となったが、そのなかに重勝の姿はなかった。捕虜になることを脱した重勝は南部田名部に隠《ひそ》み、南部馬を売りに行くという船に乗り、箱館での戦さに参加しようとした。明治二年（一八六九）五月二十二日、船は木古内に到着したが、この五日前、すでに箱館戦争は、旧幕府軍の降伏により終了していたのである。

血と汗の囚人労働

ここでは、北海道に関わりのある維新の風雲に生きた剣豪の一人を紹介している。その人間が、北海道行刑の舞台裏に登場することから、行刑史についても少し触れておきたい。

明治十四年八月、石狩国樺戸郡「シペツプト」（現在の月形町）の地に樺戸集治監、同十五年（一八八二）に空知集治監、同十八年（一八八五）には釧路集治監が各々

明治14年開庁した樺戸集治監本庁舎。北海道行刑資料館を経て、現在は「月形樺戸博物館」

開庁した。この時代、全国に置かれた集治監の半数が北海道に開設された。

樺戸集治監の初代典獄は月形潔が任命され、内務省の許可を得て、同地は月形村と名付けられた。集治監の収容人員は千七百人。北海道には女囚が送られなかったことから、集治監設置の目的が労役であったことは明らかであろう。

明治十三年（一八八〇）二月二十六日付、内務卿伊藤博文から開拓使長官黒田清隆宛ての「北海道へ遣犯ノ主趣タルヤ開拓樹蓄其也便宜ノ工業ニ従事セシメ以テ懲治ノ術ヲ尽シ将来多少ノ公益ヲ起シ遷善ノ囚徒ヲシテ就産自立基ヲ開カシメル目的ニ有之」という公文録でも裏付けられている。

ちなみに、明治二十年から二十四年（一八九一）の囚人労働による道路開削距離は六百六十キロメートル余と当時の道内の新道開削の五十五%を占めている。加えて、石炭採掘、治水事業、架橋、屯田兵屋建設と、この悲惨極まる事業は明治二十七年（一八九四）の廃止まで続く。

明治、大正の犯罪史を彩る罪人を収監した樺戸集治監での三十九年間の死亡者は、脱走斬殺、溺《でき》死者を含めて千四十六人にのぼるという。このうち二十四人が遺族に引き渡され、残りの千二十二人の霊が当地の囚人墓地に眠っている。

重松一義編著『北海道行刑史』において「初期北海道行刑の歴史は、北海道開拓そのもの」といわれるほど、北海道の開拓は囚人の酷使によって支えられていた。

再び、牧田重勝について。

重勝が樺戸集治監守として勤務したのは明治十四年。明治十六年（一八八三）一月一日付で役場に寄留届を提出している。

新参、古参を含めた多くの監守の剣道師範役も引き受けていた。稽古では、その必殺の気合は鬼気が迫って凄かったらしい。「三尺八寸の太竹刀をひっさげて立ち向かってくる者に、二尺五寸位の竹刀で微笑を浮かべて相対するが、相手は突き入るどころか、脂汗が流れるばかりで全然身動きが出来ない」という逸話が残っている。

こういった監守たちを相手に、自《みずか》らを引き合いに出し、「道場剣術で勝った負けたといっても、イザ、あのドキドキする抜き身で向かいあってごらんなさい。喉がカラカラに喝いて、ウンともスウとも声が出ない。大声を掛けたつもりでも、嗄がれたカラスの鳴き声みたいな気合しか出ない」といった調子で面白く語り、しかも下僚の者の面倒見もよく、慕われていたという。

次のようなエピソードも残っている。

「囚徒の間で何か騒擾《そうじょう》の気配があった。知らせにより牧田重勝がその辺を何食わぬ顔でぐるりと、一回り見廻ったら温和しくなった」。

これは重勝と一緒に巡回した同僚の話と思われる。

ただ、他の監守が昇進するなか重勝だけは昇格しなかった。道理に外れた法外な命令には従わなかったらしい。常に「極悪囚徒といえども、もとを質せば人の子である。虫けらではない」と平然としていたという。当時の行刑の思想が、集治から懲治へと変わり、やがて監獄という名に変わっていくことへの反抗であった。

重勝は、明治二十三年に鹿島神流十五代直心影流剣士松平康年師より直伝の印可を許され、宗家行司所〝直心館々主〟の衣鉢《いはつ》を受けている。そして、明治二十五年（一八九二）の厚田の撃剣道場〝直心館〟の誕生に繋《つな》がるのである。

直心影流について。

直心正統派の道統を継いで、江戸時代の後期を代表する流派である。山田平左衛門光徳が創始し、最盛期には門人一万人を数えた。技として〝切落し〟などが知られるが、幕末には男谷精一郎《おたにせいいちろう》、島田虎之助、榊原鍵吉など有名な剣客を輩出している。

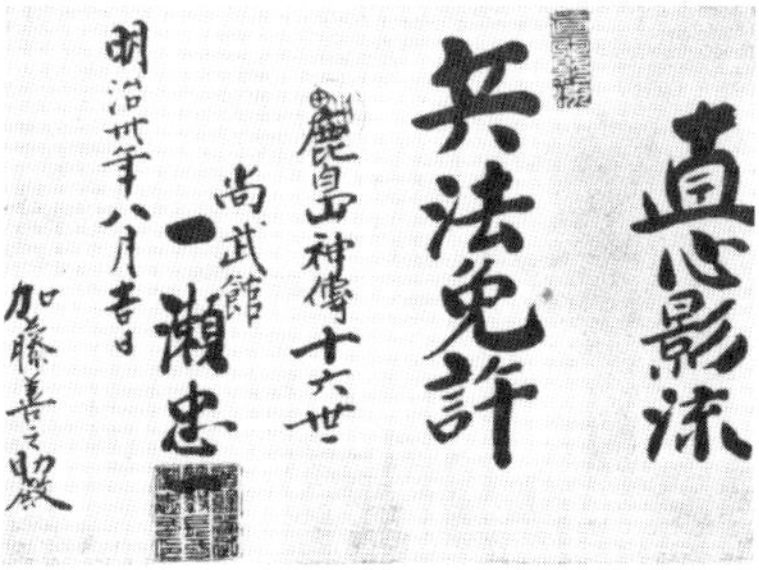

直心影流　兵法免許

重勝の年譜については、昭和五十八年（一九八三）十二月発刊の『北の幕末維新』（創刊号）に詳しい。

明治二十四年（一八九一）二月二十二日に札幌で開催された「国家之骨髄大撃剣大会」には、元新選組の前野五郎、元会津藩士の栗田鉄馬とともに重勝の名もある。この大会は重勝が発起人となり、当時の北海道の名だたる剣士が出場したとされる。飛び入り参加も許されたらしい。

重勝は石狩や札幌警察署勤務、石狩共同剣術会教師等々の経歴をはじめ、明治四十三年（一九一〇）には札幌苗穂《なえぼ》村四十一番地に転居し、札幌で〝直心館〟を開いたとの記録が残されている。

永倉新八との旧交

新選組幹部の永倉新八と重勝とは、樺戸集治監時代の知り合いである。永倉新八は、杉村義衛と名を改《あらた》め、剣道師範として月形に寄留していた。幕末から維新という同時代に、敗者側に身を置きながらも剣に生きた二人に、どのような会話が交《か》わされたかは定かではないが、外は厳冬吹雪のなか、まっ赤なストーブを囲み、酒を酌み交わしながら多くを語り明かしたことは否《いな》めない。

大正二年（一九一三）五月十日、札幌市南四条西一丁目にあった五十嵐写真館へ、六人の紋羽織に袴姿の人々が楽しく語らいながら記念写真を撮るために入っていった。

一人は牧田重勝、一人は永倉新八であった。別掲の写真がそのときのものであるが、新八が没する二年前の遺影となる。

また、写真裏には重勝六十五歳との記載があるが、実際は六十歳であった。他は新井忠勝、杉本正太郎、福光保吉（元樺戸集治監監守）、栗田鉄馬（直心影流剣士）といった面々である。

奥州白河から棚倉、江戸祝田町、月形、厚田、東京牛込、板橋など居を転々とし、大正三年（一九一四）二月二十一日に東京駿河台病院にて没した。享年六十一。

激動の幕末から明治までの目まぐるしい変転のなか、『北海道歴史散歩』に「気骨錚々《きこつそうそう》たる人物」と評される牧田重勝の剣一筋の生き方と同時に、北海道に渡ってからの生き様にも一層の逞しさを見ることができる。

左から新井忠勝、牧田重勝、杉本正太郎、杉村義衛（永倉新八）、福光保吉、栗田鉄馬の面々。大正２年５月10日、札幌・五十嵐写真館にて撮す（北海道博物館所蔵）

土《ひじ》方《かた》歳《とし》三《ぞう》

箱館戦争、新政府軍総攻撃に散る

退く者は斬らん

馬上、土方歳三は「この機会失すべからず。士官隊に令して速進せん。然れども、敗兵は卒かに用い難し。吾れこの柵に在りて、退く者は斬らん。子は率いて戦え」と叫《さけ》んだ。

これは、土方最期の出撃の様子を陸軍奉行添役の大野右仲が『函館戦記』に書き残したものである。言葉どおり退却する者は斬るとの意味に他ならない。かつての新選組隊規として知られる局中法度にある「士道に背くまじきこと」の一条を彷彿《ほうふつ》させる厳しい命令である。

新選組副長だった土方歳三は、明治二年（一八六九）五月十一日、新政府軍の箱館総攻撃の日に、自《みずか》ら任を負い、額兵隊、伝習士官隊の一部、元新選組の島田魁《かい》他約五十人を率い、弁天台場へ向け出撃したが、市街一本木の関門付近で、銃弾を腹部に受け落馬、絶命する。

それから、わずか七日後、亀田八満宮において榎本武揚率いる旧幕府軍は新政府軍に降伏した。この社が鳥羽伏見の戦い以来の、およそ一年半にわたる日本内戦の終焉《しゅうえん》の地となる。今も旧本殿の羽目板には箱館戦争当時の弾痕が残っているという。

戦いが終わって一ヵ月後の明治二年六月、明治政府による版籍奉還により松前家は館藩知事となる。そして、同年八月十五日には蝦夷地が〝北海道〟と改称。さらに、宝徳年間（一四四九～五二）から続いていた〝箱館〟の名も、同年九月の開拓使出張所設置に伴って、今の〝函館〟と改《あらた》められた。このとき、北海道を巡る情勢も、すでに時代の大きな変遷の渦中にあった。

五稜郭。

北方警備の拠点として築城された箱館五稜郭

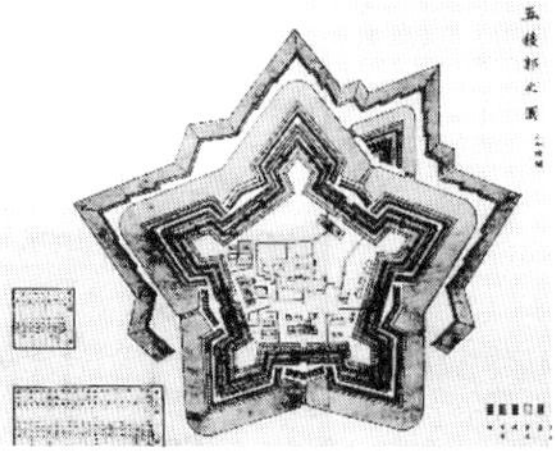

五稜郭之図。設計図といわれる

幕末、北方警備の拠点として七年かけて築城された日本で最初の洋式城郭である。塁内からの射撃に死角を生じない五角形をなし、面積は約二十五万一千平方メートル、一二九門の大砲を備《そな》えるものであった。元治元年（一八六四）完成と同時に、箱館奉行所が郭内に移設されたが、のち旧幕府軍の司令部となり、新政府軍の艦砲射撃に晒《さら》されることになる。

日本国内で攘夷《じょうい》・反幕の風潮が強まる時期、当初、佐幕・開国の立場をとっていた松前藩だが、明治維新を迎えるに当たって藩内の混乱も極に達する。藩の指導部は、佐幕派の奥羽越列藩同盟にも代表を送り、また東北の新政府軍にも献金を行うなど、小藩ならではの苦しい両面外交を展開せざるを得なかったことが現実を物語っている。

慶応四年（一八六八）、「正議士」という下層青年藩士のグループが勤王を掲げて決起。佐幕派重臣たちを倒し、松井屯、鈴木織太郎、下国東七郎らが中核となって藩政を掌握したが、この藩政が整わないうちに旧幕府軍の乱入占拠を受けることになる。

幻の「蝦夷共和国」

箱館戦争は、明治元年（一八六八）十月十二日、旧幕府軍が内浦湾の鷲ノ木《わしのき》に上陸したときから始まる。旧幕臣榎本武揚座乗の「開陽」をはじめ「回天《かいてん》」、「蟠龍」、「神速」、「長鯨」、「大江」、「鳳凰」、「千秋」の八隻の大艦隊の援護するなか、総勢三千人余の兵員とフランス軍人十人が上陸した。

大鳥圭介指揮の本隊は峠道を、土方率いる別働隊は鹿部海岸から川汲《かっくみ》、湯の川を経て箱館に向かって南下し、新政府軍である松前・津軽・南部・秋田藩兵などを駆

新選組副長・土方歳三。明治元年に陸軍奉行並に就任

逐しながら十月二十六日には、五稜郭を占領。十一月一日は榎本らも五稜郭に入城した。

さらに、土方を将とする彰義隊、額兵隊、陸軍隊の約七百人の一軍は松前攻略に向かい、十一月五日に城下の街が焼失するなか松前城を落とし、次いで藩主松前徳広の居城の館城を陥《おとしい》れた。

かつて箱館奉行に付き従っていた榎本自身の「箱館戦争ノ時、鷲ノ木へ兵ヲ上陸セシメ、本道ト間道トニタテニ別シテ進ミ、或ハ松前ヲ撃チシ時、吉岡峠ノ敵ヲ破ルタメニ間道ニ兵ヲ送リシモ、蝦夷ノ地理ヲ知リシガ故ナリ」との述懐がある。

十一月十五日、江差で揚陸作戦中の「開陽」が、おりからの暴風激浪により座礁。優勢を誇っていた旧幕府軍の海軍力は一挙に崩れてしまう。実に、榎本の艦隊は、暴風雨につきまとわれ、その度に艦船を失っている。

この「開陽」を失う一週間前の十一月八日、箱館のイギリス、フランス両国の艦隊の艦長は、榎本と会見し、旧幕府軍を交戦団体として認めない旨を通告した。この交渉のなかで「事実上の政権として承認する」との覚書を交《か》わしたことから、これをして〝蝦夷共和国〟と呼ぶ。

このことを、アメリカ系英字新聞『ジャパンタイムズ・オーバーランド・メイル』紙は、〝徳川脱藩家臣団が共和国政府樹立〟と報じている。

この政権としての体制は、士官以上の入札により、総裁に榎本、副総裁に松平太郎、海軍奉行は荒井郁之助。陸軍奉行に大鳥、土方を陸軍奉行並に、さらに土方は箱館市中取締裁判局頭取を兼務するなど総勢三十七の役職を置いた。一種の選挙制による寡頭政治といえるが、ここに七奉行体制による榎本政権が誕生した。年号は明治と改めず、慶応をそのまま採用した。

箱館政府総裁・榎本武揚

陸軍奉行・大鳥圭介

一方、新政府軍は、明治二年三月には参謀黒田清隆、山田顕義以下約七千人が青森に集結を終えていた。四月八日、最新鋭の甲鉄《こうてつ》艦を中心とする九隻の新政府軍艦隊に守られ、新政府軍主力は乙部に逆上陸。別に江差方面に上陸した第二軍、第三軍を併せると一万二千人。新装備の優勢な兵力である。

早くも十七日には、松前城が新政府軍に奪回され、木古内の大鳥隊、二股の土方隊の奮戦にもかかわらず、五月には箱館周辺の攻防戦に入っている。

五月三日の時点で、旧幕府軍に残された拠点は、五稜郭と箱館湾岸の弁天台場のみであった。その弁天台場に新選組の隊士たちが籠城している。

冒頭と場面が重なるが、十一日、弁天台場へ向け出撃した土方の行動は、新選組救出とはいえ自殺行為に等しい。最前線の一本木関門付近において一弾が土方の命を奪う。

土方歳三、幕末の京洛より激しく戦い抜いた三十四歳の散華である。

土方に付き従っていた立川主税《ちから》は、この状況を「七重浜《ななえ》へ敵後ヨリ攻来ル故ニ土方是ヲ指図ス故ニ敵退ク。亦一本木ヲ襲ニ敵丸腰間ヲ貫キ遂ニ戦死シタモウ」と記録している。

明治七年（一八七四）に小島守政がまとめた『両雄逸事』には、

よしや身は
　蝦夷とふ島辺に
　　朽ちぬとも
　　　魂《たま》は東《あずま》の君やまもらむ

と北辺の地に死地を求めた土方の辞世の和歌が載っている。

『燃えよ剣』から

土方の埋葬場所については、碧血碑、大円寺など諸説あるが、小島鹿之助の『両雄士伝』によると、「従士、屍を担《かつ》いで五稜郭に還る。壙を穿ちてこれを葬る」とある。また、遊撃隊長伊庭八郎を偲ぶ集まりにおいても「八郎君の墓は函館五稜郭、土方歳三氏の墓の傍らにあり」との証言もあり、遺体は五稜郭に眠っている可能性がかなり高い。

箱館戦争当時の〝新選組〟は、すでに名ばかりの混成部隊であり、幕府側の新らたな一諸隊として百二十人ほどのものであった。

相馬主計《かずえ》。この名はあまり知られていないが、文久三年（一八六三）の初期編成時に名がある。平隊士として土方に伴って箱館まで行き、土方が戦死した後、箱館奉行永井玄蕃の命令により、新選組の終戦処理を担当、最後の新選組隊長となった人物である。

その新選組も十五日、籠城して弁天台場で降伏。相馬は、入牢後、明治五年（一八七二）に東京に戻るが、ある日突然に自刃《じじん》し果てている。いずれにしても、新選組の名は、この箱館の地において土方とともに六年間の歴史を閉じる。

長谷川吉次著の『北海道剣道史』にも〝函館戦争と剣豪〟と題して、土方をはじめ杉浦兵庫頭、伊庭八郎らの名が掲げられ、北海道剣道史の一頁として把えている。

昭和四十七年（一九七二）十二月十六日の北海道新聞は、「土方歳三ら、やっと安息の地」という見出しで、「函館市船見町の称名寺境内に供養碑が一基建てられた。『歳進院殿誠山義豊大居士』と刻まれているが、実は五稜郭戦争で戦死した土方歳三の戒名。ほかに四人、いずれも五稜郭戦争で果てた新選組の隊士たちも一緒に葬られている」と報じている。


この四人とは、野村義時、栗原仙之助、糟屋十郎、小林幸次郎である。

野村は利三郎ともいう。土方の片腕として陸軍奉行添役に就き、明治二年三月の宮古湾の海戦で斬り込み討死《とうし》している。享年二十五歳。

昭和47年、土方歳三ほか４人連記の供養碑が建立された（函館市・称名寺）

称名寺は正保元年（一六四四）以来の歴史があり、函館では高龍寺に次ぐ古い寺であると同時に、新選組屯所を置いた寺院でもある。この供養碑は本堂前に建っているが、碑前には供花が絶えないという。

激戦地となった五稜郭も、大正三年（一九一四）以降は公園として開放され、今では千六百本のソメイヨシノが咲き、多くの市民の憩いの場に姿を変えている。

箱館戦争、その断片を紹介してきたが、土方戦死の象徴的な描写として司馬遼太郎の『燃えよ剣』の一文を借用して、このテーマを終えたい。以下、抜粋。


歳三はゆく。

ついに函館市街のはしの栄国橋まできたとき、地蔵町のほうから駆け足で駆けつけてきた増援の長州部隊が、この見慣れぬ仏式軍服の将官を見とがめ、士官が進み出て、

「いずれへ参られる」

と、問うた。

「参謀府へゆく」

歳三は、微笑すれば凄味があるといわれたその二重瞼の眼を細めていった。むろん、単騎斬りこむつもりであった。

「名は何と申される」

長州部隊の士官は、あるいは薩摩の新任参謀でもあるのかと思ったのである。

「名か」

歳三はちょっと考えた。しかし函館政府の陸軍奉行、とはどういうわけか名乗りたくはなかった。

「新選組副長土方歳三」

といったとき、官軍は白昼に竜が蛇行するのを見たほどに仰天した。

歳三は、駒を進めはじめた。

士官は兵を散開させ、射撃用意をさせた上で、なおもきいた。

「参謀府に参られるとはどういうご用件か。降伏の軍使ならば作法があるはず」

「降伏？」

歳三は馬の歩度をゆるめない。

「いま申したはずだ。新選組副長が参謀府に用がありとすれば、斬り込みにゆくだけよ」

あっ、と全軍、射撃姿勢をとった。

歳三は馬腹を蹴ってその頭上を跳躍した。

が、馬が再び地上に足をつけたとき、鞍の上の歳三の体はすさまじい音をたてて地にころがっていた。

なおも怖れて、みな、近づかなかった。

が、歳三の黒い羅紗服が血で濡れはじめたとき、はじめて長州人たちはこの敵将が死体になっていることを知った。

榎《えの》本《もと》武《たけ》揚《あき》

「開陽」の航跡とともに
旧幕府海軍を率いた総裁

百二十三年ぶりの再会

追分で有名な江差町、この町は、古来、蝦夷地西海岸の良港として栄えてきた。平成三年（一九九一）五月十八日、かつて幕府艦隊において行動を共にしていた「開陽」と「咸臨」が、この地、江差町の熱烈な歓迎のなか、百二十三年の時を超えて再会を果たした。

この「咸臨」は、平成元年（一九八九）に長崎で復元され、今回、「開陽」の待つ江差港まで千五百キロメートル、三週間にわたる航海を続けてきたものである。

振り返れば、幕末、房総沖での暴風雨で離ればなれになって以来の悲願の対面式

―江戸幕府の姉妹船―
咸臨丸　開陽丸
123年ぶり再会
江差

江差港で123年ぶりの対面をした「咸臨」（手前）と「開陽」（後方）（平成3年5月18日付北海道新聞に掲載）

である。

「咸臨」は、安政四年（一八五七）オランダで完成し、万延元年（一八六〇）には勝海舟、福沢諭吉など遣米使節団を乗せて、日本で初の太平洋を横断した船としてもよく知られている。慶応四年（一八六八）、「開陽」とともに蝦夷地を目指したが、新政府軍に捕らえられ、以後、輸送に従事、明治四年（一八七一）に木古内町沖で座礁、沈没している。

幕府軍艦の場合、普通は〝丸〟をつけない。したがって、艦名は「開陽」というが、「劇的な使命を果して人々から〝人格〟としてなじまれてしまった艦名には、自然に愛称の丸がついてしまうのだろうか」と司馬遼太郎が『街道をゆく』のなかで記しているように、今、江差町では、親しみを込めて〝開陽丸〟と呼ぶ。

時代は慶応四年に遡《さかのぼ》る。

榎本武揚の徳川家再興を思う一念は、薩長への恭順を拒絶し、勝海舟の説得にも応ぜず、「開陽」、「回天《かいてん》」、「蟠龍」、「千代田」、「美嘉保」、「咸臨」、「神速」、「長鯨」の八艦に、諸藩からの脱走者や旧幕閣、フランス軍事教官団など総勢二千人余を乗せ、蝦夷地へ向かい品川沖を脱出した。

しかし、前述の房総沖での暴風のため「美嘉保」、「咸臨」が航行不能に陥り、「咸臨」は「回天」に曳航される途中に綱が切れ、清水港で新政府軍に拿捕されてしまうが、榎本艦隊は、新らたに「大江」、「鳳凰」を加え、十一月一日に箱館に入港。二十一発の祝砲が港内に轟いたという。

同月十五日の黎明、「開陽」は運命の江差沖に辿り着く。弁天島愛宕山の台場を砲撃、さらに市街地後方に七発の砲弾を撃ち込むが、新政府軍から応戦もないことから兵を上陸させて占領。榎本は、「開陽」を港外に投錨させて土方歳三らの部隊の到着を待った。

蝦夷地の冬の海、特に江差沖は〝シタキ〟という雪まじりの北西の激風が常であり、おりしも夜九時頃より風雪が激しくなり、ついに岸辺に押し流された。蒸気を最大限まで上げるも、その効果はなく、とうとう岩礁に乗り上げてしまう。さらに一斉に片舷の砲門を開き、その反動で離脱を試みたが徒労に終わる。「開陽」は、四日ほど続いた暴風雪のなか、艦底が破れ、ついにその姿を海中に没する。「開陽」が沈みゆくとき、榎本は「暗夜にともしびを失ひしに等し」と嘆き、落涙したと『麦叢録《ばくそうろく》』にある。

結局、この最強艦は海上戦闘によることなく、進水してから四年目にして薄命の生涯を閉じる。

榎本と「開陽」

森銑三編『明治人物逸話辞典』のなかで鳥谷部春汀は、榎本を「のみこみが早く、野暮が嫌い、義理堅い、情にもろい、これが江戸っ子の性格であるが、武揚は、まったくそのとおりである」と評している。

榎本は、天保七年（一八三六）八月二十五日、江戸下谷《したや》御徒町《おかちまち》の柳川横町（現在の東京都台東区浅草橋）、通称三味線堀の組屋敷において徳川幕府直参の榎本円兵衛武規の次男として生まれた。養父の武兵衛武由は、新当流剣術の遣《つか》い手であったという。

榎本は、昌平黌《しょうへいこう》で儒学を修め、アメリカ帰りの中浜万次郎に英語を学ぶ。

「ヨーロッパの英雄豪傑は海軍の術をもって世界を横行し、大名青史に垂れる者多し、乃公もその例にならい天地間に雄飛せんと欲す、鬱々として一室に座し、青表紙を繙く腐儒の顛にならわず」というのが十六歳の榎本の気概であった。

十七歳、箱館奉行だった堀織部正利熙に従って蝦夷から樺太に渡ったとき、ロシア艦隊の威容に接し、「日本は外国と同様に強い海軍を持たなくてはならない。自《みずか》ら艦隊司令官になる」と決意したといわれている。

オランダ留学時代の榎本武揚
（ハーグにて）

安政三年（一八五六）に海軍伝習所二期生となり、長崎において操練や航海術などを修得。三年後には軍艦操練所教授方出役に任用される。

榎本をはじめ十五人がオランダ留学へ出発したのは文久二年（一八六二）九月十一日、長途ロッテルダムへの旅程は約十ヵ月を要した。国内では、英仏米蘭四国連合艦隊の下関砲撃や幕府の長州征伐戦など戦雲が広がっている時期に当たる。

オランダ・ドルトレヒト市で建造中の「開陽」

「開陽」は、風雲急を告げる幕末、幕府の発注により、オランダのロッテルダム西北に当たるドルトレヒト市の造船所で文久三年（一八六三）に着工。留学生らはオランダ在中、注文主を代表する派遣官吏を兼務し、榎本は監督官も兼ねていた。

慶応元年（一八六五）十月二十日に取締役内田恒次郎によって「開陽」と命名され、十一月二日に進水した。このとき、ドルトレヒト市民の喜びは大変なもので、オランダがその造艦技術の粋を集め、国家の威信をかけて造船したことが窺《うかが》える。

南米ケープホーンを回って日本への航海日数は百五十七日間、オランダ乗員は百七十七人、日本人は九人であった。主たる操艦は、おそらくオランダ側であろう。

「開陽」は、日の丸の旗を掲げ、船体には徳川家の葵の紋を誇示させながら、慶応三年（一八六七）三月二十六日、無事横浜港に投錨した。

この艦の諸元は、バーク型三本マスト帆装シップで、四百馬力蒸気機関を有する快速軍艦である。長さ約七十三メートル、排水量二千八百十七トン、十二センチ砲二十六門（後に三十五門）を備《そな》え、当時の在来艦と比して飛躍的に高性能を誇る軍艦であった。「開陽」こそ幕府の主力艦となるとみられていた。

帰国後、榎本は「開陽」の乗組頭取（艦長）となり、さらに軍艦奉行となったが、六ヵ月後には王政復古、戊辰《ぼしん》戦争へと国内情勢は急転回し、徳川幕府は瓦解してしまう。

慶応四年八月十九日、新政府への軍艦引き渡しを拒否した榎本は江戸湾を脱走、「東北諸藩も敗れ、もはや新天地を開くほかない」として「開陽」とともに蝦夷に活路を開こうと決意する。

箱館戦争については、ここでは詳しくは述べない。

旧幕府軍は、同年十月に箱館を占領し、五稜郭を本拠地として「蝦夷共和国政府」を樹立、榎本は三十二歳にして総裁に選出された。

こうしたなか、榎本は新政府軍の総督四条隆謌《たかうた》に「徳川家直轄領が七十万石に減らされ、旧幕臣救済のため蝦夷地を預け頂きたい。またロシア侵略に備えて、旧幕臣を以って海防に当たりたい」。さらに「我等は、天皇に対して反逆する意図はない。政府がこれを許さないとなれば抗戦もやむを得ない」という主旨の嘆願書を提出している。こうした点から、当時各地で頻発《ひんぱつ》していた士族的反乱とは目的を異にしている。

明治二年（一八六九）四月、新政府軍は榎本の嘆願を「言語不遜であるが故に採用せず」と一蹴し、箱館攻略を進めた。しかし、一方で新政府軍参謀である黒田清隆から再三の降伏勧告も行われていた。

五月十一日に土方が戦死し、五稜郭を枕に討ち死にを覚悟した榎本は、当時としては貴重な国際法の資料である『海律全書』を「戦火により灰塵と帰すことは忍びない」との添書きを付して黒田に送った。この行為に対して十六日、黒田から「海律全書を贈られたことに感謝する。いずれ天下に公布したい」との書状とともに、酒五樽が届けられた。以後、続く榎本と黒田の友情は、ここから始まっている。

十八日、旧幕府軍は降伏する。

降伏を決した日、おそらく十六日と思われるが、榎本が自決を図ろうとしたことはあまり知られていない。

それは、「戦争責任を負って自分が死ねば、皆が死ぬことはない」と自軍の兵の助命を願った榎本は、近習役の大塚霍之丞《かくのじょう》に切腹の介助を命ずるが、大塚は総裁を死なせるわけにはいかないと、指を負傷しながらも身を挺《てい》して、それを阻止したという顚末《てんまつ》である。

最終的には旧幕府軍将兵の助命のため、和議降伏を選択する。

五稜郭を出て新政府軍に出頭した榎本ら七人の幹部は、東京に護送され、明治二年六月三日に丸の内辰之口牢獄に入牢、獄中生活二年を送るが、黒田は自ら僧形となり数珠《じゅず》を持って「榎本のような逸材を死罪とすることは国家の損失である」として、西郷隆盛、大久保利通らに助命陳情を行い、また江戸や奥羽を中心に多くの嘆願書も出されたことにより、榎本らは明治五年（一八七二）に罪を許され、即座に北海道開拓使として明治政府に出仕。榎本は黒田開拓次官により開拓使四等出仕に任命されたが、これは有名県の知事並みという破格の待遇であった。

小樽の街づくりを先導

「小樽都通り商店街」では、榎本を商店街のシンボルに据《す》え、そのアーケードには榎本の垂れ幕が下がり、案内板にも業績などが刻まれている。

開拓使に入り、北海道開拓に身を投ずることとなった榎本と小樽との縁《ゆかり》は深い。

榎本は、明治七年（一八七四）十二月十九日付の開拓使大判官松本十郎宛ての書簡において「小樽港よりして石狩平地に産する麦を第一として豆麻等も貿易に供すべし、之に関せずとも小樽港は不遠開港場とならざるを得ざるべし」と石狩周辺の将来的発展と小樽港の必要性を予測している。

まず、道内第一の幌内炭鉱を発見し、小樽港を石炭積み出し港として整備し、十万坪の土地管理のため開発会社「北辰社」を設立して、小樽の街づくりを先導したことが挙げられる。また、市内の龍宮神社や稲穂《いなほ》小学校開設にも関わったといわれ

榎本武揚の垂れ幕で彩られるアーケード街（小樽都通り）

る。榎本の家は、現在の梁川通りにあったようであり、この町名も彼の号の〝梁川〟からとられたものである。

さらに、北海道の石炭採掘、ビート栽培、亜麻の移植など産業開発についても助言しており、技術的にも時代に先じていたといえる。

明治十三年（一八八〇）には小樽手宮－札幌間の鉄道が開通。明治十五年（一八八二）の開拓使廃止に次いで、明治十九年（一八八六）に北海道庁が設置されるなか、小樽の経済的地位も益々高まっていった。

榎本は、開拓使を退いて政府の重職に就いた後も、北海道へしばしば視察に来ており、小樽に来た際は、常に寺院などに泊っていたようで、法正寺や龍宮神社には直筆の額が残っている。

北海道開発史における榎本の果たした役割は、それが技術的見地に立った最初のものであっただけに、その意義において特筆すべきものであろう。

昭和四十七年（一八七二）に新しい防波堤工事が竣工したことにより岩盤が露出、その上に「開陽」の船体の一部が発見され、この海域一帯が文化財埋蔵地域（遺跡台帳番号C－〇一－六二）に指定された。

江差町が「開陽」の調査発掘を開始したのは昭和五十年（一九七五）、以後十四年間にわたって江差沖に沈む遺物を引き揚げ、脱塩など保存処理を行ってきた。この作業を見学にオランダ大使も訪れている。「開陽」を背景に、毎年行われている幕末を舞台にした榎本や土方らが登場する野外劇に、歴史を伝える町民の意気込みを実感することができる。

江差町では平成二年（一九九〇）四月にオランダに残されていた設計図を基に「開陽」を復元。平成十五年（二〇〇三）五月八日には青少年研修施設として改装オープンした。〝船内〟か〝館内〟というべきか。ここには、国内初の本格的な海底遺跡発掘で引き揚げた遺物のほぼ全てが展示されている。その数は約三万三千点に及ぶ。

隕石から生まれた流星刀

余談を追って、少し時代を溯る。

文久二年から慶応三年のオランダ留学時代を含めて、榎本は製鉄技術に対して強い関心を抱き、〝星鉄〟ともいう隕石を材料に刀剣を造《つく》れないものかと研究を続けている。

榎本は、刀鍛冶岡吉国宗の助言のもと、星鉄塊の一片である一貫ほどから長刀と短刀各々二振りを造りあげた。最終的には、さらにもう一振りを造った。その一振りが小樽の龍宮神社に奉納されている。

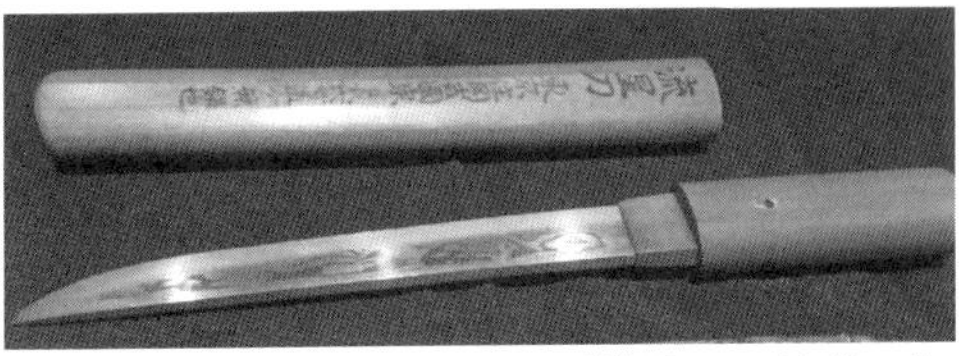

隕石（星鉄）から鍛造された「流星刀」（小樽・龍宮神社所蔵）

世界に現存する星鉄刀は十数本だが、そのうちの五振りを占めている。これら星鉄刀のうち三本は榎本家に保存されており、「榎本武揚の二男春之助氏にその長刀を見せてもらったが、出来はすばらしく、同氏は高齢にもかかわらず毎日、父上のつくられたこの刀をふるって精神修養と運動の両方を兼ねて行っておられる」と加茂儀一著『榎本武揚』に綴られている。

これを、榎本は〝流星刀〟と名付けたが、隕石による刀剣の鍛造は困難を乗り越えた結果であった。榎本の死後に発見された『流星刀記事』は、明治三十一年（一八九八）十二月に書かれているが、日本最初の隕石についての科学的論文としても評価されている。

話を戻す。

榎本という人物を理解するうえで開拓使時代以降についても触れておきたい。明治政府に仕えた榎本は、外交官としては駐露大使として樺太国境問題の解決に当たり、清国公使となって天津条約を締結し、外務大臣、初代逓信大臣を務め、文部大臣、農商務大臣も手がけて旧幕臣としては異例というほど重宝がられた。

転向者として最も賢明に時代を生きた男といってもよく、薩摩・長州の藩閥によって左右されていた明治政権の下にあって重責を全うしたのは、榎本の実力と誠実さによるのかも知れない。

榎本は、明治四十一年（一九〇八）十月二十六日、七十二歳でこの世を去る。榎本自身、五稜郭で散華することが本望であったかを確かめるすべはないが、晩年、宿縁の艦「開陽」の帆走する雄姿を幾度も想いのなかに描いていたに違いない。

梶《かじ》原《わら》平《へい》馬《ま》

北海道東端の根室に眠る会津藩最後の家老

会津士魂

若き家老・梶原平馬は、「会津藩は全藩、死をもって国を守るのみである」と言い放った。薩長政府の会津追討に対する明快な会津藩の回答であった。

これを機に、慶応四年（一八六八）四月十一日に二十五藩による奥羽列藩同盟、さらに五月三日には北越六藩が加わり、計三十一藩による奥羽越列藩同盟という反薩長の大同団結が実現する。

奥羽列藩同盟旗。白地に黒、黒地に白抜きの２種類がある

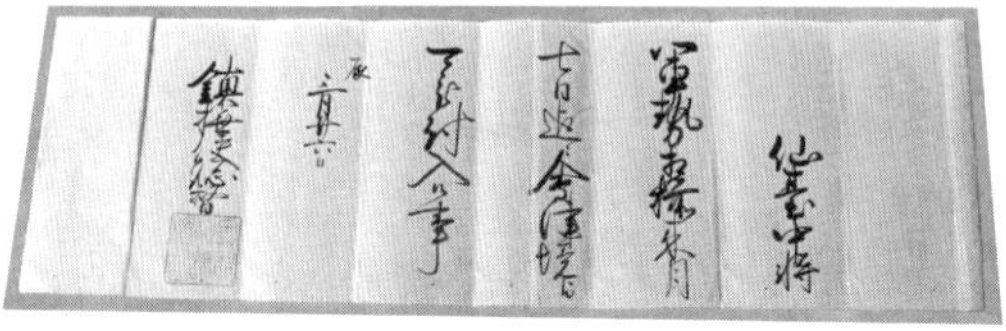

鎮撫総督から仙台藩に出された会津討伐令

もちろん、同盟成立には平馬の奔走《ほんそう》によるところが大きい。東北、越後を巡り、北日本の勢力を取りまとめ、会津外交の立役者として活躍した。

会津二十三万石、この藩は幕府への忠誠心と律儀な藩風と非政治的性格が見込まれ、結果として京都守護職を引き受け、幕府の政治向きに殉じた藩であった。

将軍・徳川慶喜《よしのぶ》は、大政奉還し、ひたすら恭順の意を表して朝廷の裁断を待っており、すでに幕府も、会津藩も見限っている。

一方、将軍への忠誠という大義を失った会津藩は、あとは武士の意地だけで、一つの方向へのみ進まざるを得なかった。

会津討伐令が仙台藩に下されたことにより、会津藩と「関宿の会談」が持たれた。会津藩全権として発言したのが平馬、冒頭の言葉である。秘密会談の主題は、新政府軍の責めからいかに〝会津救解〟を行うかにあった。

このとき、東北、奥羽の諸藩は、薩長と戦さを構えることなど全く考えていなかったと言ってもいい。ただ会津のために救済の建白書を提出し、会津には異心なきことを理解させようとした。しかし、会津に味方するものは同罪であるとして、諸藩の三十通に及ぶ訴状は、わずか一通しか大本営に届かず、中間において全て握りつぶされていたことを思うと、すでに平和的交渉の道は閉ざされていたと考えるのが妥当であろう。

薩摩、長州、土佐主力の征討軍は、会津へと軍を進めた。

会津藩でも軍制を改《あらた》め、年齢別に四隊制として整えるなど、いわれなき侵略に抗する決意を固めていた。

年齢五十歳以上の武士を玄武隊、三十六歳以上四十九歳までを青龍隊、十八歳以上三十五歳までを朱雀隊。そして十六歳から十七歳までを白虎隊と大別した。白虎隊は、さらに上士・下士・足軽により三つに分けられた。このあたり、会津の身分制が、まだ生きている。

会津の主力は、朱雀隊であり、青龍隊は予備、玄武隊は後備ということになろうか。

一刀流溝口派「左右転化出身の秘太刀」の形を演ずる仕太刀・和田 晋八段と打太刀・好川忠七段。昭和58年（1998）頃の撮影

文武両道こそが、教育の基本であるとして育てられた会津士道、そこには会津という気候風土に培《つちか》われた勇武の人間観がある。いずれにしても、会津が文武の国であり、武士道の国であったことに間違いはない。

剣において会津五流というのがある。太子伝安光流、神道精武流、真天流、一刀流溝口派、太子流をいうが、特に一刀流溝口派は小野次郎右衛門に受け継がれ、のちの小野派流一刀流にいたる。この流派は、主に上級武士に修められていたという。

現在の日本剣道形は、形の上では打太刀が打たせるを以ってが定法となっているが、この流儀は打太刀が打たれないようになっており、防御即攻撃に変化するのは、会津独自で完成された形かも知れない。

会津鶴ヶ城落つ

平馬は、天保十三年（一八四二）十月十日生まれ、会津の名門内藤家から梶原家へ養子となり、慶応元年（一八六五）に若年寄、同二年に最年少の家老となる。時に二十四歳。

文久二年（一八六二）、平馬は京洛の秩序回復のため京都守護職となった藩主・松平容保《かたもり》とともに上洛している。

イギリスの外交官アーネスト・サトウは『一外交官の見た明治維新』のなかで、その頃の平馬の姿を「呑みっぷりにかけては、他の人々をはるかにしのいだ。彼は色白い顔立ちの格別立派な青年で行儀作法も申し分なかった」と描写している。後にも先にも、平馬の日常の姿を綴っている記録は、これのみである。

落日の会津鶴ヶ城。昭和59年（1984）に築城600年を迎えている（会津若松市教育委員会所蔵）

鳥羽伏見の戦いで、旧幕府軍は敗退するが、平馬が会津藩政の表舞台に登場するのはここからである。

江戸に留まった平馬は、長岡藩家老・河井継之助らとともに兵器購入、世情探索に当たった。旧幕府軍の「順動」を借りて、品川砲台や箱館砲台の大砲・弾薬を新潟港へ輸送し、プロシア人からライフル銃の買い付けを行ったりもした。

すでに会津藩と庄内藩の同盟が成立しており、平馬のもと、会津藩は北国結束のシナリオを着実に進めていた。

関宿の秘密会談の交渉決裂、そして奥羽鎮撫の長州人参謀・世良修蔵の「東北全てが敵であり、大挙して攻めるべき」との密書が、東北側の手に落ち、激昂した仙台藩士の襲撃により世良は斬殺される。これらのことが、より大きなうねりに変わり、反薩長を標榜《ひょうぼう》する攻守同盟として「奥羽越列藩同盟」の樹立に繋《つな》がる。

戊辰《ぼしん》戦争の前期、新潟港は会津、仙台、米沢、庄内、長岡の奥羽列藩同盟五藩の共同管理下にあった。平馬は、会津藩新潟総督という地位にいる。

この新潟を拠点として平馬らは、慶応四年七月七日、諸外国の公使、領事館に対し、列藩重臣連著のメッセージを届ける挙に出ている。それは、「謹んで外国の領事館に告ぐ。奸臣が朝権を悪用、残酷殺伐な号令を下している。我が奥羽越列藩は、強暴に来るものは之を撃退する」との内容であり、もう一つの日本国である〝北部連邦政府〟の構想も含んでいるといわれる。

多少抽象的だが、奥羽越列藩の「正当性」「心情」と「我が掌中に新潟港あり」という言葉が、それを強く主張している。十一通のメッセージとともに、品川沖にいる「開陽」の榎本武揚にも、新潟港支援の要請を行うが、幕府艦隊は動かず、結局、七月二十九日に新潟港は占領される。

同年秋、新政府は奥羽越一帯に攻め入り、同盟は崩壊に向かう。

列藩同盟軍と新政府軍の陸戦は白河城争奪戦に始まるが、以後の戦いがそうであるように圧倒的な火力の前に同盟軍は次々に席巻されていく。

会津戦が最も苛烈であったことは言うまでもなく、戦死者数を見ても一藩で他の奥羽越諸藩全体に匹敵する。

会津城内の様子を『会津戊辰戦史』は「西軍の砲撃益々激烈なるに及びては、榴弾は病室又は婦人室に破裂して、全身を粉砕せられた肉魂飛散して、四壁に血痕を留むる者あり。其の悲惨凄愴の光景多状すべからず」と伝えている。

戦闘は会津一藩が日本全土を敵に回《まわ》した観があったが、孤立無縁の会津藩の士気は挫けなかった。

しかし、米沢藩が九月四日、仙台藩が同月十二日と、次々に新政府軍の軍門に下り、ついに平馬は、鈴木為輔と河村三介の二人を会津城下の土佐陣中へ降伏の使者として送った。

慶応四年九月二十二日、会津鶴ヶ城落城。多くの年長の家老に戦死、自刃《じじん》が相次ぎ、平馬が最後の筆頭家老の座につくことになる。時に二十六歳。

平馬らは、東京・鳥取藩池田邸に送られ、新政府軍の監視下に置かれた。

多くの親戚縁者の悲惨な最期を知らされ傷心の平馬だったが、山川浩とともに、戦後処理を背負う責任者として、主君の助命嘆願、お家再興、藩士とその家族一万七千人の行く末など、平馬らは悲嘆のなかでやりとげた。

会津松平家の再興が認められたのは、明治二年（一八六九）九月二十八日のことである。

北海道と会津藩

ここで、会津藩と北海道との関わりについて付記しておきたい。なぜなら、北海道各地の開拓分野あるいは教育文化、その他の面においても幅広く会津藩士の足跡《そくせき》が残されているからである。

文化五年（一八〇八）の樺太出兵に始まり、東蝦夷警備、箱館戦争、蝦夷地移住、斗南藩支配、屯田兵、開拓団と会津藩は北海道との結びつきを深めてゆく。

樺太出兵は、ロシアの実力行使による北辺危機に対処するため、会津藩の精鋭千六百人余が、雪の鶴ヶ城を六回に分かれて進発、樺太へ渡ったのであるが、このときの軍将内藤信周愛用の刀の鐔が稚内に残されている。

次いで、安政六年（一八五九）と万延元年（一八六〇）には、東蝦夷警備を主たる任務として、標津、斜里、紋別、松前などにおいて陣屋造営を行い、特に本営を設けた標津には、代官以下二百余名が駐屯した。昭和四十四年（一九六九）に標津町に「北辺防衛会津藩士顕彰碑」が建立されている。

また、維新後、斗南藩所轄地として瀬棚、黒松内、八雲、長万部へ入植。明治四年（一八七一）には移住団として、百七十九戸、五百九十七人の会津人が余市に入った。明治八年（一八七五）に東京で育てられたリンゴの苗木が余市で植えられ、それが結実したのは明治十二年頃のことである。比較的作業が楽で反当たり収入の多いリンゴ栽培は、まさに会津武士たちにとって慈恵となった。ちなみに、北海道移住藩士団の指導者だった宗川熊四郎は、幕末には、藩主の親衛隊として宝蔵院流の槍の名手だったといわれている。現在では、余市でも会津の血を継ぐ者は少なくなってきているという。

さらに北海道開拓の功労者、屯田兵にも多くの会津人が含まれている。明治八年、九年（一八七六）と北海道初の屯田兵村である琴似と発寒《はっさむ》に入地した二百四十戸のうち五十七戸、山鼻に入った二百四十戸のうち五十三戸は会津藩士とその家族であった。ただ、分類上、斗南藩出身とする者もあり、実数はさらに多くなる。

「北海道の歴史は明治維新史を抜きに考えることはできない。まだまだひっそりと佇んでいる維新資料が眠っている。草葉の陰に隠れていた平馬たちも、そろそろ歴史の表舞台に出てきても良いのではなかろうか」と根室市歴史と自然の資料主任学芸員である川上淳氏が北海道新聞紙面で語っている。

北の厳しい自然のなかで血と汗を流し、情熱を傾けた会津人の足跡は、北海道史のなかにしっかりと刻まれているといえる。

道内の会津藩史蹟については、昭和五十九年（一九八四）九月刊行の『北の幕末維新』（第二号）の付録「北海道会津藩史蹟地図」に詳しい。

さて、平馬に話を戻す。

明治四年に赦免された平馬は、新らたな封地である斗南に移住、青森県庁の庶務課長を勤《つと》めたが、わずか二ヵ月で職を辞し、明治八年には会津若松の大町一之町に住居を構えたが、以後、消息を絶つ。

終の住処は根室

平成十六年（二〇〇四）七月二十九日、平馬の曾《ひ》孫に当たる梶原景昭氏と妹の南彩子氏が、オホーツク海が眼下に広がる台上の墓地にある平馬の墓を初めて訪れ、平馬の歩んだ道程に思いを馳《は》せながら、その安らかな眠りを祈った。

平馬の終《つい》の住処《すみか》は、北海道東端の根室であった。

少々時を遡《さかのぼ》るが、昭和六十三年（一九八八）二月になって、平馬出家筋の青森県五戸町の内藤家過去帳に「鳳樹院泰庵霊明居士　明治廿二年三月廿三日　北海道ニ於テ

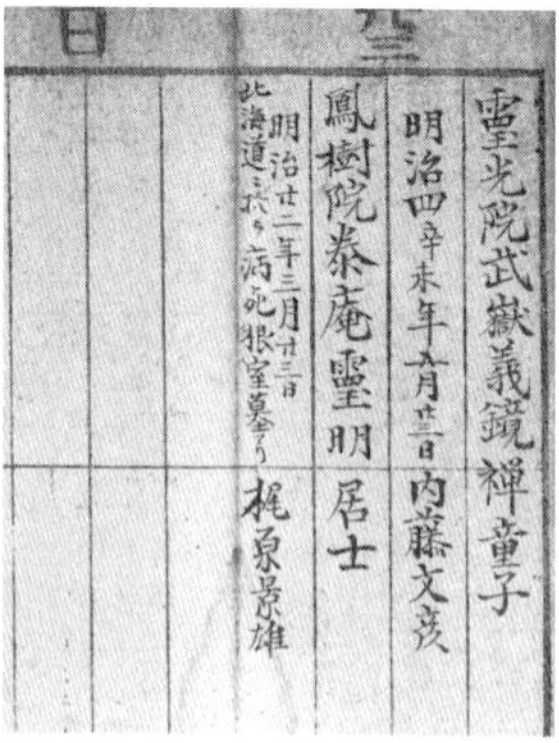

根室の梶原平馬の墓所発見のきっかけとなった内藤家過去帳

根室市西浜墓地にある梶原平馬の墓

病死根室墓アリ　梶原景雄」と記されているのが発見された。〝梶原景雄〟とは、平馬の維新後の名である。

これが、きっかけとなり、札幌市の平馬の遠縁に当たる佐々木修氏が調査を開始。曹洞宗耕雲寺の袴谷憲龍住職が根室市西浜墓地の墓石のなかから九字から成る戒名が刻まれた墓石を見つけ出したのである。

さらに、根室市在住の歴史研究家などの手により調査が進められた。

平馬は、明治十四年（一八八一）に教師であった水野貞子と再婚、一時函館に住み、貞子の根室花咲学校勤務と同時に、根室に住み着いている。

平馬は当時、北海道三県の一つだった根室県で御用係に就職している他、明治十八年（一八八五）の『根室共同文庫』会員名簿にその名がある。

道内最古の公共図書館といわれる同文庫の設立に関わったとみられ、開拓期の根室に功績を遺《のこ》している。

平馬は、根室において四十八年の生涯を閉じた。果たして、激動の会津史を背負い、その表舞台に立った平馬と維新後全てを捨てた平馬との間に明らかな乖離があったのだろうか。今となっては誰も、平馬の胸中を窺《うかが》い知ることはできない。

札幌在住の作家、好川之範著『梶原平馬』の最終章から、「功を語らず、敵をののしらず。雄藩会津二十三万石、散りぎわの元筆頭家老は無言のまま死地に赴《おもむ》いた。アンチヒーローの栄光を放った青春の前半生、影絵のような維新後の後半生――。梶原平馬にとって、どちらが重い人生であったのか」の言葉を借りて本稿の括りとする。

村《むら》橋《はし》久《ひさ》成《なり》

サッポロビールを創始した薩摩藩士

今も輝く〝北辰星〟

明治八年（一八七五）十二月二十五日付の開拓使稟議書が残されている。

「北海道は建設用木材も豊かであり、低温にして醸造に必要な氷雪はもちろん、気候もビールに適している。断然、北海道に麦酒醸造所を建設すべきである」との主旨だが、これを書いた薩摩人、村橋久成の一途な行動がなければ、そこからの札幌にビール工場は生まれなかったであろう。

明治九年（一八七六）九月二十三日、現在の札幌中央区北二条東四丁目雁木通りに、開拓使麦酒醸造所が開業する。時に札幌の人口は二千六百人。

開拓使のシンボルマーク〝北辰星〟（五稜星）がサッポロビール園の煙突に映える

村橋の情熱は、札幌の原風景にも繋《つな》がる。札幌の街を歩くと、明治十一年（一八七八）に建設された時計台、その二年後に完成した豊平館、そしてサッポロビール園、サッポロファクトリーなどには、かつて開拓使が定めた開拓者精神のシンボル〝北辰星〟（〝五陵星〟ともいう）を見ることができる。紺地に赤の北極星を開拓使のマークとして制定したのは明治五年（一八七二）のことである。

サッポロビールのラベルにも、その五光星をあしらった星印が刻まれ、今日に受け継がれている。

開拓使が設けられたのは、明治二年（一八六九）七月から明治十五年（一八八二）二月の函館・札幌・根室三県時代までであるが、開拓使事業報告のなかに「札幌冷製麦酒ハ実ニ良好ニシテ日本ニ於テ造リタル麦酒ニシテハ一ノ欠点モナク透明ニシテ壜底ニ沈殿物モナク炭酸ヲ含有スルコトモ亦充分ナリ」とドイツ醸造学の権威オ・

コルセットの絶賛の言葉が記されている。

また、明治十四年（一八八一）の第二回内国勧業博覧会では、ドイツ産と同等の品質との評価で有功賞を受賞するなど、開拓使麦酒の業績の伸びはめざましかった。価格は一本十六銭、現代の貨幣価値からすると千六百円ほどであろうか。

ちなみに日本人とビールの出会いは江戸時代であるらしい。享保九年（一七二四）にオランダ人からビールを振る舞われた記録がある。

開拓使麦酒醸造所は、明治十九年（一八八六）に大倉組（現在の大成建設）に払い下げられ、昭和二十四年（一九四九）に日本麦酒会社となり、サッポロビール会社へと変遷を経て、現在にいたっている。

留学生としてイギリスへ

村橋久成は、天保十三年（一八四二）、薩摩藩主

ビヤ樽が４段に重ねられた開拓使麦酒醸造所開業式（北海道大学附属図書館所蔵）

島津一門の加治木島津の分家村橋家の嫡子として生まれた。慶応元年（一八六五）には、薩摩藩からイギリスへの派遣留学生十五人のうちの一人として選ばれ、ロンドン大学に入学した。二十三歳のときである。

当初は、薩摩藩のため軍事的な修得を留学目的としていたが、留学生らが欧州で学んだのは近代的な民主思想と産業振興だった。

帰国した村橋らを待っていたのは激しい内戦であった。村橋は、薩摩藩大砲隊の監軍として討幕戦に参加、北越から米沢、山形、鶴岡へと転戦。さらに箱館戦争では総督府軍監として、江差上陸の新政府軍を指揮、箱館へ進攻する際、二股口で新選組副長土方歳三率いる部隊と交戦する。

その土方も戦死し、戦さも終盤を迎えた明治二年五月十二日、新政府軍の攻撃により旧幕府軍が五稜郭と弁天台場に寸断されたとき、多くの傷病兵を収容していた箱館病院は姿見坂上に位置していた。院長は、高松凌雲《りょううん》、敵味方を分け隔《へだ》てることなく治療を施したという人物である。ここに村橋の他六人ほどの薩摩藩士が訪れる。村橋は、戦争終結を望む会津藩士諏訪《すわ》常吉に面会を求め、和平を模索する交渉役の一人として登場する。重傷の諏訪に代わり、院長高松凌雲と小野権之丞が対応、非戦を旨とする諏訪の意向を汲んでの内容を二人は総裁榎本武揚宛ての書状として送った。このことが、五月十八日の終戦への重要な一歩となった。このときに病院を訪れた六人の薩摩藩士の一人が、新政府軍の全権を握る黒田清隆であったという証言もある。

胸像で見る限り村橋は、顴骨《かんこつ》たかく頬の痩せた薩摩武士の持つ独特の風貌を備《そな》えている。

薩摩といえば示現流《じげん》。正確には天真正自顕流と称していた。天正十六年（一五八八）に東郷重位が京都から持ち込んだ流儀である。それまで薩摩では、九州人吉の剣客、九目蔵人の創始した体捨流が主流であったが、これに取って代わる。

示現流に欠かせないのは立木打ちである。木刀を八相に似たトンボに構え四、五間の距離から走りかかり「チェースト」との気合いもろとも左右の袈裟を交互に打つ。これで石火の太刀筋と不動不抜の腰が固められるという。薩摩にあって、藩主分家筋の村橋も、この流派を遣《つか》ったであろうことは間違いない。

ここで、もう一人の人物を登場させなければならない。

中川清兵衛《せいべえ》である。中川は越後与板（現在の新潟県長岡市与板町）に生まれ、十代半《なか》ばで横浜のドイツ人商館に務め、ゲルマンビールに親しむきっかけを得た。その後、明治六年（一八七三）春にドイツに渡り、ベルリンで最大のベルリンビール醸造会社で約二年ほど修業して帰国。明治八年に開拓使御用掛雇の役人になる。翌年日本人初の醸造技師として村橋とともに札幌に赴任する。

読売新聞社刊『現代に残る北海道の百年』に、「これほど道民に愛されているサッポロビールを初めて醸造したのは中川清兵衛です。清兵衛ぬきにしてビールは語れません」とある。本場ドイツで磨いた力量は当時の世界レベルであり、研究熱心さにおいても卓越していた。

麦酒醸造に賭けた情熱

平成十七年（二〇〇五）の夏、村橋の胸像が鹿児島から札幌市中央区の知事公館前庭に移設建立された。この胸像は、昭和五十八年（一九八三）に九州の彫刻家中村晋也氏が制作、除幕式は醸造所開業日にちなんで九月二十三日に。併せて同月二十二日と二十三日の両日「北に夢を追ったサムライ」と題して、村橋の生涯を描いた演劇が、札幌市西区の生涯学習センターにおいて記念公演されている。

話を歴史という本筋に戻したい。

明治五年七月、開拓使顧問のアメリカ人ホーレス・ケプロンは、開拓次官黒田清隆に北海道産の野生ホップによるビール醸造を進言するが、このとき開拓使では、すでに東京青山の開拓使東京農場内に麦酒醸造所の建設を内定していた。

平成17年９月知事公館前庭に移設建立された村橋久成の胸像

これに真っ向から反対したのが、開拓使東京出張所勧業課長の職にあった村橋だった。「北海道と東京では醸造条件が違う。北海道の勧業を図るならば、最初から北海道に建てるべき」との明確な主張に加えて、

札幌時計台の正面玄関上にも開拓使の赤いシンボルマークが刻まれている

建設費の明細と最適な建設場所まで示し、執拗に東京建設に対して反論を繰り返した。

ついに村橋の案が認められ北海道に建設が決定したのは、明治九年三月二十九日のことである。このときの稟議書が、平成十六年(二〇〇四)にリニューアルされたサッポロビール博物館に展示されている。

こうして明治九年九月二十三日、札幌に開拓使麦酒醸造所が竣工し、ビールの製品化に成功する。

翌明治十年(一八七七)、西南戦争が勃発《ぼっぱつ》するが、西郷軍を追撃した政府軍にビールが慰問品として届けられ、戦地では大いに士気が上がったというエピソードが残っている。

辞任、流浪の旅へ

しかし、ここで村橋の身に流転の運命が待ち受けていた。「開拓使官有物払い下げ事件」である。

明治十四年（一八八一）八月、これまで開拓使が管理運営してきた工場、倉庫や船舶など、その七十五％の資産の払い下げ処分が行われた。

内実は、薩摩人を中心とした幹部が一斉に開拓使を辞め、自《みずか》らの会社「北海社」を創設し、一括払い下げを受けようとするもので、北海道の流通を独占しようとの意図があった。払い下げ価格は総額三十八万円、三十年譜で利息なしという破格なものであった。

『函館市史』には、同じ薩摩出身の政商五代友厚の経営する関西貿易商会と北海社との合併による「私設開拓使」の構想があったという記述もある。

ここで村橋は、突然に奏任官・開拓権少書記官の職を辞すのであるが、その理由は、開拓使を私物化しようとする薩閥支配への憤《いきどお》りと開拓事業への失望であった。

そもそも村橋の行動は、北海道に新しい産業を興《おこ》すことこそが開拓成功の基礎であると極端なまでの信条によって支えられていた。

職を捨てた村橋は、身を雲水に託して、あてのない行脚放浪の旅に出る。以後、歴史の表舞台から姿を消す。

一方、世論の厳しい批判を受けた政府は、払い下げを中止せざるを得ない事態にまで追い込まれ、十年後の国会開設まで約束することになる。

田中和夫著『サッポロビールを創った薩摩藩士』によると村橋の最期は、「明治二十五年（一八九二）九月、突然、神戸市外の路上で病める身となって姿を現わす。そして誰れにも知られることもなく、ひっそりと息を引き取る。栄光を約束されていた開拓使エリートの壮絶な、そして反骨の死だった」と綴られている。

中川も、明治二十四年（一八九一）に醸造所を退職、小樽での旅館経営に失敗し、大正五年（一九一六）四月二日、東京において他界した。死に水はビールだったという。

幕末から明治へと時代が激変するなかで、改革の情熱をもって札幌に足を踏み入れた一人の薩摩藩士が、失意のうちに流浪の旅に出、病に朽ちていった晩年が偲ばれてならない。

しかしながら、開拓使醸造所が札幌に建ってから約百四十年余を迎えた今、村橋らが北海道に残した熱い想いは、確たる〝北辰星〟として輝き、伝えられているともいえる。

野田和三郎《のださぶろう》

小樽玄武館、北辰一刀流を指南

北辰一刀流の系譜

今、小樽は観光都市として注目を浴びているが、かつては北海道経済の中心となり、明治中期から昭和初期にかけて数多くの商社や銀行が建ち並び、〝北のウォール街〟と呼ばれるほどの商都として繁栄していた。

この商況とともに、剣道もまた多くの名だたる流派が群星の如く小樽に集まり、活況を呈した。

「小樽市の剣道は、古くは明治二十年前後に旧松前藩士中村一二、近江吉綱が商業の側わら道場を開き、また、明治中期から直心影流《じきしんかげ》十七代島村久之助、大正・昭和に亘って北辰一刀流野田和三郎、小林正雄、桜井義祐、竹村元道がおり、野田和三郎の玄武館、小林正雄の明治神宮遙拝所道場、小樽公園入口の演武場を中心として盛況を窮めた」と昭和四十五年（一九七〇）発刊の長谷川吉次著『北海道剣道史』に綴られている。

江戸時代末期には七百もの流派が存在したと伝えられるが、幕末、江戸における三大道場といえば神道無念流の練兵館、鏡新明智流の士学館、そして北辰一刀流の玄武館である。位は桃井、業は千葉、力は斉藤といわれる。

屠流《とりゅう》と号した千葉周作成政は、寛政六年（一七九四）奥州栗原郡花山村（現在の宮城県）で生まれた。十五歳のときに、小野派一刀流浅利又七郎義信に入門、また中西忠兵衛子正《つぐまさ》の中西道場においても修業を行い、剣における希代な才能を開花させる。

野田和三郎を襲名した小林四郎。小樽に北辰一刀流玄武館を再建した

その後、浅利又七郎の下《もと》を離れる

が、こうした一刀流と父祖直伝の北辰夢想流を基幹として、新らたに北辰一刀流を創始したことは周知のとおりである。

文政五年（一八二二）、武者修業から戻った周作は、道場を日本橋品川に開き、名を〝玄武館〟と付けた。有名な神田お玉ヶ池への移設は、文政八年（一八二五）のことである。

正徳年間（一七一一～一六）に直心影流が工夫した面、籠手などの防具と竹刀による打ち合う試合形式の稽古方法を継承、さらに技術的な創意を尽して世に広めた北辰一刀流は、その内容からして現代剣道の原点といってもいい。

周作自《みずか》らの剣戒がある。以下、原文。

一、剣術に三声あり。一は勝を敵に知らす声にて、これを大きく掛ければ、敵恐れて後を掛けぬものなり。一は敵追込み来り打たん、突かんの意見ゆるとき。こなたより大声をかければ敵は悟られしかと疑議す。その所を打ちこむなり。一は敵を追い込みしとき。こなたより声をかければ畏縮して無理なる手を下すものなり。その場をつけこみ勝を得ることとなり。

一、また三の挫きということあり。一つは太刀を殺し、一つは業を殺し、一つは気を殺すなり。太刀を殺すとは、敵の太刀を左右に支えあるいは払いて、切先を立てさせぬをいう。業を殺すとは、敵手巧者にて二段突き、突き掛け、諸手突きなどを試みて不成功にかまわず手元へ繰りこみ透き間なく足搦、体当り、捩じ倒しなどを三、四度してその勢いを削ぎ業をさせぬをいう。気を殺すとは此方奮進の勢を以て右の仕掛けを頻発《ひんぱつ》すれば、勇気に圧せられて気力の進まず、挫けて遣いよくなるものなり。

一、猶予せぬこと三あり。敵の出鼻。打太刀を受止めたる場合。敵の手段尽きたるところ。此の三はのがすべからず。繁くたたみかくれば勝を得べし。

一、心意識という三要素あり。心とは全体に配る所。意とは左せん右せんと案ずる所。識とはいよいよ見定めて所思を行う所をいう。敵を打つには意の所を打つべし。俗に意は思いの起る頭にて未だ迷いの存するなり。此後を打ち、受け、突くなどせば既に所思の定まるところにて、相討ちを免れざるなり。

また、周作の好んだ「夫剣者瞬息《それけんはしゅんそく》　心気力一致《しんきりょくいっち》」の言葉は、北辰一刀流の気構えをよく表している。

北辰一刀流の「剣術六十八手」は、大正初期に高野佐三郎の技術体系「手法五十種」として、剣道の正課教材として導入されることになる。

お玉ヶ池の玄武館は、周作の三男である道三郎光胤が二代目を継いだが、関東大震災で道場が焼失し、道三郎の高弟・小林誠次郎定之の子である四郎祐之が三代目を継ぐ。

この小林四郎が北海道に渡り、小樽の地に玄武館の再建を果たすことになる。

玄武館、再建

前述の小林四郎について、まず、姓名の変遷について触れておく。

小林四郎は明治十六年（一八八三）六月七日、勝浦鞆雄の四男として生まれ、北辰一刀流二代目小林定之の養子となって、〝小林四郎〟を名乗る。さらに小樽にあっては、南部楼・野田家に婿入りし、〝野田四郎〟となり、のち〝野田和三郎〟を襲名する。

一般的には、野田和三郎との記名が多いが、本稿では時期に応じて、これらの名を使い分けることとしたい。

明治二十一年（一八八八）一月二十二日の北海道毎日新聞に「撃剣初　昨年来十六日を定日として小樽末広座に於て開会の撃剣は、本日午前十時より午後二時に限り、小樽高島郡の達人及大小天狗連中にて撃剣始めを催ふすと云ふ」と撃剣大会の様子が報じられている。

この頃、かなりの頻度で、大会が開催されたことが、新聞記事として残っている。撃剣活発なりし時勢に応じるように、直心影流十七世である島村久之助が明治四十年（一九〇七）七月七日、相生《あいおい》町八番地に〝小樽尚武館〟を開館する。開館に際して行われた撃剣大会には、札幌の甲源一刀流富田喜三郎、小樽の二刀円明流多田寛らが招かれ、出場剣士百余名に及んだという。

当時、北海道を訪れる腕に覚えのある武者修業者は、必ず小樽尚武館を訪れた。小林四郎もその一人であり、明治四十五年（一九一二）に小樽に入るが、地元剣士等から逗留を乞われるまま、滞在は長くなり、結局、小樽を終《つい》の住処《すみか》として身を置くことを決断する。

大正二年（一九一三）十月四日、花園町住吉座で開催した小樽尚武館創立七周年を記念した撃剣奨励会においては、最後に小林四郎が来賓として挨拶をしたが、何を伝えたかったのか多少難解な高説を垂れたらしい。

この大会の直後、野田ハルと結婚、野田四郎となる。同年十一月五日には、住ノ江町四番地の自宅に併設した道場を開設、北の地に北辰一刀流指南を目的とした〝玄武館〟の看板を掲げた。

小樽玄武館では、野田館長自ら門下指導に力を注ぎ、木刀による組太刀、真剣による抜刀術など北辰一刀流の極意の伝承に人生を賭し、三十年の永きにわたって、延数千人を超える門人を育成した。

『北海道剣道史』では、「大正初期から青少年の剣道育成に功績のあった北辰一刀流野田和三郎氏は、ひとり小樽市のみでなく、本道剣道界にとっても特筆大書さるべき存在であった」と高く評価している。

余談だが、新選組幹部永倉新八もまた杉村義衛と名を変えて小樽に移り住んでいる。十八歳にして神道無念流免許皆伝、新選組随一の遣《つか》い手も大正四年（一九一五）一月五日、小樽花園で人生を閉じている。行年七十七歳であった。終生剣一筋に生きた新八だが、晩年、北海道大学撃剣部に招かれたように、竹刀の音に誘われて市内道場を訪れていたことは否《いな》めない。

話を戻すが、『小樽市剣道史』によれば、大正二年に、小樽の剣道発展と関係者の親睦を図るため〝小樽剣道研究会〟が設立されている。その当初会員には、野田四郎の名もある。

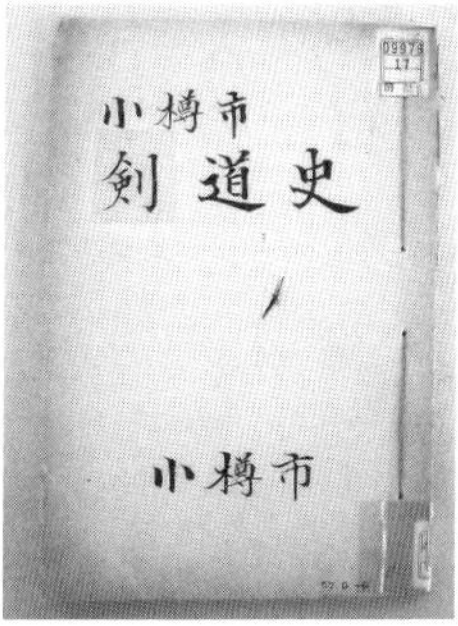

『小樽市剣道史』市立小樽図書館所蔵の資料。著者不明、昭和29年（1954）11月記

玄武館の開館も重なったこの時期、小樽尚武館が突如閉館、島村久之助が健康を害したためといわれているが、その真偽は定かではない。その島村久之助は、昭和七年（一九三二）八月十二日、七十歳で没している。

この小樽剣道研究会は、現在の地方剣道連盟の原型といってもよく、神道無念流・有信館の桜井義祐の尽力もあって、警察や三菱道場、北海製罐、地域道場や学校などを構成員として終戦まで組織的に運営された。

また、大正十五年（一九二六）八月十八日、天狗山金毘羅大本院が開帳され、盛大に武術大会が催された。住職の秋山宥猛は、心形刀《しんぎょうとう》流を修めた剣客であり、稽古は主に警察官が多く、非番の刻限に併せて夜遅く行われたという。天狗山金毘羅大本院の例大祭での武術大会の運営は、北辰一刀流玄武館が仕切っている。

明治44年（1911）竣工当時の小樽市公会堂。昭和２年、小樽剣道研究会主催の第１回全道剣道大会が開催された

昭和二年（一九二七）八月一日には、小樽剣道研究会主催の第一回全道剣道大会が小樽公会堂で、二百人の剣士の出場を得て開催されている。『剣道日本』掲載の石神卓馬著「剣道歴史紀行」によると、「東京から招かれた中山博道の訓話があったが、かれは訓話のなかで引き揚げを絶対禁じたあと、三本勝負の本来の意味は三人に当たるということであるから、このことをよく了解して試合を行え、と説いた。

なるほど、この解釈はわかりやすい」とある。中山博道は、居合の意味を説明し、模範を示したという。このとき、野田和三郎も北辰一刀流組太刀を演武している。

昭和四年（一九二九）の大会では、高野佐三郎と中山博道が帝国剣道形を披露するなど、大会規模拡大などに伴ってか、昭和九年（一九三四）六月、小樽公園緑町側入口付近に待望の小樽剣道研究会道場が竣工し、多くの大会行事が、この道場で開催された。京都の武徳殿を模した道場だったが、残念ながら戦後、転用・移築されている。

小樽玄武館。右側が道場、昭和13年に焼失
（『北海道剣道史』に掲載）

昭和15年（1940）頃、再建後の小樽玄武館
（『北海道剣道史』に掲載）

小樽玄武館道場は、昭和十三年（一九三八）に隣家の火災から焼失してしまうが、同年再建されたものの再び閉館し、現在は札幌軟

石造の倉庫だけが残っている。

館長・野田和三郎も昭和十八年（一九四三）頃から病床に臥することが多くなり、代わって大塚義孝が師範代を務めていたが、戦局悪化の昭和十九年（一九四四）六月七日、東京に帰ることなく小樽にて永眠した。

門人たちの出征に加え、葬儀中に大塚師範代に応召令状が下り、また高弟の一人、小林定之も樺太から離れられないなど道場後継に難を来《きた》し、小樽玄武館は自然閉鎖のやむなきにいたる。

現在、北辰一刀流は小西真円一之六世宗家のもと東京都杉並区善福寺に本部道場を構え、組太刀を中心に抜刀術、長刀術（薙刀術）、そして竹刀剣術と幕末玄武館に準ずる伝統的な稽古を行っている。

五世は、小西重治郎成之。小樽玄武館野田和三郎の最後の内弟子であり、戦地からの復員後、東京に玄武館を蘇らせた人物でもある。

小樽市佳ノ江に、今も残る「小樽玄武館」の倉庫

街の繁栄とともに

小樽という地名は、アイヌ語で〝砂の中の川〟を意味する「オタルナイ」に由来する。江戸時代から北海道の日本海側ではニシン漁が盛んで、この地にも元治二年（一八六五）に漁師集落が形成され、明治二年（一八六九）に〝小樽〟が正式呼称となる。

箱館戦争では旧幕府軍総裁として戦った榎本武揚だが、小樽との縁《えん》は深い。早くから石狩での開港の必要性を予測するとともに、幌内炭層の発見・開発、土地管理開発会社「北辰社」の設立など小樽の街づくりに貢献している。特に、幌内炭に係る輸送手段は、様々な計画変更のうえ、札幌を経由して小樽への鉄道敷設が決定され、明治十三年（一八八〇）、国内で三番目、北海道で最初の手宮－札幌の開通にいたる。

かくして幌内と小樽が結びつくことによって、事実上、小樽港は道内随一の石炭積出港として重要な位置を占めるようになる。こうした小樽の発展は、榎本一人の功績に帰すべきものではないにしても、その後、樺太との交易も加わり、明治十年（一八七七）に六千五百余人であった人口が、明治二十六年（一八九二）には三万四千人となり、以降毎年五千人増を示すほどの急成長を示す。多くの剣術流派の剣客が道を求めて来樽したのには、小樽自体の隆盛という背景があった。

ともあれ、戦後、小樽剣道再建の第一歩として昭和二十六年頃から龍宮神社の拝殿や公会堂道場を借りての稽古が開始され、昭和二十八年（一九五三）六月、小樽剣道連盟が設立される。

小樽玄武館は、道統からして、北辰一刀流の第二の故郷であろう。平成十四年（二〇〇二）に創立五十周年を迎えた小樽剣道連盟の記念誌『源流』には、やはり小樽玄武館の思い出などの貴重な話も掲載されており、ある時期には玄武館再興の議論もあったようである。

武士階級が消滅した明治以降は、兵法、剣術という日本古来の武術が、剣道として再出発した時代ともいえる。実に、小樽は、剣における多くの有為の士を輩出、明治から受け継がれてきた足跡《そくせき》が刻まれている。

この小樽を舞台とする剣道の物語に、剣道史の縮図を垣間見ると同時に、登場人物の息づかいを感じることができる。

坂本龍馬《さかもとりょうま》

志は北へ、渡道した後裔の足跡を追う

龍馬の剣

嘉永元年（一八四八）、十四歳の坂本龍馬は坂本家にほど近い小栗流日根野《ひねの》道場に入門する。剣術、抜刀術などの総合武術である小栗流を修業することによって龍馬の剣の基礎が創られていくことになる。

土佐の藩校致道館では、小栗流のほか無外流、一刀流、神影流、大石流の五流を剣術として採用していたが、そのなかでも小栗流は〝土佐藩和術〟とも称され、土佐藩の主たる剣流である。開祖は、小栗仁右衛門正信、柳生石舟斎に柳生新陰流を学び、三代目藩主の山内忠豊に招かれて土佐に入った。

坂本龍馬。慶応年間の撮影といわれる（下関市立歴史博物館寄託・個人蔵）

龍馬について、日根野道場師範代の土居楠五郎が語ったという話が残っている。

「道場に来て龍馬は心機一転、おねしょも泣き虫も一ペンに飛んでしもうた。朝はまっ先に夕べは最後まで、飯を食わんでも剣道の稽古一筋。愉快でたまらん、おもしろうてたまらん。そんな気持でなんぼでもやる。先生もう一本、もう一本といくらでもうってかかる。そこで体当たりをやると、体は大きいが若いのでぶっ倒れる。するとはね起きてまたかかってくる。襟首をつかんで前に引き倒すと腹這いに延びる。それでもすぐ起きてまたかかってくる。この根性にはすっかり感心した」。

道場での龍馬の稽古姿が思い浮かぶ。後年、同道場の師範代も務めたという記録もあるが、剣で頭角を現した龍馬は、小栗流の皆伝「小栗流和兵法三箇条」を授かる。

嘉永六年（一八五三）、ペリー艦隊の浦賀入港の時期に重なるが、十九歳の龍馬は南国土佐から北辰一刀流を学ぶため江戸へ出府する。

行先は、北辰一刀流を究《きわ》めた千葉周作の実弟、千葉定吉の江戸京橋桶町《おけちょう》の道場（現在の東京都中央区八重洲）である。「小千葉」「桶町千葉」と呼ばれ、周作の「お玉ヶ池」「大千葉」などと区分されるが、鍛冶橋にあった土佐藩邸から距離的に近いこと、日根野道場や義兄の口添えなどが道場選択の理由であろう。

当時、桶町千葉は、定吉とその長男の重太郎、娘の佐那《さな》、里幾、幾久という家族構成であり、龍馬は一家との深い親交に加えて千葉周作の二男の千葉栄治郎とも親しく交流を結んでいた。特に重太郎とは同志的仲間といってもいい。

終生、龍馬の許婚《いいなずけ》と名乗った佐那は、「父は、坂本さんを塾頭に任じ、翌五年一月には北辰一刀流目録を与えました」と語っており、後に北辰一刀流宗家第五世の小西重治郎が、龍馬の伝位は〝中目録免許〟であっ

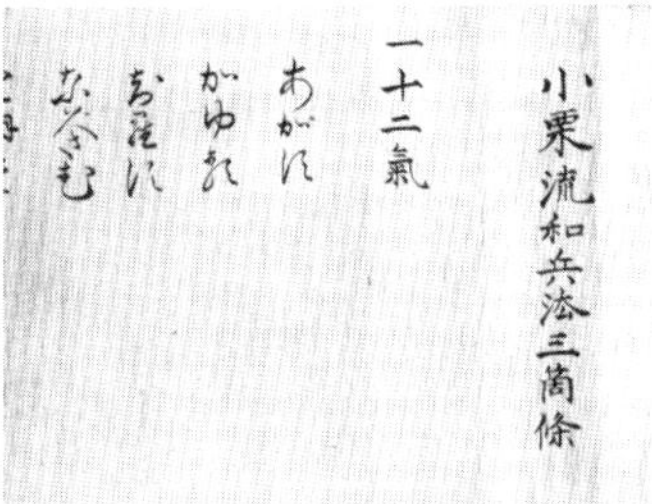

皆伝「小栗流和兵法三箇条」（京都国立博物館所蔵）

たらしいと述べている。

『維新土佐勤王史』によると「道場に通い、後に其の家に寄宿して、昼夜剣道に丹精を凝し」とあり、剣道三昧《ざんまい》の暮らしが窺《うかが》える。

司馬遼太郎の『竜馬がゆく』では、桶町千葉道場で龍馬と互角の勝負ができるのは重太郎のみ、当初は面打ちが得意であった龍馬は籠手打ちにも工夫を重ね、〝龍馬の泣き籠手〟といえば、上段からの籠手打ちで、厚い刺子を通して手首の骨が砕けそうにひびく強烈なものであったと書いている。

各藩が黒船の江戸侵入に備《そな》えて防御陣地を築く最中《さなか》、土佐藩警備隊の剣術教官に就いていた龍馬は、土佐藩と長州藩との剣術試合の勝ち抜き戦の先鋒で出場、長州側の神道無念流の林乙熊を突きで破った後、九人抜きを演じた。また、重太郎との立ち切り三十本勝負では、最初と最後の立ち会いで龍馬の突きが見事に決まり、他の二十八回は重太郎が勝利したが、そうした結果に定吉は判断に困ったという。

安政四年（一八五七）十月三日、土佐藩邸において百人を超える剣客による諸流試合が行われた。龍馬は桶町千葉道場の代表として名を連ねている。相手は〝今武蔵〟と呼ばれている島田逸作、右手に三尺六寸、左手に二尺六寸の竹刀という二刀流の遣《つか》い手である。一本目は相撃ち、二本目は龍馬が面打ちを決め、三本目は龍馬の放った胸突きが決まった。

同年、鏡心明智流の桃井春蔵道場主催の大試合が行われた。この大会は三人抜きをした者が、再度勝者同士で試合を進めていくもので、最終的に六人が残った。龍馬の相手は、同流、お玉ヶ池千葉道場の塾頭格の会津藩士森要蔵であった。試合は龍馬が面を一本取られたが、二本目は上段からの面で返し、続いて面を奪った。次の相手は、神道無念流の斎藤弥九郎道場の塾頭、長州藩の桂小五郎である。桂は中段、龍馬は意表をついた片手上段の構えからまず面一本を先取、桂が引き胴で決めて勝負となる。三本目は面が脱げるほどの突きを放ち、龍馬が勝ちを得たとある。いずれにしても、剣客としての龍馬の技量と名声は、かなり高いものであったと考えてもいい。

以下余談。

樋町千葉道場の重太郎について。

戊辰《ぼしん》戦争では、新政府軍の鳥取藩部隊として参戦、その後、北海道開拓使に出仕している。期間は明治五年（一八七二）二月から約四年間。履歴には、札幌詰め、東京詰め、函館七重《ななえ》村詰めとの記録があるが、実際、札幌を訪れたことはなく、そのほとんどを東京出張所で勤務していたらしい。ただ七重村、現在の七飯《ななえ》町にあった広大な農業試験地「七重開墾場」に短期間ではあるが、滞在している。

重太郎は、明治十八年（一八八五）五月七日、京都において生涯を閉じた。六十二歳であった。

志は蝦夷地開拓

「日本《ニッポン》を今一度せんたくいたし申候《もうしそうろう》」。文久三年（一八六三）六月二十九日、龍馬が姉乙女に送った手紙の一部である。

江戸時代を通じて主君、主家のための命という思想を背景とするなか、日本という国家を洗濯しようなどと、いかに大きく特異な発想であることか。こうした龍馬の存在は、幕末維新史に欠かすことはできない。

龍馬が歴史の表舞台へ一歩踏み出したのは文久二年（一八六二）の脱藩からであろう。勝海舟との出会い、後の海援隊となる亀山社中で海運業を手がけるとともに、倒幕のための薩長同盟を成就し、慶応三年（一八六七）十月には大政奉還を成し遂げた。幕末における龍馬の数々の業績については、他著に譲《ゆず》ることとし、ここでは多くを書かない。

本稿の主題は、龍馬と北海道の関係である。龍馬は、失職するであろう武士階級の力を北辺の防衛と開拓に充てようと、元治元年（一八六四）以降、計四回にわたって蝦夷地渡航を計画した。

好川之範著『坂本龍馬　志は北にあり』では、龍馬の蝦夷地開拓の意志とその経緯を検証とともにまとめている。本書による

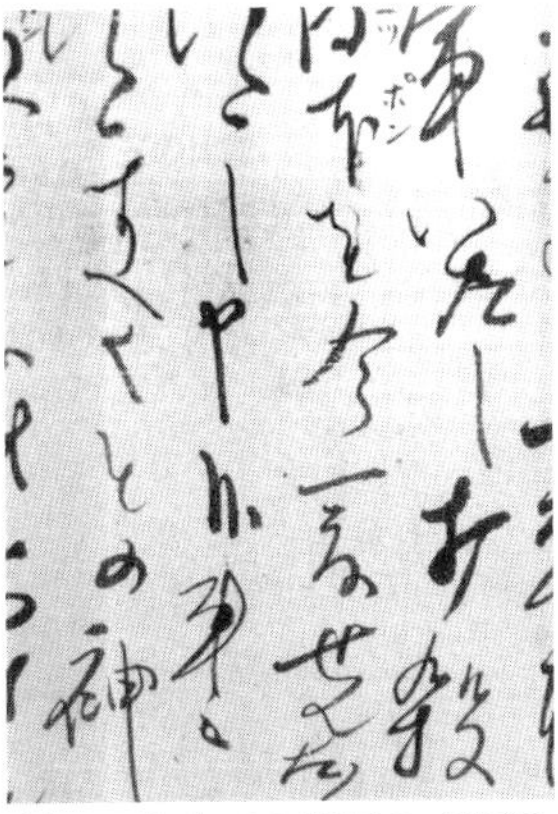

姉・乙女宛ての龍馬の「洗濯書簡」（京都国立博物館所蔵）

と、元治元年六月十七日の勝海舟の日記に、龍馬が言うには、京阪の尊皇攘夷《じょうい》の過激派の輩《やから》をことごとく「黒龍丸」で蝦夷地開発へ引き連れていくことを、早急に策すべきとのことが書かれている。同船は福井藩籍の船で、神戸操練所の常備練習船となったものである。これが〝第一次龍馬蝦夷地ゆき構想〟の概要である。

亀山社中は、慶応元年(一八六五)五月に設立。慶応二年(一八六六)には二船を有していた。その一隻「大極丸」を蝦夷地行きの船とする予定だったが、社中の経営状態から計画を断念する。これが第二次構想である。

慶応三年四月、龍馬を隊長として、運輸や投機以外に開拓を目的とした〝海援隊〟が生まれる。この頃の龍馬が、長府範士の印藤聿に宛てた手紙には、「蝦夷地に渡って新国を開きたく、一人になっても屈せず志を抱き続けている」との積年の思いが綴られている。北海道に新しい国を開きたいという思いを託した船は「いろは丸」と考えられるが、瀬戸内海にて紀州藩の「明光丸」と衝突、沈没とともに第三次構想も潰《つい》えてしまう。

第四次構想は、『男爵安保清康自叙伝』に残されている。龍馬から「戦争ノ大小ハ確言シ難キモ必ズ開戦トナルコトハ確信ス。足下ハ開戦ニ互ルモ、必ズ之ニ千与セズ、我海援隊所有ノ船ヲ以テ、北海道ニ避ケ内乱ヲ顧ミズ、一意足下ノ海軍意思タル海軍術ヲ養成セヨ」との内容の手紙がある。海援隊の船を使ってでも、蝦夷地へ行くことを勧めており、一貫して龍馬は諦めていないことがわかる。この手紙が書かれたのは、龍馬が襲撃される四日前のことである。

龍馬の妻であるお龍《りょう》は、明治三十二年（一八九九）の地元高知の土陽新聞に「北海道ですか、アレはずっと前から海援隊で開拓すると云って居りました。私も行く積もりで北海道の言葉を一々手帳へ書き付けて毎日稽古して居りました」との回想文が掲載されている。さらに、お龍は、龍馬らとともに北海道へ行く前祝いとして京都祇園で盛大に宴会を開いたとも語っている。

しかし、二人とも北海道の地を踏むことはなかった。

慶応三年十一月十五日、京都近江屋において、龍馬は中岡慎太郎とともに刺客の凶刀に斃《たお》れた。龍馬暗殺には諸説あるが、刺客の一人、今井信郎の明治三十三年の新証言から、襲撃者は京都見廻組《みまわりぐみ》の佐々木只三郎、今井信郎、渡辺吉太郎、桂隼之助ら七人であったようだ。今も、暗殺を指図《さしず》したのが誰なのか定かではない。龍馬、三十三歳。維新回天の原動力となった人物としては、短かすぎる生涯だった。刺客が去った後、龍馬は、愛刀「陸奥守吉行《むつのかみよしゆき》」を凝視しながら死の途についたとされるが、この刀が坂本一族とともに北海道に渡り、昭和六年（一九三一）まで札幌に存したことはあまり知られていない。

龍馬の朋輩にも少し触れておきたい。

龍馬の北辺開拓の志を実現するべく、明治二年（一八六九）七月に設置された北海道開拓使に入ったのは、渡辺剛八と山本洪輔《こうすけ》である。二人は亀山社中、海援隊などで龍馬と時代を共有する同志である。

渡辺剛八は、後年、大山重《しげる》とも名乗るが、明治二年九月に出仕し、初めは樺太の開拓に関わる。翌年十二月に小樽在勤となり、会津士族の余市郡入植の支援を行い、次いで黒田清隆のもと、屯田兵制度創設に携わり、明治六年（一八七三）八月、札幌本庁屯田事務局の初代主任官として屯田兵の事務の総括を行っている。しかし、三十五歳で辞任、明治四十年（一八〇七）に福井市で没している。

山本洪輔は、長崎で松本良順などに医学を学んでいる。別名、洪堂《こうどう》ともいう。新政府軍の軍医などを務めた後、明治五年一月に開拓使に入り、医局専務として、宗谷《そうや》、留萌《るもい》などに在職。

二人とも龍馬暗殺後は、海援隊のメンバーを含む振遠隊を結成し、新政府軍として戊辰戦争に加わっている。

坂本一族の足跡

龍馬の計画は、新政府の屯田兵制度として受け継がれ、北海道開拓の素地を築いた。そうした龍馬の志を継ぐように北の大地へ渡ってきた坂本一族の後裔に、触れていきたい。

高松順蔵に嫁いだ龍馬の長姉の千鶴の長男は高松太郎という。龍馬とは七歳違いの甥である。太郎は、土佐勤王党に参加、亀山社中、海援隊で動きを共にし、龍馬

坂本　直（北海道坂本龍馬記念館編『北海道の坂本龍馬紀行』に掲載）

坂本直寛（北海道坂本龍馬記念館編『北海道の坂本龍馬紀行』に掲載）

亡き後、蝦夷地経営に関する建白書を新政府に提出。五稜郭にあった箱館府に勤務する。

明治二年には、新政府軍の一員として箱館戦争に参加。

明治四年（一九二九）には、明治天皇の命（太政官符）により龍馬の家督を継ぐ血縁者として〝坂本直〟を名乗る。晩年は、高知に戻り、明治三十一年（一八九八）十一月、五十七歳で病没する。

次男の習吉は、嘉永六年生まれ。名を〝坂本直寛《なおひろ》〟と改《あらた》め、龍馬の名跡を兄の直から引き継いだ。自由民権運動の活動家を経て、北海道でのキリスト教伝導に生涯を捧げた人物である。

明治二十八年（一八九五）に、「北光社」を設立し、北見の開拓に着手。土佐自由党のメンバーと移民推進策を推し進めた。明治三十一年五月には、高知の一家六人とともに石狩平野に位置する浦臼《うらうす》に入植、聖園農園の経営を行った。翌年には、亡き兄の直の妻子も浦臼に移住している。

明治三十五年（一九〇二）二月、直寛は札幌に移って、日刊紙「北辰日報」の主筆となったが、後に牧師となって旭川、十勝、北見、札幌などで伝道活動を展開する。明治四十四年（一九一一）九月、札幌にて五十九歳で没した。墓は、坂本一族の墓碑とともに札幌市円山墓地にある。

平成二十二年（二〇一〇）九月には、同墓地において直寛の没後百年記念会が催され、功績を偲んだ。

龍馬が活躍した京都〝円山〟には龍馬と中岡慎太郎の銅像が建っているが、札幌〝円山〟を墓所に選んだのは、その名に縁《えにし》を求めてのことだったのかも知れない。

ちなみに、直の妻子の墓は浦臼町札的墓地にある。

直寛の孫で八代目に当たるのが、山岳画家で有名

札幌市円山墓地の坂本家墓

な〝坂本直行〟である。

坂本直行（北海道坂本龍馬記念館編『北海道の坂本龍馬紀行』に掲載）

明治三十九年（一九〇六）に釧路に生まれ、広尾で酪農と農業を行いながら道内の山々を歩きスケッチを続けた。その作品は、六花亭の包装紙のデザインなどで知られるが、かつて龍馬が夢みた北海道の自然を描き続けた。昭和五十七年（一九八二）五月、札幌で永眠、七十六歳であった。

もう一人、名は澤辺琢磨（旧名は山本数馬）という。龍馬と同年の縁戚に当たり、幼い頃は兄弟のように仲が良かったという。琢磨が江戸の士学館で剣術修行中、事件を起こし切腹させられそうになったところを龍馬が救い、その後、箱館に渡った。「船宿に押し入った強盗を撃退したことから、剣術道場の師範に迎えられ、箱館の名士と親しくなっていった」と『北海道の坂本龍馬紀行』にある。琢磨は、箱館に来た直とは会えずに、入れ違いで東北へと移動している。

龍馬の遺品については、坂本家の移住に伴って道内を転々とし、直寛の後継となった坂本弥太郎が、昭和六年に札幌にあったものを京都国立博物館へ寄贈した。そのなかに、龍馬が姉の乙女に出した「日本をもう一度せんたく…」の手紙もあり、これは国の重要文化財に指定されている。

また、こうした手紙などの文章とともに、暗殺現場の血染の屏風《びょうぶ》や紋服、海援隊日誌、小栗流皆伝書、愛刀「吉行」なども一時は北海道にあった。

十一月十五日は、龍馬が生誕し、そして死んだ日でもあるが、平成二十一年（二〇〇九）のその日に「北海道坂本龍馬記念館」が函館市末広町に開設された。貴重な資料が保存、展示され、併せて〝平成志士〟の交流の場として龍馬塾の役割を果たしていくという。

平成二十年（二〇〇八）には、開館を前にNPO法人北海道坂本龍馬記念館実行委員会主催で〝龍馬祭〟が函館の五稜郭タワーで開催され、伝統武道の演武が披露された。龍馬祭は、平成十三年（二〇〇一）から札幌で行われてきたもので、東京の杉並区で道統を継ぐ「玄武館」の面々を招き、北辰一刀流の形が演じられたこともある。

剣の心を知る幕末の志士としての龍馬は、藩を頼らず奔流の時代を一筋に進んだ。その生き方を象徴するような龍馬の歌を一首、掲げる。

世の人は
　われになにともゆはばいえ
わがなすことは
　われのみぞしる

大塚霍之丞《おおつかかくのじょう》

総裁榎本の切腹を止めた彰義隊の生き残り

切腹を阻む

平成22年(2010) 7月に復元された旧幕府軍本営のあった五稜郭内の箱館奉行所

明治二年(一八六九)、箱館戦争終結の二日前、すでに弁天台場も落ち、新政府軍の総攻撃を前に旧幕府軍の拠点は五稜郭本営のみであった。

その五月十六日、総裁の榎本武揚は、傷病兵を逃した後、自分の死を以って旧幕府軍全員の助命を実現させるため、側近の彰義隊・大塚霍之丞を総裁

当時の箱館奉行所（函館市中央図書館所蔵）

室に呼び、刃を腹にあて自身の介錯《かいしゃく》を命じた。しかし、大塚は一人総裁を死なせるわけにはいかないと、素手で刀を取り上げ、身を挺《てい》して切腹を阻止するという事態が起きた。

『北洲新話』には、大塚が榎本の刀を素手で掴んだため左指三本が切り落ちたとあるが、実際は大塚が刀を奪い取った際に、榎本が手元を引き、指三本の内側が深く切れ、指間から血が流れ出たものであったらしい。むろん、軽い傷ではない。

額兵隊の『蝦夷錦』では、「衆人来たり、ともにこれを止む」「衆曰く『敵已《すで》に切迫す。これにより弾薬を打ち尽し、しかしてのち敵中へ切り入りて死せんと欲す。総督、急ぐなかれ』と諫《いまし》む」とあり、この騒ぎに気付いた者たちが、榎本を制止したことが窺《うかが》われる。

思いを遂げられなかった榎本は「吾輩、衆に代わって軍門に到り、私に千載を動かせし罪をもって朝断を仰ぎ、甘んじて天戮につかんと決せり」との意を持して新政府軍に降り、全将兵の助命嘆願の道を選択する。

このとき、五稜郭に籠城していた将兵は千人余。最終的に降伏人の総数は、弁天台場や戦闘中に捕虜となった者を含めると二千九百二人との記録がある。

戊辰《ぼしん》戦争は一年半を経て、ここに幕を下すが、ここに登場する大塚霍之丞について、先に略歴を紹介しておきたい。

大塚は、江戸に旗本の子として生まれ、一刀流を学び、京都見廻組《みまわりぐみ》に所属、のち彰義隊に参加し上野から箱館へいたるまで戦い続け、その後、北海道開拓の任に就くなど、まさに流転の人生を歩む。また、榎本との親交は終生続く。

大塚は、天保十四年（一八四三）、旗本岡田与一郎の三男として生まれる。幼名は丈三郎。養子として大塚家へ入ったが、波次郎という実子の誕生によって小石川で別居の生活を送ることとなる。

栗賀大介著『サムライ移民風土記』には、「ごくおだやかな人柄。それに遊芸を

大塚霍之丞（市立函館博物館所蔵）

好んだらしくしぜん、多少雪花の巻などにも迷い出て、風貌も立派だし、粋なところもあった」「剣については二十二、三歳の頃には、一刀流の皆伝の腕前で、なかなかよく出来た」とある。

一刀流は、伊藤一刀斎景久《かげひさ》を流祖とする。一剣一理として一心不変を究《きわ》め、一刀は万刀と化し、万刀は一刀に帰することが一刀流の名の由来である。

一刀流は、静にして勢いを含む〝威の位〟、無駄なく身を左右に転じ守る〝移の位〟、そして〝残心の位〟ともいうが無念無想で敵の想いを写しとる〝写の位〟を剣理とする。受けてから打つのでは勝負はわからない、自分の一を以って相手の二に応ずる、すなわち打ちて受け外《はず》して斬るならば必ず勝つとする「懸中待《けんちゅうまち》」を説き、究極の太刀として〝切落し〟が組太刀の所作を代表する。

一刀斎は、真剣勝負三十三度、斬ったのは五十七人、木刀で打ち伏せたのは六十七人といわれる。勝負では常勝であった。「敵をただ打つと思うな身を守れ　おのずから洩る賤《しず》が家の月」との歌が一刀流目録に残されている。

一刀斎の後継の小野次郎右衛門忠明《ただあき》は二代将軍徳川秀忠の剣術師範に就く。名の知れた小野派一刀流は、三代将軍家光の剣術師範ともなった忠明の三男忠常《ただつね》を創始者とする。

二男の忠也《ただなり》は、伊藤姓を名乗り忠也派一刀流として一刀流直系を継承する。忠也の門下から、一刀流四世を継いだ亀井平右衛門忠雄《ただお》、根来八九郎重明《しげあき》、間宮五郎兵衛久也《ひさなり》、溝口新五左衛門正勝《まさかつ》などが輩出され、重明は二本松藩の剣術師範を務め天心独明流を、久也は芸州藩に仕官し間宮一刀流を、正勝は溝口派一刀流を各々起こしている。

こうした系譜から、時代を超えて、さらに新しい流派が派生する。中西忠太子定《たねさだ》の中西派一刀流から天真伝一刀流、北辰一刀流が生まれる。

また、明治十八年（一八八五）には、一刀流九世の小野典膳業雄《なりお》から山岡鉄舟が一刀流奥義を相伝され、鉄舟は一刀正伝無刀流を創始する。

全日本剣道連盟発刊の『剣道の歴史』では、「合撃《がっし》」「切落し」という一刀流の極意太刀を、初心の者が最初に覚える技としていることが興味深いとしている。

当然のことであるが、初期の一刀流は、竹刀稽古が生まれる前であり、実戦本位の刃引き刀や木刀での組太刀で行われた。また、内容は当時と比較できるものではないにしても、「掛り稽古」「立ち切り」などの稽古方法が現在の剣道に用語として残っている。その戦闘法、指導法などは、笹森順造の『一刀流極意』に詳しい。

上野戦争

幕府が、総合武術稽古場として江戸築地鉄砲洲に「講武所」を設けたのは、安政三年（一八五六）四月である。四年後には神田へ移転するが、教授方の頭取は、剣は直心影流《じきしんかげ》流を遣《つか》い、弓術、宝蔵院流槍術にも秀《ひい》でた男谷精一郎《おたにせいいちろう》、他に一刀流系では一刀流の今堀千五昌蔵、中也派一刀流の近藤弥之助、北辰一刀流の井上八郎の名がある。

ちょうどこの頃、幕府は御家人のうち剣術の達者な二、三男を対象に京都見廻組隊士を募っていた。京都見廻組の創設は元治元年（一八六四）四月、新選組と並ぶ京都の治安維持部隊である。

大塚は、その腕前を見込まれて直ちに採用となり、七十俵一人扶持、見廻組肝煎役として京都へ出向いた。京都見廻組は、一時四百人余の組織となり、市中見廻り、禁門の変や天狗党鎮撫などに活躍を見せる。

慶応四年（一八六八）一月三日には鳥羽伏見で戦端が開かれ、薩長軍が幕府軍を駆逐。この戦いで、京都見廻組も多くの幹部を失う。

上野戦争の激戦地にあった寛永寺黒門。明治40年（1907）に円通寺に移設されている

海路、江戸へと帰った徳川慶喜《よしのぶ》が、恭順の意を表して上野寛永寺大慈院に入ったのは二月十二日。三月九日には鉄舟が勝海舟の書をたずさえ、西郷隆盛に会い、勝と西郷の会談によって江戸城明け渡しと慶喜の水戸退隠が

決められた。こうして、江戸総攻撃が寸前で回避される。『勝海舟日記』には、十一日に「御城、武器等引渡し済む。君上水戸へご発途」とある。

こうした時流に抗して、彰義隊の「君恥ずかしめらるれば臣死するとき」という封建的忠義の志を貫《つらぬ》かんとして起きたのが上野戦争である。

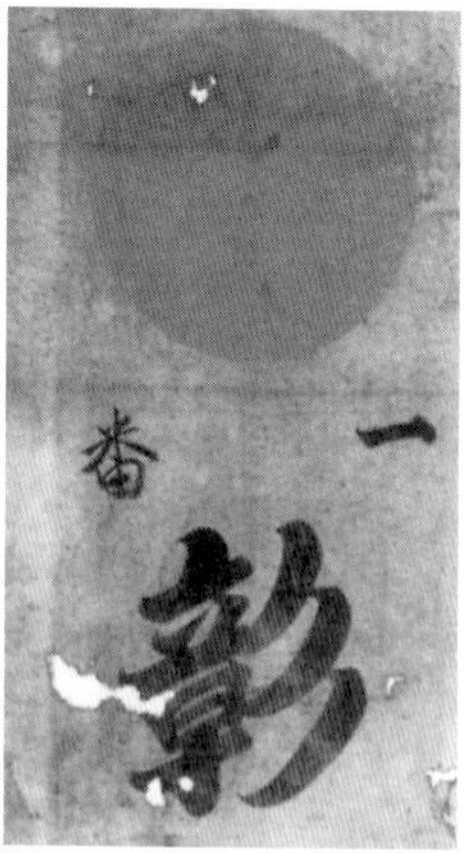

上野彰義隊の旗

彰義隊の結成は、同年二月二十三日のことである。始めは「尊王恭順有志会」と名乗り、昭義隊、貫義隊などの隊名が考えられたが、結局、彰義隊と決まった。朝敵の汚名を着せられた慶喜を守るため、その身辺を取り巻く椅子〝床机《しょうぎ》〟の意味を含む。

鳥羽伏見の戦いののち紀州まで陸路、そこから海路、浦賀へ戻っていた大塚は、自《みずか》らの手記に「予等、有志の友、集って一旗起こさんと思いしに、たまたま浅草門跡に有志の者、集合せると聞き、これに同意し天野八郎となお誓う」と書いている。

こうした志に加えて、三月十日、京都見廻組の総括者である岩田織部正《おりべのかみ》からの幕命により彰義隊組頭を拝命し、間もなく頭取を命ぜられたと述べている。大塚二十五歳のときである。

当初、彰義隊は、青、黄、赤、白、黒の五色に分けられ、第一青隊、第二青隊というように各色三隊編成の計十五隊あった。隊長のもと二十五人をもって一組とし、各々組頭、副長、伍長を置いた。四月五日時点で五百二十五人であったが、のち一隊五十人ずつの十八隊編成となり、およそ千人ほどの組織となる。

彰義隊のトップはいろいろ変わるが、事実上の組織者は天野八郎と言ってもいい。頭取並に大塚ら七人を置き、第一番隊から十八番隊に加えて天王寺詰、真如院詰、さらに附属隊として遊撃隊、神木隊、万字隊など十二隊がある。

この附属隊だが、「追々に馳加わる直参の士及び親藩恩顧の徒の脱走せる者」と定義されるが、幕府講武所出身者よりなる一隊三百人規模の隊から三十人ほどの少数グループまで様々であった。大塚は、隊長として彰義隊の一隊を率いている。

最終的に上野の彰義隊は、合わせて三千人余といわれているが、開戦時には千人程度だった。

しかし、新政府軍側からすれば、すでに倒幕が成っている以上、上野に籠もる彰義隊との一戦は、大勢に影響のない限定戦と位置付ける。上野を包囲する新政府軍は一万二千、新式のアームストロング砲が戦列に加わっている。

五月十四日、新政府軍は宣戦を布告。戦闘は、十五日明け方、一発の砲声により始まった。

彰義隊は、黒門、清水門など八門を守り、上野、谷中、根津、千駄木が戦場になった。特に、黒門口が大激戦地となり、薩摩、因州、津の藩兵との戦闘となった。

大塚は、十番隊を指揮したとされるが、当日は本営の寒松院に詰め、天野八郎とともに各戦線に出動し、各隊を励ましたらしい。

黒門口が破られたのは昼過ぎとされる。これをきっかけに彰義隊側は士気を喪失、撤退が始まるが、この有様について「これを見て続く兵一百余散乱して一人もあらず、ただ予と新井一人は紀伊守の家来なんか、僅《わず》かに残るもの三人、ここに徳川氏たるものに亦愕然《またがくぜん》たり」と天野八郎の『斃休録《へいきゅうろく》』にある。

上野戦争が、半日で勝敗が決したとの説もあるが、戦闘は午前七時から午後五時頃であったという。いずれにしても上野彰義隊は潰走した。

今も上野周辺の人は、上野の山を〝お山〟、寛永寺を〝お寺〟、不忍池を〝お池〟と呼び、この前の戦争とは太平洋戦争ではなく、上野戦争のことをいうと聞く。

かつての戦場は、明治六年（一八七三）に日本初の公園に指定され、今は都心の人の集う賑《にぎ》やかな場所に変貌している。

小樽に死す

まだ関東周辺で小戦闘が続いているなか、市中に潜む大塚の話が残っている。

「別に惜しくもねえ命だが、どうせ上野で拾ってきたんだ。徳川の敗け犬が敗けっ放しじゃあ心残りだ。同じくたばるなら最後にもう一と咬みついてから死にてえよ」。

大塚は、天野と潜伏行動を共にしていたときもあったようだが、天野が捕縛されると、他の彰義隊士とともに榎本武揚の指揮下に入り、旧幕艦「昇平」に乗船、そ

前列左から荒井郁之助、榎本武揚。後列左から小杉雅之進、榎本対馬、林薫三郎、松岡磐吉の旧幕府軍幹部

の後「長鯨」に移乗し、八月十六日には旧幕府海軍とともに江戸を脱する。途中、「長鯨」が室蘭に寄港したため、彰義隊が蝦夷地鷲ノ木《わしのき》に上陸したのは、本軍上陸開始の五日後の十月二十四日であった。

彰義隊は、五稜郭占領後の松前攻略戦では、旧幕府軍の先鋒として参加、江差から乙部、熊石へ転戦した。十一月二十二日には蝦夷地平定が成り、榎本武揚を総裁とする箱館政府が樹立される。

なお、箱館戦争時における彰義隊は、大彰義隊と小彰義隊に分けて表記される。分裂によるものだが、渋沢誠一郎率いる小彰義隊は、少数派のため伝習士官隊に組み入れられる。主流の大彰義隊については、大塚をはじめ上野以来の古参幹部が属しており、当時の記録どおりこちらを彰義隊と称していく。

明治二年三月二十五日の宮古湾海戦には、彰義隊から十五人が「回天《かいてん》」に乗り込み、二人が戦死。このとき、大塚の義弟の波次郎が「回天」の士官見習一等格として、甲鉄《こうてつ》艦斬り込みに参加し、壮烈な最期を遂げている。

この年の四月、雪解けを待って新政府軍が乙部に上陸。彰義隊は木古内方面に展開するが敗走を続け、最後は五稜郭と千代ヶ岡陣屋に陣を取る。冒頭の榎本武揚切腹未遂の出来事は、このときに起こった。

旧幕府軍が降伏したのは五月十八日、彰義隊は箱館市内の称名寺に収容され、ちょうど一年前の上野戦争で隊名を掲げた彰義隊は、箱館の地において貫いてきた義戦を終える。

明治五年（一八七二）一月、東京の牢を出た榎本は明治政府の要職に就くが、大塚の身の振り方について心配して色々と職を斡旋するものの、当の本人は自由気ままを望んだ。それでも、ようやく北海道開拓使十二等に出仕、資産調査係を手始めに明治二十四年（一八九〇）まで官に身を置いた。

その後は、小樽・北辰社の支配役として榎本と北垣国道の両家の地所管理を行った。北垣は北海道庁四代目長官を務めた人物である。

明治後年、榎本の東京向島の屋敷には、箱館時代の旧幕府軍メンバーが例年集まっていた。大塚も遠く小樽から上京してこの宴《うたげ》に加わり、榎本から所望されて、三味線を手に端唄《はうた》や都々逸《どどいつ》を披露したという。切腹を止められ、命を助けられた想いと、こういう大塚のいなせな性格を榎本は愛した。

死ぬ前日、大塚は、自分で手足を洗い、ひげを剃り、床の軸を掛け変えるが、こうした所作に彼を知る人はさすがは武家の出だと強く心を動かされたという。

時に明治三十八年（一九〇五）、さく子夫人と子どもたちに見とられながら、小樽において、その生涯を閉じた。行年六十三歳であった。

彰義隊の碑は、上野戦争の激戦の跡を残す黒門と同じく南千住の円通寺にあり、ここには大塚嘉久治の名で刻まれている。大塚にとっては、激動の幕末維新を舞台として、その生き様を貫いた誇り高き人生であったに違いない。

相馬主計《そうまかずえ》

馬上堂々、敵陣を行く新選組最後の隊長

転戦

明治元年（一八六八）十月十九日、旧幕府艦隊の先鋒として内浦湾鷲ノ木《わしのき》沖に錨を投じた「回天《かいてん》」、その艦上に相馬主計の姿があった。

主計は、笠間藩士船橋平八郎の嫡男として天保十四年（一八四三）八月に生まれるが、二十三歳にして脱藩、出奔する。幕末動乱期の数年間の空白の時を経て、〝相馬肇《はじめ》〟として新選組に名を連ねる。慶応三年（一八六七）六月から十一月の間、京大坂での入隊とされる。

新選組においては、常に近藤勇や土方歳三の側近として辣腕《らつわん》を発揮し、鳥羽伏見

『麦叢録』附図、鷲ノ木沖に集結した旧幕府艦隊（函館市中央図書館所蔵）

の戦いでは局長付組頭として、副長助勤並に隊士を率いている。

　永倉新八は、『浪士文久報告記事』で、伏見奉行所時の幹部及び人数を「新選組副長土方歳三、同助勤永倉迄原田左之助、井上源三郎、斎藤一《はじめ》、山崎丞、諸士調役吉村無一郎、大石鍬次郎、小荷駄方岸辺芳太郎、巨富才輔、中竹玄道、青柳牧太郎、隊長付組頭石井清之進、相馬肇、歩兵頭兼岸嶋芳太郎、一小隊五十人、新選組総督同志百人、隊長附五十人、歩兵附五拾人、都合弐百人之兵」と記している。

　名を〝主計〟と改《あらた》めるのは、慶応四年の秋以降である。江戸から東北へ身を移すに当たっての改名と思われる。

　笠間藩について、少し触れておきたい。常陸笠間藩（現在の茨城県笠間市）は、武術を強く奨励し、「西の梁川、東の笠間」と語られたほどで、藩校時習館において日々実践されていた。

流派は、示現《じげん》流と唯心一刀流。薩摩の武芸として知られる示現流は、支藩の佐土原藩士村上義知から伝えられ、一方の唯心一刀流は伊藤一刀斎の高弟古藤田俊道の系統になる。

父、平八郎は、天狗党討伐に功績を挙げるなど随変流棒術の皆伝者であり、主計も武術には秀《ひい》でていたらしい。当然のことながら、戦闘集団である新選組へは、剣術の実力を抜きにして採用とはならない。

甲州勝沼の戦いの後、主計は板橋において新政府軍に一度は捕らえられたが、斬首間際に近藤の助命嘆願により命を救われ、再び旧幕府軍に身を置いて奥羽を転戦、仙台から土方らに合流、ここ蝦夷地にいたっている。

新選組隊長・相馬主計（明治32年〈1899〉7月刊行『旧幕府』に旧幕府陸海軍将校として掲載）

鷲ノ木上陸

鷲ノ木沖には、「開陽」などが続々と集結し、この当時、日本最強の艦隊が見守るなか、旧幕府軍諸隊が十月二十一日から蝦夷地上陸を開始する。

主計は、軍監並として名を連ね、箱館戦争全期を通じて幕僚としての活動が始まることになる。

五稜郭を落とした旧幕府軍は、土方歳三を派遣軍総督として、松前攻略に向かう。松前藩史を綴る『北門史綱』には、降伏勧告時に「惣軍監仙台金成善左衛門、軍監佐々間悌二、相馬主計」と名があり、松前藩との和議交渉に対応していたことがわかる。さらに降伏交渉のなかで「賊等ノ役掛リ名前写取リ候」に挙げられた二十七人の六番目に「松前城下詰相馬主計」との記載があり、主計と松前藩重臣との取り決めにより約三百人の松前藩兵が津軽へ渡航していたことがわかる。

箱館戦争榎本軍鷲ノ木上陸地跡碑（森町・鷲ノ木浜）

蝦夷地平定の祝賀の宴《うたげ》が盛大に催された十二月十五日、土方は陸軍奉行並、箱館市中取締、陸海軍裁判局頭取に就任。新選組は市中の取り締まりを命ぜられ、称名寺に屯所を置く。主計は、幕僚筆頭の陸軍奉行添役として市中取締役を兼務、土方の補佐役に位置付けられている。

市中見廻りは、概ね七、八人単位の二組が担当区を分割して取り締まり、士官を含まず隊士五十四人といわれている。この時期の新政府軍側の探索資料や箱館市民が記録した『箱館軍記』などには、主計の名が多く見受けられ、箱館の民事、軍事、警察部門で重要な地位に就いていたことが裏付けられる。

奇襲、宮古湾突入

再び、主計は「回天」艦上にあった。

明治二年（一八六九）三月二十一日、土方率いる陸軍部隊を乗せて、「回天」、「蟠龍」、「高雄」が箱館を出港。宮古湾に侵入し、新政府軍の新鋭艦「甲鉄《こうてつ》」を奪取するアボルダージュ作戦が敢行された。この斬り込みを前に、土方は「人を斬る剣は、所詮は度胸である。剣技はつまるところ、面の斬撃と突き以外にない」と訓示している。

実際、宮古湾に突入したのは、「回天」のみであった。「甲鉄」の甲板は三メートルほども低く、さらに外輪船である「回天」に並行接舷は難しかった。新政府軍側の防戦態勢が整い、反撃が激しくなるにつれて、乗り移った者も次々に斃《たお》れ、ついに艦長甲賀源吾が戦死するに及んで、作戦を中止せざるを得なかった。

戦闘は三十分ほどであったが、板橋以来共に行動した盟友、野村利三郎が「甲鉄」に斬り込んで戦死、行年二十六歳であった。主計も右膝に槍傷を負った。

箱館に帰投した新選組は、弁天台場、寒川、山背泊《やませどまり》などに隊士を配備。『箱館軍記』は、主計を「弁天台場将」と記している。

四月九日、新政府軍千五百人が乙部に上陸、木古内口、二股口での戦闘が開始されたが、宮古湾での傷が癒《い》えていなかった主計は、土方に命じられて箱館防衛に就いている。

五月七日、新政府軍の「甲鉄」、「春日」、「陽春」が箱館湾内に侵入、旧幕府軍の「回天」、「蟠龍」の二艦に弁天台場の砲台が呼応して激しい海戦となったが、大量の被弾により「回天」は座礁、残る「蟠龍」も機能停止し、ここに旧幕府艦隊は消滅した。

弁天台場の旧幕府軍は、新選組、蟠龍乗組員、砲兵など二百五十人ほど。主計、大野右仲、箱館奉行永井玄蕃、会計奉行川村録四郎、蟠龍艦長松岡磐吉、砲兵隊長関広右衛門らがいる。主計は、弁天台場在中に「主殿《とのも》」と名を改めている。

新政府軍の侵攻が進み、旧幕府軍の拠点は、五稜郭と弁天台場を残すのみとなっていた。『中島登覚書』に、「直様永山某台場ニ来、長官ノ者エ面会致度旨被申、右ノ旨番兵ノ者ヨリ取次、相馬某応接云々有之」とあり、薩摩藩の永山友右衛門が弁天台場を訪れ、主計が応対したとしている。永山は一刻も早い停戦を説き、主計らは本営である五稜郭へ意向の確認を必要とされた。

主計は、新政府軍兵士が居並ぶなか、弁天台場から五稜郭までの道程を馬上、威風堂々と進む。その「寛として乗切」る姿を『箱館軍記』が書き残している。

このとき、総裁榎本武揚の継戦の意志は変わらず、主計は「弁天台場での衆議の宜しいとするところに従い、意思決定せざるを得ず、必ずしも総裁の指示命令に奉じて従うことはできない」と榎本に答えている。弁天台場単独降伏の暗黙の了承を求めたものといえる。このとき、主計は土方の戦死を知り、籠城の新選組隊士とともに深く悲しんだと伝わる。

弁天台場は、不等辺六角形の形状で、六十斤砲が二座、二十四斤砲十三座を装備し、文久三年（一八六三）に完成している。この対艦用の陸上砲台も、砲座の付近に土のうなどを積んで防壁としていたが、背後からの射撃に晒《さら》され、籠城兵の戦意を著しく萎えさせていた。

再度、永山が弁天台場を訪れ、永井と主計が応対する。永井五十四歳、徳川幕府では勘定奉行、軍艦奉行、京都町奉行、大目付、そして若年寄を任じた人物である。

永井は、「信義を以って和議を勧告している以上、武士たる道を以って処遇なら勧告に従う」と決断し、武士の名誉を重んじ日本刀を帯刀することを条件として勧告を受諾した。新政府軍側は、これを〝恭順〟と称している。

この五月十五日、永井は主計に対し「尚々相馬義新選組隊長心得候様、玄蕃より被中渡候、此上宜敷」と任命が下りる。新選組では、戊辰《ぼしん》戦争から〝局長〟に代わって、〝隊長〟が用いられている。局長と同義語である。

佐藤喜一著『新選組相馬主計考』には「土方亡き後の新選組に正式な隊長を任命し、その統率の下に整然とした終焉《しゅうえん》を全うさせてやりたいと思ったのかも知れない。新選組最後の隊長に最も相応しい人物、それは土方の信任篤く、陸軍奉行添役兼箱館市中取締として箱館の治安維持と防衛に努め、新政府軍との交渉に尽力し、今や永井の幕僚長格である相馬をおいて他にはあるまい」と記されている。

新選組終焉の地・弁天台場（明治29年〈1896〉に解体）

同日、主計は新政府軍本営に出頭、夕刻には「恭順実行之条」を受ける。

一　長官ノ者陣門へ罷可出事
一　願之通台場内ニ恭順、追而朝義ヲ相待可申事
一　双刀之外兵器悉皆差申事

この日に作成された降伏人名簿には、主計を筆頭

に新選組九十二人の名が記されているが、京都以来の者は、わずか十三人でしかない。十八日、五稜郭が降伏開城。弁天台場も恭順の扱いを取り消され、十九日と二十日の両説があるが、いずれにしても降伏となった。同時に、文久三年三月、壬生《みぶ》浪士隊としての発足から六年、新選組史にも終止符が打たれた。

謎の切腹

大鳥圭介の『幕末実践史』によれば、十八日には榎本、松平、荒井、大鳥の四人が、翌日には永井、松岡、相馬が新政府軍本営傍《かたわ》らの猪倉屋に謹慎となっている。この七人は、陸路四十日の旅程を経て、六月三十日に東京に到着、辰の口にあった軍務局糺問所に引き渡されている。

主計は、約八ヵ月の兵部省の拘束の後、刑部省に引き渡され、明治三年（一八七〇）十月、流罪終身の判決が下される。十一月十八日に伊豆七島の一つである新島《にいじま》に送致された。

『流人覚』に「明治三庚午年十一月流罪終身笠間藩船橋平八郎倅肇事相馬主殿午二十八歳」とある。

実際の在島期間は、わずか二年であったが、明治末期にいたっても主計の文武にわたる業績を記憶する島民が多く、島史に残る一人となっている。

新島の流人志を綴った『海南流刑史』には「在島中、島民ニ読書習字ヲ教へ、学フモノ頗ル多シ、性技工ニ富ミ、寓所ニ別室ヲ建ツルニ際シ、設計建築自ラ之ヲ為シ、遂ニ匠人ノ手ヲ借ルヲ要セシスシテ竣工セリ、居常謹厳制、帯刀ヲ許サザルヲ以テ扇子ヲ帯ニ以テ具容ヲ整へリ」とある。

また、剣術においては、このようなエピソードも残されている。

腕に覚えがある徳島藩士海部六郎が、主計に指南をしてほしいと執拗に迫り、一度は辞退したものの、ついには多数の島民の前での異例の立ち合いとなった。このとき、海部は二十六歳。

平崎昌伍新島警察署長の話によると「双方静粛な立合いも、瞬時をまたず、主計の鋭い気合いもろとも、電光の早技で突き出した剣先が、六郎のあごに、ピタリと止まり、宙吊りにさせられたのです。やがて、再度、主計の裂《れっ》帛《ぱく》の気合いがかかったとみるや、六郎は宙を泳ぐようにして、隣家の垣根まで飛ばされて、大きく尻餅をついた」とあり、主計の名が益々島内に鳴り響いたという。六郎は、元長州藩士で武術の方も並みではなかったことからも、主計の力のほどが推し計られる一幕である。

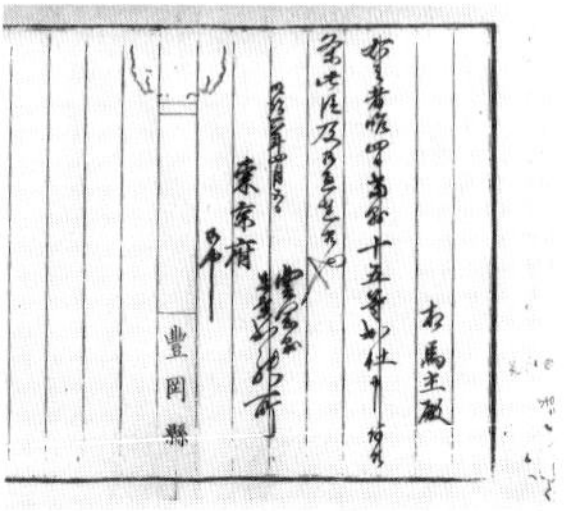
明治６年４月、豊岡県15等出仕の辞令

明治五年（一八七二）の赦免後も、主計による新島永住の願いを綴った「当庁御役人宛」の嘆願書が新島博物館に所蔵されているが、ついに島に残ることは聞き入れられず、島で迎えた妻まつを伴って離島、東京蔵前に居住した。

時に主計三十歳、まつ二十歳。

すでに放免となっていた榎本から新政府出仕を薦《すす》められたという話もあるが、明治六年（一八七三）二月、主計はかつての箱館戦争時の戦友、大野の推奨により豊岡県東京出張所に出仕する。豊岡県とは、現在の京都府久美浜と兵庫県豊岡を合併した地区であるが、同年四月に十五等出仕を受け、豊岡に赴任することとなった。

配属先は訴聴課、主に刑事、民事の訴訟を受け付ける部署である。主計は明治八年（一八七五）二月の免官まで勤務する。

再び榎本から鳥取県への推薦の話があったが、「他の新選組隊士が貧苦の生活をしているなか、自分だけ良い思いだけはできない」と断り、その後、なぜか割腹自殺を図る。

自刃《じじん》により、鮮血が障子を染めるなか、変わり果てた姿を発見したのは、妻まつであった。この謎めいた切腹は、明治八年と思われる。とすれば主計三十三歳で生涯を閉じたことになる。

その理由、日時などの真相が明確でないのは、主計が妻に残した〝一切他言無用〟という遺言による。これを忠実に守ったまつは、封印を解かないまま大正十二年（一九二三）四月二十八日、七十一歳で他界している。

主計の死は、最後の新選組隊長として、近藤や土方、そして多くの僚友の死に殉じたものであろう。この壮絶な死に様は、新選組の士道を貫《つらぬ》き通したと同時に、幕末維新の暗闘史の締め括りとしてふさわしい一面を刻んでいるともいえる。

飯沼貞吉《いいぬまさだきち》

蘇生した白虎隊士、札幌の地にゆかりの顕彰碑

雪の鶴ヶ城

高さ十五メートル、堂々たる大雪像〝会津鶴ヶ城〟が、第六十三回さっぽろ雪まつりの大通西八丁目会場に姿を現した。

少年団結す白虎の隊
国歩《こくほ》艱難《かんなん》堡塞《ほうさい》を戍《まも》る
殊死《しゅし》陣を衝いて怒髪竪《た》つ
縦横奮撃《ふんげき》一面を開く

南鶴ヶ城を望めば烟焔《えんえん》颶《あが》る
十有九《じゅうゆうきゅう》士《し》腹を屠《ほふ》って死す

佐原盛純作「白虎隊」の詩《うた》が吟じられるなか、この雪の鶴ヶ城を舞台に、会津若松市から訪れた会津白虎剣士会の少年剣士十九人が、剣舞を凛《りり》しく披露した。この剣舞は、今も春と秋に飯盛山において行われている。

平成24年（2012）2月5日、第63回さっぽろ雪まつりの鶴ヶ城大雪像前で披露された会津白虎剣士会の剣舞

時を遡《さかのぼ》る。

戊辰《ぼしん》戦争の最激戦地、壮絶な会津攻防戦のさなか、飯盛山の山腹で、十九人の白虎隊士が自刃《じじん》して果てた。慶応四年（一八六八）八月二十三日のことである。

白虎隊は、同年三月の会津藩の軍制改革により誕生し、年齢構成は、十六歳、十七歳から成る。上級武士の子は白虎士中《しちゅう》隊、中級武士の子は白虎寄合隊《よりあい》、下級武士の子は白虎足軽隊の三隊で編成されていた。総勢三百五十人余。集団自刃したのは、この白虎士中二番隊である。ちなみに藩の主力は、十八歳から三十五歳から成る朱雀隊であるが、他に三十六歳から四十九歳の青龍隊、五十歳以上の玄武隊がある。

当初、白虎隊は藩主松平容保《かたもり》の警護を任としていたが、白河口、二本松、母成峠《ぼなり》を突破した新政府軍に対して、八月二十二日、白虎隊に戸ノ口原への出陣の命令が下った。

今でこそ、白虎隊の名は、よく知られているが、飯盛山での自刃二十人のなかで、唯一人蘇生した飯沼貞吉の証言によって多くが語り継がれている。

貞吉の幼名は、穎五《えいご》という。家禄四百五十石の飯沼時衛《ときえ》一正《かずまさ》を父に、嘉永七年(一八五四)三月二十五日に次男として生まれた。父は、青龍一番隊中隊長を務め、諸戦に参加している。

出陣した白虎士中二番隊は三十七人。軍服は統一されておらず、和洋折衷の者が多かったようである。出動時の貞吉の姿を佐藤一男著『飯沼貞吉』では「黒ラシャにチョッキを着て、ねずみ色のズボンを穿《は》き、韮山笠《にらやまがさ》をかぶり、刀を胴しめ革で下げた。ズボンは別名義経袴ともいわれ、頭髪は惣髪」と描いている。

戸ノ口原の戦いから後退を余儀なくされた白虎士中二番隊は二手に別れることになるが、貞吉ら二十人は彷徨の末、飯盛山に辿り着き、その中腹から遠くに鶴ヶ城を見る。

まさに、この二十人が、遠く眼下に新政府軍の砲火により煙に包まれる城を見て、落城と見誤り、集団自決の道を選ぶ。

貞吉自《みずか》らの記録によると「夜は暫時更け、銃砲の声各処に起りて気ますます張れど、

隊長いまだ帰らず。雨はますます降りて戎《じゅう》衣《い》ために湿《うるお》えども避くるに途なく、侯して敵あるを知る。しかれども隊長あらざれば襲うを得ず、一同の士気緊張」とあり、極度の緊張感のもと孤立していたことが窺《うかが》われる。

昭和３年（1928）６月、76歳の飯沼貞吉

このとき、隊長の日向内記は隊を離れており、隊士の篠田儀三郎が隊長に代わって指揮を執ることとなるが、これも悲劇への一幕であろう。

弁天洞を出た篠田隊の目の前に広がる光景は、貞吉の記すように、紅蓮《ぐれん》の焔《ほのお》を上げる黒煙に包まれた鶴ヶ城だった。「君公（藩主）の死のお供として自決するまで」と覚悟を決めた少年たちは、自ら刀で突く者、互いに刺し違える者など、その死に様は悲壮なものであった。武士は、惜しみなく死ぬべきものとは、会津藩の士風である。

つまりは、潔よい死への行動という帰結に繫《つな》がる。

脇差で咽喉を突いて倒れていた貞吉だが、顔見知りの印出ハツに助けられ、唯一蘇生した。一命を取り留める治療を為したのは長岡藩の軍医という。

この白虎士中二番隊の自刃から、一ヵ月後の九月二十二日に鶴ヶ城は陥落する。

藩校日新館

貞吉は、十歳のときに藩校日新館に入り、止善堂（大学）に入学した。学業に秀《ひい》で、武芸にも抜群の成績だったらしい。

会津藩では、文より武を重んずる気風が横溢《おういつ》しており、武芸として剣、槍、弓、馬術の一つを必ず習得しなければならず、十五歳になると「かゝり仕合」と呼ぶ免許取得のための昇級試験があった。

藩校の日新館で行われていた武術は、剣術が五流。槍、弓、馬術が各三流ずつ、居合が五流との記録がある。さらに町道場での砲、柔、薙刀、手棒などの諸術を加えると九十四にも及ぶほどに武芸が重視されていた。

会津藩の剣道の主な流派は五つである。日新館には三つの武学寮があり、南門東に真天流と一刀流の寮、南門西に安光流と太子流の寮、さらに一つは神道精武流の寮があった。同じ敷地内に各派の道場が並ぶのは珍しいが、互いに行き来することは許されなかったようである。

この剣道五流について簡単に記しておきたい。

安光流は、望月安光を始祖とし、最も古い流派である。板敷の道場であった他流派と異なり、初期の安光流は地面に筵を敷いて行われた。他流試合は許していなかった。

太子流は、守破離《しゅはり》の言葉どおり安光流から分かれたものである。中林尚堅を流祖とし、代表的なものに小太刀「下段留」がある。「右半身を敵に向け、跨《また》がって膝を半《なか》ば折り、太刀を右膝の上に平に構えて、刀鋒を敵に向け敵の撃ちかかってくるのを留める」とある。

真天流の始祖は小山田貞重。他流と比べて、早くから面、胴を着けて、他流との試合も行っていた。

一刀流は、伊藤一刀斎景久の流れを汲み、溝口新五左衛門正則に伝えられたことから溝口派と称した。会津では、池上安通を始祖としている。この流派は、稽古を他見されることを禁じ、他流派と違う木刀を用い、平衣のまま防具を使用しなかった。

藩内で最も遅く採《と》り入れられたのが、神道精武流である。「その術拳上段を法とす。その法両手に太刀を持ち頭上に構ふなり」とあるように上段を中心とする流派であった。

当時の竹刀は、現在のように四本の竹を合わせたものではなく、細い竹数本を革の袋に入れたものや、山竹の丸いものを中心とし、細い竹数本を麻で巻き、革嚢に入れたものを使っていたとある。

さて、会津藩の文武の拠点である藩校日新館について。

日新館の前身である「稽古堂」創設は寛文四年（一六六四）と『家世實紀』にある。この稽古堂創設の経緯は、上からの下達式ではなく、武士、武士以外を問わず愛好の者が集まり、下から盛り上って設けられたものらしい。その後、移転して「講所」となり、日新館の始業式が行われたのが享和元年（一八〇一）十月のことである。日新館の名は、殷《いん》の湯王《とうおう》の「苟《まこと》に日に新たに日に日に新たにまた日に新たにせん」に由来する。

昭和62年に復元された会津藩の文武の拠点、藩校日新館

現在の日新館は、昭和六十二年（一九八七）に復元された。

白虎隊などに見られる幕末での会津人の行動の支えとなる会津士魂について、日新館の果たした役割は大きい。

『会津剣道誌』には、「このような烈々と

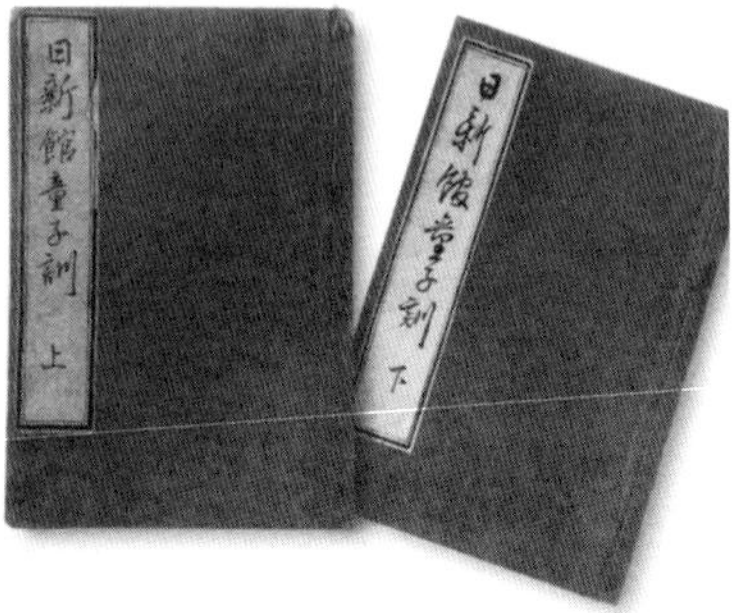

会津士魂を培った日新館の教科書「童子訓」

して醇なる会津士風はどのようにして育てられたか。自然環境もさることながら、藩祖保科正之《ほしなまさゆき》の思想、会津の学問としての神道や朱子学の影響、そして夫等から生まれた正之の遺訓である家訓十五ヶ条、五代容頌に到って、其精神の具現化ともいうべき藩校日新館の教育等による所が大きい」とある。

当時の日新館での様子を伝える話がある。

「ならぬことはならぬものです」という心得で知られる〝什《じゅう》の掟〟が藩の教育方針の基本であった。

この掟に子どもが違反すると、罰を受けなければならなかった。仲間に対して「無念《ぶねん》でありました」と言って頭を下げるのである。この無念とは「会津武士の子として、あるまじきことをして、名誉を汚したことは申し訳《わけ》がない」という意味であり、子どもにして恥を知るということが、会津藩の教育の重要な部分を占めていたことがわかる。

北海道逓信事業に貢献

『北海道の不思議事典』によると、維新後、北海道に渡ってきた白虎隊士は四十七人を数えるという。福島県北海道事務所の『北海道に足跡を残したふくしまの人々』にも掲載されているが、幾人かを紹介したい。

笹原伝太郎

白虎士中二番隊士、貞吉と別行動をとった。函館税関の官吏となる。笹原一族の先祖をモデルとした『拝領妻始末』は時代劇や歌舞伎の演目となっている。

住吉貞之進

小樽量徳尋常小学校長などを歴任。小樽市内に顕彰碑がある。

原直次郎

白虎寄合一番隊頭。明治五年（一八七二）に開拓使に勤務。その後、北海道庁勤務。明治二十一年（一八八八）苫小牧市において実業界入りし、王子製紙の誘致に大きく貢献した。

星野義信

白虎足軽隊。明治九年（一八七六）函館で教員となり、明治十二年（一八七九）には根室測候所の初代所長、明治二十三年（一八九〇）に歌志内で寺子屋式教育場を開設。平成二年（一九九〇）にゆかりの「歌志内教育発祥之地」碑が建立されている。

酒井峰治

白虎士中二番隊士。『戊辰戦争実歴談』の著者。旭川で精米業を営む。平成十九年（二〇〇七）にテレビドラマ「白虎隊」のモデルとなった。

山浦常吉

白虎足軽隊。明治四十年（一九〇七）に室蘭支庁長、網走支庁長を歴任し、大正三年（一九一四）に退官している。札幌市地区北九条西二丁目で晩年を過ごし、八十七歳で没した。琴似屯田兵に阿妻太郎、山鼻屯田兵に柳田毅の名がある。

会津藩と北海道の関わりは深いものがあり、道内各地に足跡《そくせき》が残っている。幕末の北辺警備では、標津、斜里、紋別などに陣屋を設けて、藩兵を駐屯させていた。維新後は、瀬棚、黒松内、八雲、長万部などへ入植。百七十九戸、五百九十七人の移住団が、明治四年（一八七一）に余市に入り、幾多の労苦の末、明治十二年にリンゴの収穫に成功し、その名を「緋《ひ》の衣《ころも》」と名付けた。京都守護職を務めた藩主松平容保が孝明天皇から贈られた緋色の衣が由来とされる。

北檜山町（現在のせたな町）へは、会津藩士の丹羽五郎が十二戸、四十九人を引率して入植。稲作を開始したほか、畜産や道路・教育施設など街づくりを推進した。平成八年（一九九六）にはブランド米として白虎隊の名を冠した「北の白虎米」を興《おこ》し、〝若松〟の名がせたな町の各所に残っている。そして、この地に丹羽は、故郷会津を偲ぶとともに白虎隊を弔《とむら》った慰霊碑「白虎隊十九士碑」を建立している。

また、琴似・発寒《はっさむ》・山鼻の屯田兵四百八十戸のうち百十戸は会津藩士であった。

さて、話を貞吉に戻す。

会津戦後、父とともに貞吉もまた東京で謹慎の身となり、一度は長州の萩まで連れて行かれたようである。赦免後は、名を貞雄と改《あらた》めている。

明治政府に伝信局が設置されたのは明治三年（一八七〇）一月、その二年後、貞吉は電信建築技師として逓信事業に身を置く。貞吉、十八歳のときである。下関から小倉、神戸、大阪、熊本、松江、新潟などの各局に赴任している。

明治二十七年（一八九四）六月に日清戦争に歩兵大尉として出征、当時の新聞が「日清戦争初の勝報、飯沼の使命成功、白虎隊生き残り」と紹介している。

終戦後、再び逓信省技師となり、明治三十八年（一九〇五）から明治四十三年（一九一〇）までの五年間を郵便局工務課長として、札幌勤務となる。

札幌在任中のことを少し記しておく。

ちょうど札幌物産共進会が開かれ、北海道で初めて公衆電話が設置された頃である。明治四十年の札幌大火のとき、貞吉が中心となって札幌時計台の建物の中に臨時交換台を設け、復旧に全力を上げた。また、電話を単式から、より便利な複式交換機に改良するなど、広く北海道電信事業の発展に尽した。

貞吉が住んでいた場所は、札幌市中央区南七条西一丁目の鴨々川沿い、元の札幌第一ホテル（旧電信電話会館）敷地内にあった。

その建物の正面には、「会津藩白虎隊士　飯沼貞吉ゆかりの地記念碑」が建っている。撰文には、「謹厳寡黙、北海道産業の振興に貢献。大正二年（一九一三）まで、実に四十余年逓信技術者として足跡偉大なり」とある。書は会津松平家十三代松平保定、石は福島産みかげ石であり、その三角形は会津盤梯山を表している。

碑の除幕式は、白虎隊自刃の日に合わせ平成元年（一九八九）八月二十三日に行われた。碑建立に際しては、札幌福島県人会、会津白虎会（現在の北海道会津会）、豊水地区連合町内会、電々こぶし会、ＮＴＴ北海道総支社及びＮＴＴ職員や一般人など千六百人から寄付金が募られた。毎年八月には、供養祭が開催されている。

札幌市中央区南７条西１丁目に平成元年８月23日に建立された顕彰碑

昭和六年（一九三一）二月十二日、貞吉は仙台市光禅寺通六十二番地において七十八歳でこの世を去った。

晩年も、一刻たりとも忘れることはなかった会津であったはずだが、貞吉は、終生会津に帰ることはなかった。

時を経て、昭和三十二年（一九五七）九月に、飯盛山に貞吉の墓が建られた。戊辰戦争から九十年ぶりの会津帰還が現《うつつ》となり、今は、十九人の同士とともに安らかに眠っている。

貞吉、号を孤舟という。貞吉の心情をよく伝える詠を掲げて本稿を終わることとする。

すぎし世は
　夢かうつつか白雲の
空に浮べる
　心地こそすれ

阿《あ》部《べ》隆《たか》明《あき》

新選組を二度脱し、維新後に札幌でリンゴ園経営

二度の新選組入隊

新選組。

この幕末を剣に賭した最強集団のなかで、最も剣が強かったのは誰か。

『史談会速記録』というものがある。明治二十五年（一八九二）九月から昭和十三年（一八三八）四月までの間に、幕末維新期を生きた当事者から実歴談を聞き取り、後世に伝えるために編纂《へんさん》されたものである。

その『史談会速記録』に「榊原鍵吉《けんきち》とか近藤勇といいましたけれども、実地にかけましては榊原よりは近藤のほうが上だろうというのでございます。それがために、

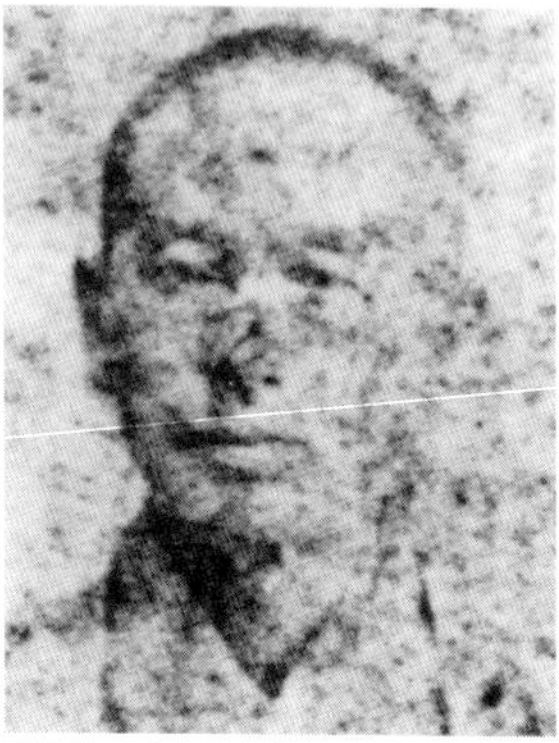

激動のなかを生き抜いた阿部隆明

新選組二番隊隊長永倉新八（大正2年〈1913〉6月11日付小樽新聞に掲載）

高弟には沖田総司《そうじ》、これがなかなか能《よ》くつかいました。その次は斎藤一《はじめ》と申します。それから派は違いまするけれども、永倉新八というものがおりました。この者は沖田よりチト稽古が進んでおりました」と阿部隆明が語り残している。

　ここでいう実地とは、実戦での力量のことである。新選組局長の近藤は別格として、剣の実力の第一は、二番隊隊長を務め神道無念流と心形刀《しんぎょうとう》流の遣《つか》い手である永倉新八、次いで沖田総司、斎藤一の順と評する阿部は、新選組に二度入隊という珍しい経歴を持ち、伍長、砲術師範に就いた人物である。

本稿は、新選組、高台寺党、赤報隊《せきほうたい》、開拓使、果樹園等々に身を置き、まさに混迷のときを自《みずか》らの気持ちに準じて行動した阿部隆明という男に焦点を当てる。

阿部は、天保八年（一八三七）八月二十二日、出羽国由利郡羽広村（現在の秋田県由利本荘市羽広）の富農の阿部太郎兵衛の次男として生まれる。初名は十郎、したがって名前を阿部十郎として使われることが多い。のちに亀田藩の高野林太郎の養子となり、高野十郎と名乗るが、隆明のほか真一郎、信次郎、慎蔵とも称している。

藩の江戸勤番として出府した際に尊皇攘夷《じょうい》を志《こころざ》して脱藩を決意、大坂に出て南堀江二丁目にあった谷万太郎の道場において、門弟《もんてい》として剣術の修業を行っている。

大坂で道場を開いていた谷万太郎

道場主の谷万太郎について触れておく。

父の谷三治朗《さんじろう》が備中松山藩の直心流剣術の師範を務めていたこともあり、剣筋は並ではなく、さらに種田流槍術を極め、これは相当の腕前であった。新選組が起こした池田屋事件では最初から斬り込みに参加し、のちの西南戦争では抜刀隊の隊長に推されている。

直心流系統では、直心正統流から天和《てんな》三年（一六八三）に伝書を受けた七代目の山田平左衛門光徳《みつのり》が開いた流派が、よく知られる直《じき》心影《しんかげ》流である。

防具で覆われた面を打つ剣術として全国的に隆盛したのは、八代目の長沼四郎左衛門国《くに》郷《さと》のときで、従来の組太刀中心の稽古から面、小手、胴、垂の四点が揃った防具を着けての稽古は、その後の神道無念流、中西派一刀流などの他流派へ急速に広がっていく。最盛期に門人一万人を超えたといわれる直心影流は、幕末に男谷精一郎《おたにせいいちろう》、島田虎之助、榊原鍵吉、勝海舟、山田次朗吉など著名な剣客を輩出している。

新選組局長　近藤　勇

話を戻すが、谷は道場主であると同時に新選組にも所属しており、大坂方面の探索に当たっていたのではないかと思われる。兄の三十郎は新選組副長助勤、弟の昌武も隊士の一人で、近藤勇の養子となり、近藤周平を名乗る。

また、この道場には、のちに新選組幹部となる島田魁、原田左之助などが門人として名を連ねていることからも新選組との浅からぬ関係性が窺《うかが》われる。

阿部が新選組に入隊したのは、文久三年（一八六三）五月頃の京都での応募による。年齢は二十六歳であった。

当初、阿部は近藤と並び局長だった芹沢鴨《せりざわかも》の一派に属していたらしい。その芹沢が近藤派により暗殺されると、佐幕路線を採《と》る近藤らへの反発もあって隊を脱する。これは、六十人ほどいた隊士のうち、二十人程度が脱隊した時期と重なり、阿部自身も他の隊士に脱することを促《うなが》したらしい。また、池田屋事件の直前でもあった。

隊を離れた阿部は、しばらく大坂の知人宅に隠れていたが、再び谷の道場に寄宿するようになる。

元治二年（一八六五）一月、土佐脱藩浪士等が大坂焼き打ちの計画を立てていることを知った谷は、阿部と兄の三十郎、正木直太郎の四人で松屋町（現在の大阪市中央区瓦屋町）の「善哉店石蔵屋」に斬り込み、未然に惨事を止めた。

これを「ぜんざい屋事件」、または「石蔵屋事件」ともいうが、谷は近藤宛ての報告書に「高野十郎にも刀槍にて大いに働き申すべく候」と阿部の活躍を添え書きしており、脱走者は許さないはずの新選組再入隊を可能とする一因になった。さらに、復帰のいまひとつの大きな理由は、この事件以前から同志的存在の浅野薫から復隊の話が持ち込まれていたことに加え、新らたに新選組参謀として勤王思想に篤《あつ》い伊東甲子太郎が入隊していたことである。

再入隊の日は明らかではないが、慶応元年の前半と思われる。阿部は、京都守護職会津藩の大砲奉行林権助のもとで砲術を学び、新選組の西本願寺への本営移転に併せて行われた組織再編で、砲術師範に任命されている。

この時点での各師範は次のとおり。

撃剣師範　沖田総司、池田小三郎、永倉新八、田中寅三、新井忠男、吉村貫一郎、斎藤一
柔術師範　篠原泰之進、柳田三二郎、松原忠司
文学師範　伊東甲子太郎、武田観柳斎、司馬良作、尾形俊太郎、毛内有之助
砲術師範　清原清、阿部十郎

馬術師範　安富才輔
槍術師範　谷三十郎

近藤勇を狙撃

江戸深川佐賀町で北辰一刀流の道場を開いていた伊東甲子太郎が新選組に入隊したのは、元治元年（一八六四）十月のことである。若い頃は神道無念流を修め、尊王思想で知られる水戸学に学ぶなど文武に勝《すぐ》れた人物である。

勤王のもと高台寺党を結成した伊東甲子太郎肖画（かすみがうら市歴史博物館所蔵）

伊東と、その同志七人の入隊により新選組の隊士数は七十人ほどとなる。阿部は、佐幕の先鋒である新選組のなかで共感する伊東一派に接近していくが、近藤との主義主張の違いは明白であった。

伊東が在隊すること二年余、慶応三年（一八六七）三月、伊東のほか十四人は孝明天皇の陵墓を守る「御陵衛士《ごりょうえじ》」として、新選組から〝分離〟する。後日、さらに藤堂平助らが脱局して、御陵衛士に加わる。

新選組を外部から支援するという名目ではあったが、隊を離れることには一応成功したというべきであろう。伊東の思想に同調していた阿部もまた同志の一人として二度目の脱隊を果たすことになる。新選組における二度の脱隊は、他に例を見ない。

この年の六月、伊東を頭取とし、高台寺の月真院に〝禁裏御陵衛士屯所〟の標札を掲げたことから「高台寺党」と呼ばれるようになる。

高台寺党は、天皇陵の運営事業を行う山陵奉行の戸田忠至の配下に置かれる。ただ山陵造営は、まだ先のことであり、伊東らは九州の大宰府等へ赴《おもむ》き、倒幕派の要人と会談するなど政治的活動を忙しく開始する。そのなかには、土佐脱藩の坂本龍馬、中岡慎太郎を訪問したこともあるという。

しかし、史談会で阿部が、薩摩藩などから嫌疑が晴れないと語っているように、新選組のイメージを払拭《ふっしょく》する必要があった。結果として、高台寺党の面々が倒幕側の人々から認められるのは、伊東の死後のことになる。

高台寺党は、長州征討に対して幕府と相反する意見を朝廷に建白するなど、新選組から見ると裏切り者として許し難いものだったに違いなく、両者の対立の構図はより顕在化していく。

御陵衛士屯所があった高台寺月真院
（京都市東山区）

伊東らは、新選組屯所焼き打ちや近藤暗殺を企《くわだ》てたとされ、新選組の諜者である斎藤一によって近藤に報告される。この件については、一説に高台寺党を討つために新選組が仕掛けた偽《いつわ》りの口実ともいわれている。

こうした動きを知らない伊東は、同年十一月十八日に長州藩への潜入金子《きんす》借用のため、近藤の誘いに応じて妾宅《しょうたく》を、ただ一人で訪ねた。

史談会で阿部は、「何れにしても撃つか撃たるるかの二つになるもの」と両者の衝突は避けられないと把えており、当然ながら、阿部たちは危険だから行くなと制止したが、「なかなか聴ませぬで、私がよそへ出ました留守に行ってしまった」とある。伊東は、あまりにも無用心過ぎた。

その夜の帰途、酔った伊東は油小路で新選組に斬殺される。そして、伊東の遺体を引き取りに馳《は》せ付けた高台寺党は八人、一方待ち伏せていた新選組は三十五人、人数には諸説あるが、暗く狭い通りで死闘が繰り広げられた。

高台寺党側は三人が闘死、他の者は薩摩藩二本松藩邸に逃げ込み、匿《かくま》われた。

高台寺党の結党から八ヵ月余。伊東甲子太郎、志半《なか》ばの三十三歳であった。

当夜、阿部は内海次郎とともに伏見の巨椋池《おぐらのいけ》に遠出していたところ、事件を知り、河原町の土佐藩邸へ向かうが、入邸を拒まれ、結局、薩摩藩の中村半次郎、のちの桐野利秋の庇護を受ける。

こうした間も、時は大きく転回している。

同年十二月九日、王政復古の大号令によって討幕派を中心とする新政府が誕生する。旧幕府勢力は洛中から排除され、新選組は京都市中見廻りの任を解かれて、すでに伏見に転陣していた。

十二月十八日、油小路事件から一ヵ月、新選組幹部を敵討ちとして狙っていた阿部は、加納鷲雄、佐原太郎、篠原泰之進、富山弥兵衛とともに伏見街道の丹波橋付近で伏見へ向かう近藤を待ち伏せ、銃で狙撃する。銃弾は、近藤の右肩と胸部の間に命中したが、馬上の近藤は落馬せず、伏見奉行所まで脱した。急所を外したものの深傷を負わせている。

そのとき、薩摩藩で伏見に布陣していた都城隊の一人である北野屋甚吉が、襲撃の様子を目撃していたとの記録がある。

時刻は午後七時頃、新選組の提灯の明かりを頼りに狙いを付けた。近藤は狙撃の瞬間、「あっ」と叫《さけ》び、鞍《くら》の前輪に伏し、そして早足で一気に駆け抜けて行った。

他方、襲撃者たちは京都方面へ駆け上がっていったと伝えている。

薩摩藩邸から二挺の銃を借りて狙撃したのは、阿部と富山弥兵衛である。実際、命中させたのは阿部の銃ではなく、富山の弾丸であったらしい。

余談になるが、前述の谷万太郎のその後について。

新選組のなかで道場主だったのは、近藤、伊東、谷の三人だけである。谷は、京都ではなく大坂の道場が主たる生活形成の場であった。

慶応二年（一八六六）四月一日、兄の三十郎が八坂神社で不明の死を遂げたあと、新選組との関係を絶ったといわれるが、翌年、新選組が幕府直参に取り立てられたときにはすでに名簿に名前はなく、円満に除隊したものと思われる。

明治十九年（一八八六）六月三十日、大阪で没する。行年五十二歳。大阪市北区の本伝寺墓地に墓碑があり、ここに谷三兄弟は眠っている。

開拓使に出仕

王政復古の翌年、慶応四年（一八六八）一月三日、薩摩軍の攻撃から鳥羽伏見の戦いが勃発《ぼっぱつ》する。ちなみに、慶応四年が戊辰《ぼしん》の年に当たることから、およそ一年半続くこの内戦を「戊辰戦争」と呼ぶ。

六日には、旧幕府軍は大坂へ敗走、徳川慶喜《よしのぶ》は大坂城を脱し、江戸へ戻る。

阿部ら高台寺党は、薩摩軍として鳥羽伏見の戦闘に参加。次いで七日に「赤報隊」が結成される。一番隊長に相楽総三《さがらそうぞう》、二番隊長に鈴木三樹三郎、三番隊長に油川錬三郎という三隊で構成され、阿部は二番隊に所属する。

新政府軍は、東海道、東山道、北陸道を行く三軍を編成し、江戸へ向け東征を開始する。

旧幕府軍を追って東山道を進んでいた赤報隊は、途中、京都への帰還命令を受けるが、相楽の一番隊は、その命令を無視して信州方面へ進出し、いわゆる〝偽《にせ》官軍事件〟を起こしている。

赤報隊二番隊は、「徴兵七番隊」に組み込まれ、阿部はその一番隊長として京都を出発、その後、「第一遊軍隊」の隊長として奥州を転戦、現在の福島県相馬市付近における戦闘で「阿部隊急ニ進撃シ、賊兵辟易」と『鎮将府日記』にある。

八月に兵部省より中隊司令官を申し付けられ、十一月には江戸改《あらた》め東京に凱旋している。戊辰戦争は明治二年（一八六九）五月十八日、箱館五稜郭の降伏により終結する。

部隊の解散後、には明治二年十二月に新政府「弾正台」の小巡察として、武士階級の犯罪を取り締まる任に就いている。

明治五年（一八七二）には北海道開拓使に出仕、東京出張所に勤務していたが、明治七年（一八七四）に江藤新平や元開拓使判官の島義勇《よしたけ》らが起こした佐賀の乱では、阿部は巡邏《じゅんら》兵を率いて長崎などで情報収集や暴徒の鎮圧に当たった。以下、史談会で語っている内容を要約する。

黒田清隆開拓使長官から長崎出張を命ぜられ、探偵として福岡に上陸、長崎へ向かう。家族には、北海道へ行くと言い、九州行きは知らせなかったという。

長崎の肥前藩の屋敷に反乱の徒が潜伏していることを聞き、一小隊の巡邏兵を率いて突入。懐《ふところ》に短刀、手には天秤棒を持ち、多少の小競合《こぜりあ》いはあったが、隣家の屋根から砲先を向け、少数の兵で多くの敵を捕縛したとある。

次に、肥前の本城を攻めることになり、最終的に阿部は諫早《いさはや》の兵を三小隊率いて参戦。その後、大久保利通の命で岩倉具視《ともみ》へ状況報告を行ったという。

こうした功績から、太政官から慰労金を下賜されている。

明治十年（一八七七）五月、札幌勤務となるが、今度は西南戦争に関わり、黒田長官の随行員として九州へ行っている。

鹿児島での日本最後の内戦が治まったとき、阿部は札幌に戻り、民事局勧業課に席を置くこととなるが、ここから本格的に北海道の産業振興に携わることとなる。

明治十五年（一八八二）二月八日の開拓使廃止後には農商務省に出仕、葡萄酒醸造所兼葡萄園の担当となる。明治十八年（一八八五）の同省北海道事業管理局の札幌工業事務所の名簿に「阿部隆明（秋田）」の名がある。

明治十九年（一八八六）一月の北海道庁発足時も、同様の仕事を継続していたようである。

札幌リンゴを輸出

明治十九年、退官後、阿部は、自ら札幌でリンゴ園を経営する。

このリンゴ園は、札幌の偕楽園付近、現在の北七条西五丁目から北海道大学構内にかけての地域で、官有地として貸し付けられ、さらに明治二十一年（一八八八）に払い下げられたことが『新札幌市史』に記されている。

明治二十四年（一八九一）、「将来を推せば、数年を出ずして我が北海道を指し本邦に冠たる果樹園の称を下し、本道農業の一大利源を開発するに至るはまた信じて疑わざるところなり」を標榜《ひょうぼう》して、北海道果樹協会が設立され、阿部は理事となり、南六条西四丁目の自宅に事務局を置いた。会長は、札幌農学校農場長の南鷹次郎、のちの二代目北海道帝国大学総長である。

明治二十五年一月、第一回果実品評会が開かれ、二百一点のなかから阿部のリンゴが最優秀として選ばれた。品種名は「阿部七号」、「倭錦《やまとにしき》」ともいう。

明治二十七年（一八九四）十一月の第二回品評会においても「阿部六号」で一等賞を受賞。「来賓の札幌農学校教授・新渡戸《にとべ》稲造らが見守るなか、賞品の洋製レーキ（草掻き機）が授与された」と『北海道の不思議事典』にある。

阿部リンゴ園で栽培されたリンゴは、耐寒性に富み、皮が固く、長距離輸送に向いているという特性から、北海道の特産品としてウラジオストック港経由でロシアに大量輸出されるとともに、宮内省にも献上されている。

『札幌市史』によると、明治中期には札幌区及び札幌郡のリンゴの生産量は全道の八割を占めるなど果樹栽培が最も盛んで、「なかでも札幌区内の阿部果樹園および谷葡萄園等はそれぞれ地区を代表する著名な果樹園であった」と記されている。また、作家の田中和夫は北海道新聞紙上で「北海道の果樹園栽培が軌道に乗ったのは阿部の主導によるところが大きい」と高く評価している。

しかし、札幌リンゴは、明治三十年代になって害虫等の被害や対ロシア輸出量減などの背景もあって、生産量が減っていく。そうしたなか、阿部は札幌を去り、東京芝区桜田伏見町へ移り住む。

ところで、明治八年（一八七五）頃から入植者によって始まった札幌市豊平区の平岸、中の島のリンゴ園も、昭和初期には全盛期を迎えるが、昭和四十年代に入ると、急速な宅地化が進み、街の姿が変わっていく。

往時を記念して昭和四十一年（一九六六）十一月、平岸天神山に石川啄木の歌一首を刻んだ「平岸林檎園記念歌碑」が建立されている。

石狩の都の外の君が家
林檎の花の
散りてやあらむ

これは、啄木が橘《たちばな》智恵子を偲びながら、白いリンゴの花の散り際の叙情を歌った短歌である。

明治二十五年当時の札幌のリンゴ三人男は、山鼻村の水原寅蔵、札幌村の橘仁と阿部といわれるが、この橘が智恵子の父である。奇しくもリンゴが紡《つむ》ぐ縁《えにし》といえるが、今、かつてのリンゴ園を見渡す地に立つ石碑が、札幌リンゴの存在を後世に伝えている。

さて、東京へ居を移した阿部は、明治四十年（一九〇七）一月六日、本郷区根津八重垣町三五番地（現在の台東区谷中）において波乱の生涯を閉じた。享年七十一歳、墓碑は残されていない。

石川啄木の歌を刻んだ札幌平岸林檎園記念歌碑

晩年は、伊東甲子太郎など高台寺党の同志の名を記した掛け軸を仕立て、それぞれの命日に供養を欠かさなかったという。

新選組に二度も入隊しながら、離隊後は倒幕へと走った阿部を、単に変節者と見ることはできない。歴史の奔流に投げ出された人々の一人として、生死に直面した場面を懸命に生き続けたことに他ならないからである。

その生き方において、自らの信条を実直なまでに貫《つらぬ》いた男に、おそらく悔悟《かいご》の念はなかったと思われる。

梅谷十次郎《うめたにじゅうじろう》

北へ、厚田に暮らした敗残の江戸のサムライ

子母澤寛と祖父

箱館戦争の敗残者、
江戸の侍が、
蝦夷石狩の
厚田の村に、
ひっそりと暮していた。

日本海に面し、漁港を見下ろす厚田公園に建つ「子母澤寛《しもざわかん》文学碑」に刻まれた一

文は、彰義隊士として上野の戦いで敗れ、箱館戦争でも一敗地にまみれ、そして連れて来られた札幌では開拓従事を拒否し逃亡、最後は、さらに北の厚田村に辿り着き、ひっそりと暮らした江戸のサムライを描いた『厚田日記』の一部である。

この江戸のサムライが、北海道を代表する歴史小説作家・子母澤寛の祖父の梅谷十次郎である。

今後の話の展開上、子母澤寛の育った境遇について、ここで触れておかなければならない。

昭和49年（1974）11月３日に除幕された「子母澤寛文学碑」

子母澤寛の本名は梅谷松太郎。明治二十五年（一八九二）二月一日、石狩郡厚田村に生まれたが、実父の伊平は流浪の旅に出て行方は知れず、実母のイシは幼児《おさなご》を残して博徒の橋厳松と札幌へ駆け落ちをしてしまう。

子母澤寛は司馬遼太郎との対談『幕末よもやま』のなかで、「少年時代にじじいのあぐらの中で年寄りの繰り言の如きものを聞かされたわけです。それがいまだに耳についていましてね」と語っているとおり、幼少期から両親の愛情に触れることなく、祖父の十次郎とスナ夫婦に育てられる。

大学卒業後は、新聞記者の仕事に魅かれ、釧路毎日新聞社、読売新聞社、東京日日新聞社（現在の毎日新聞社）などで執筆活動を行うようになる。この頃の筆名は〝梅谷 緑〟という。

昭和三年（一九二八）に、初めて〝子母澤寛〟を筆名として書かれたのが『新選組始末記』である。次いで『新選組遺聞』、昭和七年には『新選組物語』が発刊される。この三部作は、それまで正義の使者として登場する勤王の志士や鞍馬《くらま》天狗に対して、極悪非道の人切り集団とされていた新選組を、京都守護職直属の武装警察として、改《あらた》めて正当な評価を与えた作品としても知られる。

同時に、独特の聞き書き形式を随所に取り入れたこれらの作品は、いまもなお新選組研究の基礎資料となっている。

その後、作品は任侠ものが続くが、昭和十六年（一九四一）に代表作といわれる

『勝海舟』、そして『父子鷹』、『おとこ鷹』を書く。この一連の作品には勝海舟の父親小吉が登場するが、祖父の十次郎の姿をそのまま影じているといわれる。

また、盲目の居合の達人『座頭市』の生みの親でもある。

晩年の作品は、箱館戦争や厚田村を舞台にしたものが多くなる。昭和三十五年(一九六〇)四月に出版の『蝦夷物語』、昭和三十七年出版の『厚田日記』、加えて『南へ向いた丘』を〝厚田三部作〟としているが、祖父の生き方が一段と色濃く作品に描かれ、その人物が実像と重なっていく。

厚田に暮らした斎藤鉄五郎こと梅谷十次郎（北海道立文学館編『子母澤寛　無頼三代　蝦夷の夢』に掲載）

祖父の膝に抱かれて、繰り返し聞かされた話は、江戸から蝦夷へ渡ってきた敗残のサムライの心意気と過ごしてきた人生のことであった。それは時代に埋もれた者の誇りと意地であり、侠気であった。

こうした気質が子母澤作品群を貫《つらぬ》いているといってもいい。

また、『新選組始末記』のあとがきに「私は〝歴史〟というのではなく現実的な話そのものの面白さをなるべく聞きもらすまいと心がけた」とある。この考え方が古老からの多くの証言を得ることや現地取材を重ねることで、臨場感あふれる作風に繫《つな》がっている。

現在にいたるまで「勝てば官軍、負ければ賊軍」という捉え方が歴史を造《つく》ってきたが、子母澤文学は勝者を褒称《ほめたた》える〝正史〟側の文学ではなく、敗者の側である〝稗史《はいし》〟を語る文学といえる。

子母澤寛は、中学進学時に村を出てから亡くなるまで、生涯故郷へ戻ることはなかった。祖父の十次郎とともに逃げるように厚田を出たことが、ことさらに帰郷を拒み続けた理由なのかも知れない。

昭和四十三年（一九六八）七月十九日、こよなく猿を愛した厚田生まれの作家は神奈川県藤沢市鵠沼にて永眠する。七十七歳であった。

以下、異聞として。

明治三十六年（一九〇三）に子母澤寛の実母イシと橘厳松の間に男の子が生まれている。子母澤寛からすると異父弟となる画家・三岸好太郎《みぎしこうたろう》である。

大正末期から昭和初期にかけて日本近代洋画壇を牽引《けんいん》し、活躍した天才画家である。

札幌市生まれの三岸好太郎だが、自己の年譜には「北海道ルーラン十六番地に生る」と記している。ルーランとは、厚田の北の海岸の地名である。晩年に、おそらく厚田から望む海と空のみの不可解な絵を残しているが、兄の子母澤寛と共通する厚田への思いがあったのかも知れない。

昭和九年（一九三四）、三十一歳の若さで急逝しているが、遺作は知事公館隣接の「道立三岸好太郎美術館」において展示され、今も顕彰され続けている。

負け戦さ

子母澤寛の祖父の梅谷十次郎は伊勢藤堂藩の梅谷與市の四男として、嘉永元年（一八四六）十二月二日に生まれる。厚田に残る戸籍では、三重県度会《わたらい》郡山田府内町十二番地となっているが、江戸生まれの江戸育ちである。

その江戸で十次郎は十代半《なか》ばから心形刀流《しんぎょうとうりゅう》を学んでいる。

幕末の江戸五大道場といえば北辰一刀流の千葉道場、神道無念流の斎藤道場、鏡新明智流の桃井道場に加えて直心影流《じきしんかげりゅう》の男谷《おだに》道場、心形刀流の伊庭道場をいう。

心形刀流の創始者は、伊庭是水軒秀明《ぜすいけんひであき》。慶安二年（一六四九）に信州で生まれ、若くして柳生新陰流、天真正伝香取神道流、一刀流を学び、延宝九年（一六八一）に本心刀流《ほんしんとうりゅう》の皆伝を授けて宗家となったが、天和《てんな》二年（一六八二）新らたに心形刀流を興《おこ》している。

この流派は多彩な技を有し、気概に満ちた剣風だが、「つねに心を直にして形を正すように工夫し、それによって心、形、刀の三者一体の働きができる」とし、単に強さだけを求めず、心を磨くことを第一と教えている。

八代目の伊庭軍兵衛秀業《ひでなり》が江戸下谷御徒町《したやおかちまち》に〝練武館〟を開き、九代目秀俊《ひでとし》のときには門弟《もんてい》は千人を超え、伊庭八郎、三橋虎蔵などの名剣士を輩出している。

稀代の剣客として心形刀流の十代目になるはずだった伊庭八郎は文久三年（一八六三）、十四代将軍徳川家茂《いえもち》の奥詰衆となり、そののち幕府軍の遊撃隊に加えられる。

鳥羽伏見の戦いで被弾し負傷、箱根で左腕を失い、箱館戦争・木古内の戦いで胸に弾を受けて明治二年（一八六九）五月十二日戦死してしまう。肺結核を患《わずら》いながらの実に壮絶な二十六年の命であった。

もう一人の三橋虎蔵について。

幕府の総合武術の稽古の場として「講武所」が安政三年（一八五六）に開設。実戦に即した力が求められるなか三橋虎蔵は教授方に任ぜられる。

直心影流の男谷精一郎《おたにせいいちろう》、田宮流の戸田忠道に次いで九代目伊庭秀俊とともに将軍家茂の護衛に当たっている。この役目は剣術の最高位の者と位置付けられている。

十次郎は、この三橋虎蔵を師として心形刀流を修めている。ここに同じ道場で互いに技を競い合った仲の戸田惣十郎《とだそうじゅうろう》、のち改名して開拓使判官となる松本十郎がいる。

『厚田日記』に「二人ともどういうわけか三橋先生に気にいられて、殊の外仕込まれる。それだけに腕も上達して免許は勿論、いつも門人中の一、

開拓使判官の松本十郎、
旧名は戸田惣十郎

二の席をこの二人で占めている」とあるから、かなり剣は遣《つか》えたようである。

さて、ここまでは武士として潔よく生きてきた十次郎であるが、何を思ったのか、二十一歳で背中に入れ墨《ずみ》を入れ、斎藤鉄五郎または鉄太郎と名乗り始めた。その入れ墨は、背中の真ん中に丈《たけ》五寸、幅三寸の観音立像が位置し、それを囲むように龍が彫り込まれている。ゆえに御家人くずれの「観音の鉄」とも呼ばれる。

時に、世は太平どころではなく、大政奉還、王政復古と大きく揺れ動き、錦の御旗を掲げる新政府軍は、慶応四年（一八六八）四月十一日、ついに江戸に入城する。

そうしたなか、十次郎は、相棒の福島直次郎とともに彰義隊に参加する。

徳川家の危急存亡のときに当たって主家を守るために結成された彰義隊は、そもそも江戸市中を巡回し治安を守る幕府公認の部隊であった。

だが、市中で続発する新政府軍と彰義隊との小規模な衝突や刃傷沙汰は、旧幕府方の主家の冤《えん》を晴らしたいという敵意を益々強いものとしていく。

勝海舟は彰義隊に解散を命ずるが、彰義隊に奉じられていた寛永寺貫主《かんしゅ》・輪王寺宮《りんのうじのみや》をはじめ側近は、これに応じなかった。

上野の山に屯集した彰義隊は三千人ともいうが、実際は千人程度であり、取り囲む新政府軍の兵力は約一万二千人であった。開戦時の彰義隊は本営の下に一番隊から十八番隊、他に遊撃隊、歩兵隊、純忠隊、旭隊など十二の附属隊により成っていたが、十次郎がどの部隊に属していたのかは定かではない。

慶応四年五月十五日午前七時、攻撃が開始される。黒門口の戦闘が最も激しかったが、午後五時には戦いは終了する。

円通寺に移設された上野の黒門

『蝦夷物語』の文中に突然、子母澤寛自身が俯瞰《ふかん》者として登場し、「あ、私の祖父も行く。血刀を下げたままだ。どうして早くあの刀を鞘《さや》に納め、もう少し目立たぬようにしないのか」と言わせている。

独特の表現手法だが、戦塵《せんじん》治まらないなか、根岸口から敗走する人の群れに十次郎の姿が浮かぶ情景である。さらに、福島直次郎と一緒に、刀を道具箱に隠し、駕屋に化けながら逃げる様子も書かれている。

こののち、十次郎は榎本武揚率いる旧幕府艦隊に乗船して蝦夷へ向かうことになるが、上野で敗れたあと会津、仙台を経て榎本軍に合流したとするものと、品川から旗艦「開陽」に乗船したとする説があるが、いずれも確証はない。

榎本艦隊で蝦夷渡航の諸隊及び人数は次のとおりである。

伝習士官隊	百六十人
伝習歩兵隊	二百二十五人
一聯隊	二百余人
衝鋒《しょうほう》隊	四百余人
彰義隊	二百六十四人
陸軍隊	百六十余人
砲兵隊	百七十余人
工兵隊	七十余人
遊撃隊	百二十余人
旭隊	二十五人

新選組　　　　百十五人
額兵隊　　　　二百五十二人
会津遊撃隊　　　　七十人

以上、二千二百余人。これに旧幕府海軍を加え、榎本軍の合計は約三千人となる。十次郎は乗船していることから、おそらく彰義隊に加わっていたのではないかと思われる。

明治元年（一八六八）十月二十日、北上する榎本軍は鷲ノ木《わしのき》に上陸する。ここから箱館戦争〝秋の戦い〟が開始される。

榎本軍が五稜郭に入城するのは十月二十六日。松前城を攻略し、蝦夷新政権を樹立したのは十二月十五日である。

蝦夷での彰義隊の初戦は、松前攻略戦であった。『北洲新話』には、城門に迫った彰義隊に松前藩兵が門を開いては発砲し、閉じては装弾すること数回とあり、苦戦を強《し》いられた。これを打開したのが土方歳三の背面攻撃であった。彰義隊は土方とともに松前城に入る。

　余談だが、十次郎と榎本軍副総裁の松平太郎について「祖父鉄太郎は函館軍にあって、この人に可愛がられた。北海道の一寒村に住みついてから、度々手紙を出したり」と交流のあったことが『蝦夷物語』に綴られている。

作家「子母澤寛生家跡」碑

　明治二年四月になると、新政府軍が乙部に上陸、四道から五稜郭へ侵攻し〝春の戦い〟が始まる。

　彰義隊は、新政府軍の反攻前は、茂辺地と当別の海岸に布陣していたが、戦いが始まると矢不来《やふらい》の本道入口に転陣する。

　矢不来の戦いについては、「本道は戦いまさに酣《たけなわ》にして、互いに発砲烈しく、砲煙ために日光を覆う」と『彰義隊戦史』にあるように激闘が繰り広げられたが、新政府艦隊の艦砲射撃によりついに退くことになる。

五稜郭の戦いでは、赤川付近を守備していたが敗走、ここに上野から蝦夷まで渡ってきた彰義隊は最後を迎える。

五月十一日、新政府軍総攻撃の日に土方歳三が戦死し、十八日の榎本軍降伏により箱館戦争は終結する。

降伏後、榎本軍の兵は称名寺、元会津陣屋、実行寺に収容される。彰義隊は「我儔《ともがら》称名寺に恭順」と『函館戦記』にあるが、一部は遊撃隊や神木隊などとともに実行寺にも収容されている。『箱館戦役徳川脱走軍寺人名簿』に歩兵として斎藤鉄五郎の名があり、一時実行寺に収容されていたと思われる。箱館市中での捕虜たちの行動は比較的自由だったらしい。

箱館戦争で再び敗れた十次郎だが、新政府の申し渡しにより二者択一を迫られる。一つは、士籍を返還のうえ、蝦夷地に残って開墾拓殖を望む者は切解《きりほど》き、一人五両が下されるというもの、もう一つは、あくまで士分を申し立てるなど不服の者は東京へ送り、引き続き入牢というものであった。

解き放たれることを選んだ十次郎と六人の仲間は、松前藩の杉村豊次郎に引率されて箱館から札幌へ移送される。

七人のサムライ、厚田へ

『蝦夷物語』では、札幌に向かう七人のサムライを次のように書いている。

平井枝次郎　彰義隊第一赤隊。剣術を良くす。
戸谷丑之助　彰義隊第一青隊。病弱なりし。
益山鍋次郎　彰義隊第一青隊。二十一歳。美男。
宮川愛之助　御家人にて仙台より初めて加わる。常盤津の三味線に巧みなり。
常見善次郎　御家人にて榎本武揚とともに開陽艦により蝦夷鷲木の港に上陸した後、選挙によって開拓奉行となった沢太郎左衛門の腹心。
福島直次郎　御家人。踊に長じ料理うまし。
斎藤鉄太郎　御家人。二十俵。

北海道開拓には、多くの没落士族の動員が必要であった。明治二年八月、札幌に入った七人は、円山一帯の広大な土地供与と引き換えに開拓従事が求められる。しかし、円山といっても現在と比較するべくもなく、人の踏み入れる余地もないむき出しの荒々しい未開地である。

開拓民となることを嫌った十次郎は、「いくら旧幕の貧乏負け犬でも直参のなれの果てだ。こんな果て知れねえ野っ原を明日から鍬一丁で、いきなり開墾しろと言われたところで所詮、薩長のハの字ヒゲの小っぱ役人の言うことなんざ、理にも法にもなりゃしねえ」「仲間七人と相談して十日程たってから、みんなで札幌を夜逃げしてしまったよ」と、後年、厚田の村人に語っている。

七人のサムライは、石狩を経て、足の向くままさらに北へ入り、明治三年（一八七〇）春、厚田へ辿り着いたという。

北海道開拓の村に復元された開拓使札幌本庁舎

「この村に和人が一戸を構えたのは安政三年だが、それ以前から石狩、増毛《ましけ》ともに〝三場所〟に指定されたほどで、鰊、鮭、鱒、鱈、鰰《はたはた》、かになど山のように獲れ、安政六年のころには、もう百戸になる」と『厚田日記』にある。

明治十四年（一八八一）には、札幌の人口がまだ九千人に満たないのに比べて、厚田村は一万二千人を超え、ニシン漁の最盛期の賑《にぎ》わいが窺《うかが》われる。

十次郎は、網元を務め、旅籠《はたご》屋「角鉄《かくてつ》」を経営し、この地の顔役的存在になっている。他の六人も漁業ばかりではなく、回漕業や蕎麦《そば》屋、湯屋《ゆうや》にも手を染めていたというが、しばらくして常見と益山の二人は失踪し、戸谷は肺病で他界してしまい、四人だけが村に残る。

少々時は前後する。

明治二年七月八日に開拓使が設置される。初代開拓使長官に鍋島直正、次官に清水谷公考《きんなる》、開拓判官に島義勇《よしたけ》、岩村通俊《みちとし》、岡本監輔《けんすけ》、松本十郎、竹田信順《のぶより》、松浦武四郎の六人が任ぜられる。当初、開拓使庁は東京・増上寺に設けられた。

判官の一人である松本十郎は、薩摩、長州、土佐、肥前が閥《ばつ》を占める新政府要人のなかで佐幕派であった庄内藩出身である。松本の任命は、黒田清隆が有能な人物と評価し、強く推挙したことによる。また、二十三歳のときに庄内藩の北辺警備で苫前《とままえ》、浜益《はましま》の地に任じ、先んじて蝦夷を知っていたことによるのかも知れない。

いずれにしても、松本が辞令を受けたのは同年八月十七日、蝦夷が北海道に改称する三日前のことであった。

十次郎が松本と江戸以来の再会を果たすのは、このときより少し後のことと思われる。

厚田の冬の海は時化《しけ》て、村人は雪が解けない間を寝食《ねぐ》いといって何もすることがなかった。

その冬に、松本判官が案内と荷物を背負ったアイヌ三人と一人の従者を連れて、漁場巡察で厚田を訪れる。

『厚田日記』によると、顔を見合わせた二人は「本所の斎藤さんではないか」と松本が問い、「お、何あんだ、おのし戸田惣十郎さんじゃないか」と十次郎が答えたという。前述と重なるが、戸田惣十郎は松本十郎の旧名である。

江戸の同じ剣術道場の剣友は、炉を前にして一晩語り明かしたらしい。松本は二日間厚田に滞在したあと増毛へ向かった。

まもなく、開拓使御用の旗を立てた船が入港し、二年間かけても食べきれないほどの米とみそが松本から届けられた。これを十次郎はすべて土地の人に配った。

春めく頃、札幌の松本から手紙が届く。十次郎に開拓使へ出仕してほしいという内容であったが、自分は厚田に残ることを決め、七人のサムライの一人である平井枝次郎を推した。平井は、開拓使十二等出仕。物産調査係を命ぜられ、松本の官宅に同居したという。

松本は、明治六年（一八七三）一月に、三十五歳で大判官となるが、常にアイヌ民族衣装「アットゥシ」を羽織っていたことから〝アッシ判官〟と慕われていた。

ちなみに厚田も、アイヌ語で「アッシ」という。織物を作る草の名が由来とか、海が荒れるという意味とか諸説ある。北海道の多くの地名がアイヌ語の読みを漢字に変換しているのは周知のとおりである。

アイヌとは、独自の言語と文化を持つ日本列島北部の先住民であるが、松前藩による偏った交易や明治から始まった開拓により、一民族として苦難の歴史を歩むことになる。

和人中心の同和政策から生まれた「北海道旧土人保護法」が廃止され、先住民族として正式に認められたのは、実に平成の時代を待たなければならなかった。

しかし、活動の場は違ったものの松本と十次郎にアイヌに対する壁はまったくなかった。

十次郎は、アイヌの人柄と生活をこよなく好んだ。仲間として一緒に住み、死んだら名も戒名もない石を丘に置いてもらえばいいとまで言っている。

松本も差別意識を持たずに接していたし、明治四年（一八七一）にはアイヌ語で会話ができるまでになったという。開拓使在任中は、アイヌ擁護に努め、アイヌを愛した。

松本は、判官として北海道の漁場の振興、農地の開拓、札幌建都を推進するなどの功績を残しながらも、のちに黒田長官と樺太アイヌ移住政策での対立から辞表を提出し、庄内・鶴岡に帰郷している。

その後、表舞台に出ることはなく、大正五年（一九一六）十一月二十七日に七十七歳で没した。

話を厚田に戻す。

子母澤寛が生まれたのは明治二十五年二月、祖父の十次郎の手で育てられたことは前に書いた。

時は少し遡《さかのぼ》るが、明治二十年（一八八七）に月形村の樺戸集治監《かばとしゅうちかん》で監守を務め、一刀流の剣客である牧田重勝が厚田村にやってくる。

牧田の剣の実力を知った村人たちが剣術の指導を依頼、ほどなく撃剣道場〝直心館〟が建てられ、村の若い衆や十代の少年たちが稽古に通うようになる。その少年のなかに子母澤寛がいた。後年は弓道をよくした子母澤寛だが、剣術の師匠は牧田ということになる。

いま、その道場はなく、厚田神社の階段下に「直心館之碑」が残っているのみである。

さて、十次郎であるが、鰊の不漁によって旅籠屋の経営が傾き、さらに知人の保証人となって借金を背負ったことなどで、とうとう一家は薄暗い朝方、馬の背に行《こう》李《り》を乗せ、札幌へと逃げ去るという顛末《てんまつ》を迎える。逃げた先は、当時の札幌座のあった向かい側の豊川稲荷の近くであったという。

梅谷十次郎は、明治四十四年（一九一一）三月十八日、札幌の病院で肺病により六十三歳で亡くなる。ちなみに、祖父が「兄《あん》ちゃ」と呼んでいた子母澤寛は十九歳であった。

子母澤寛の七回忌に当たる昭和四十九年十一月三日に「子母澤寛文学碑」の除幕式が行われた。現在、碑は国道二三一号の反対側に移設され、厚田公園内に建っている。

昭和52年（1977）９月に建てられた撃剣道場「直心館之碑」

また、平成三十年（二〇一八）四月には、北海道文学館において〝無頼三代蝦夷の夢〟と題し、「子母澤寛没後五十年特別展」が開催された。

かつて、厚田に暮らした敗残の江戸のサムライの思い、それが「維新の時、あの時にぱっと世の勢にのって出て来た人間よりは、置き残されて埋れて終った人達の方が本当は人間として温い、そして純情なものではなかったかとよく思う。だから旗本や御家人の零落して全く市井に埋もれた人達が妙に好きだ」ということを、十次郎は『消えた剣客』のなかの一文として子母澤寛に書かせている。

孫の子母澤寛がいなければ、祖父の十次郎は名を残すことはなく、また祖父がいなければ、子母澤文学はいつまでも未完のままであったか、もしくはまったく異なる文風となっていたに違いない。

下国東七郎《しもくにとうしちろう》

混迷と改革のなかを生きた松前藩家老

黒船来航とクーデター

突然、箱館港に東インド艦隊司令長官ペリー提督率いるアメリカ艦隊の「マセドニアン」、「バンダリア」、「サザンプトン」の三隻、いわゆる黒船が威容を現したのは、嘉永七年（一八五四）四月十五日のことである。二十一日には、ペリー自身が「ポーハタン」、「ミシシッピー」とともに入港する。

アメリカが幕府に開国による通商を求めて浦賀に来航したのは、弘化三年（一八四六）五月、次いでペリーを派遣したのは嘉永六年（一八五三）六月のことである。アメリカ側は、自国の捕鯨船の安全確保のために松前など五ヵ所の開港を求めた。

侍絵師の雑賀孫六郎の『蝦夷廻浦図絵』箱館来航ペリー黒船画（部分）（函館市中央図書館所蔵）

翌年の三月三日、日米和親条約が締結されるが、そのなかで幕府は松前の代わりに箱館を安政二年（一八五五）三月から開港することを約定する。

　松前藩は、幕府から詳細な情報が届いていないなか、家老の松前勘解由《かげゆ》を主席応接使に選び、弁天町の御用商人山田屋寿兵衛の屋敷で会談が開かれることになる。アメリカ側の様々な要求に対し、この場で松前藩は、のらりくらりと明確な回答を避け続けるしかなかった。このやりとりは〝勘解由のコンニャク問答〟として後の世まで伝えられている。

　ペリーは、二十四日間、箱館に滞在し、下田での幕府との会見に向かって出港した。

　余談だが、ペリー一行は好奇心にまかせて商品を買い求めたらしい。『亜墨利加《あめりか》一条写』によると〝大将ペロリ〟が山田屋寿兵衛宅で、蒔絵の重箱と印籠を購入したとある。また、『洋夷茗話』には仏具屋で木魚が売り切れたとあり、さらに五体の石地蔵が船中にあったとの記録もある。

このときのレート（貨幣交換率）は一両が一ドル、総額千六百両の外貨を得たといわれる。

さて、話を本筋に戻すが、この黒船来航が、幕末の騒乱を起こし、尊王攘夷《じょうい》運動から倒幕、維新へと日本史を揺り動かすきっかけとなっていく。

攘夷とは、「夷《えびす》を攘《はら》う」という古代中国の言葉に由来し、国を守るということである。そもそも討幕を意味していないが、アメリカとの不平等条約による物価の高騰、輸出超過などが始まり、世情不安の広がりは、幕府への不満へと変わっていく。

この時期、薩摩藩は公武合体を推進し、長州藩は、「天誅《てんちゅう》」の名のもとに討幕を視野に入れた尊王攘夷路線を突き進んで

元町公園に建つペリー提督来航記念碑

いた。しかし、両藩ともに外国艦隊と交戦したことによって、力を以って外国を駆逐することが困難であると身をもって経験する。現実路線に転換した両藩は、土佐藩脱藩の坂本龍馬の仲介により慶応二年（一八六六）三月七日に薩長同盟を成立させる。

慶応三年（一八六七）十月、徳川慶喜《よしのぶ》は大政奉還の建白書を奏上したが、時を同じくして朝廷は討幕の密勅を下していた。同年十二月九日の王政復古により新政府が誕生、鳥羽伏見での武力衝突に端を発する戊辰《ぼしん》戦争が開始される。

松前藩も全国諸藩と同様に大きな岐路に立たされていた。

松前藩は外様の小藩ではあったが、十二代藩主松前崇広《たかひろ》は、幕府の権威拡大を唱え、開港の推進派であったことから、元治元年（一八六四）七月に幕府の老中格に任じられ、さらに幕府陸海軍の総奉行を兼務し、長州藩征討を差配する立場にあったが、慶応三年一月に三十八歳で病没する。

崇広を継いで徳広《のりひろ》が十三代藩主となったが、病弱のため、藩政は筆頭家老の松前勘解由、蠣崎監三《かきざきかんぞう》、関左守《さもり》、山下結城《ゆうき》の重臣が実権を握ることになる。

戊辰戦争が始まるに当たって、松前藩の取った行動は、新政府の箱館府総督の警護を行う一方、旧幕府軍を含む奥羽越列藩同盟にも藩の代表を送るという両者を立てる二面外交であった。

こうした藩の対応に不満を抱く尊王派は、慶応四年（一八六八）七月に〝正議《しょうぎ》隊《たい》〟を結成する。ちなみに正議とは尊王を意味する。

下国東七郎、鈴木織太郎《おりたろう》、松井屯《たむろ》、新田千里、三上超順ら四十余人は、勤王を鮮明にすることを目的としていたが、目指すところは主流派を排除して藩政を奪取することにあった。

東七郎は、事前に箱館の新政府総督の清水谷公考《きんなる》に面会し、決起への支援を依頼している。さらに、新式銃五十挺を手に入れ、江差奉行の尾見雄三とも協力関係を築いていた。

同年七月二十八日、城中に入った正議隊は、中立派の下国安芸を説得、徳広に謁見したうえで、藩主の名で主流派の重臣に謹慎を命じる。そして、下国安芸を執政、東七郎自身は近習頭として藩政改革を進めることとし、正議士が城中の警備の任に就いた。

これに反発した松前勘解由は、鎮圧のため松前城への砲撃を企《くわだ》てようとしたが、「君臣の分を弁《わきま》えよ」と押し止められる。

この後、正議隊は四隊に分けた部隊により対立する者たちへの粛清《しゅくせい》を開始する。『蝦夷地血潮之曙』によれば、監三を誅殺、勘解由は私宅禁錮のうえ切腹、左守は屠腹、結城も間もなく捕われて縊死とあり、主流派の重臣はほとんどが切腹させられた。この粛清は苛烈を極め、暗殺は江戸藩邸や京都にまで及んだ。

クーデターに成功し、藩政を掌握した正議隊が藩を挙げて具体的な改革を行おうとしている、まさにそのときに榎本武揚率いる旧幕府軍が、鷲ノ木《わしのき》に上陸する。

転封された松前藩

幕末には八千戸、三万人が住んでいた最北の城下町松前は、水産や森林などの資源を活かした仙台以北最大の都市であった。

ここで、この松前藩二百六十余年の歴史を垣間見ることとする。

松前の地に和人が居住したのは平安時代末のことであるが、十四世紀から十五世紀にかけて渡島半島各地に館《たて》と呼ばれる砦が割拠していた。

享徳三年（一四五四）八月二十八日、松前藩の始祖となる武田信広《のぶひろ》が津軽海峡を渡る、と松前家史『新羅之記録』が伝えている。

慶応３年７月の松前城。写真中央に天守、左方に本丸御門と太鼓櫓がある（函館市中央図書館所蔵）

道南では先住民であるアイヌ人と和人が混住している状況だったが、『新羅之記録』は康正二年（一四五六）から講和を結ぶ天文二十年（一五五一）にかけて、アイヌ人と和人の百年に及ぶ紛争が繰り広げられていたと記している。

康正三年にコシャマインの戦いが起き、館はコシャマイン軍により次々と陥落、残ったのは茂別館《もべつだて》と花沢館《はなざわだて》のみとなった。

この窮地に信広がコシャマインの本陣を急襲し、七重《ななえ》浜付近でこれを破った。この一度の戦功により、信広は上之国花沢館の蠣崎《かきざき》家の跡取りに入り、その後に松前に転居する。五世蠣崎慶広《よしひろ》は、豊臣秀吉、徳川家康から大名として認められ、姓を〃松前〃に改《あらた》め、初代の藩主となる。慶長十一年（一六〇六）には福山館《ふくやまだて》を築く。

松前藩は、徳川将軍から「夷《アイヌ》については、どこへ行こうとも、夷次第であること」という黒印状を示されていたにもかかわらず、寛文（一六六一～）に入って、アイヌ側に不利益となる交易交換比率を変更、一方的に三倍もの値上げをした。このことに怒ったアイヌたちはシャクシャインの戦いを起こす。シャクシャイン軍は二千人にも達し、国縫《くんぬい》川で数日にわたる戦闘が行われたが、弘前藩や盛岡藩から借用した大量の鉄砲が戦いの勝敗を決めた。松前藩は、シャクシャインの拠点まで押し返すことに成功する。

このシャクシャインの戦い以後は、儀式なども藩への従属を示す内容へと転じていった。

寛政十一年（一七九九）一月、幕府は東蝦夷地の直轄支配を決定する。松前藩からすると領地の半分を失うことになる。

さらにロシアの南下策によりカラフト、エトロフ、リシリの守備隊が襲撃を受ける事件が起きる。この事件とほぼ時を同じくして文化四年（一八〇七）三月に、幕府は国防上の理由から「従来の東蝦夷地に加えて西蝦夷地までを含めた松前藩領すべてを取り上げ、幕府直轄とする。替地は追って決定する」という松前藩にとっては悲劇的ともいえる幕命が下される。いわゆる〝転封〟である。

昭和24年（1949）に焼失し、昭和35年（1960）に再建された天守。左は国の重要文化財の本丸御門

松前家の転封先は、陸奥国伊達郡梁川《やながわ》（現在の福島県伊達市梁川町）、九千石の梁川藩主である。最終的には一万八千石を得るが、三百八十人ほどの家臣を養う実高はなく、半数の者を召し放つほか道はなかった。

松前家の去った蝦夷では、幕府の松前奉行が設置され、福山館を政庁として政務を執っていた。防備については奥羽諸藩の兵四千人が各地に配備された。この体制を第一次幕領期という。

この間、主席家老の蠣崎波響《はきょう》を中心として幕府老中への嘆願と賄賂による復領運動も進められていた。

文政四年（一八二一）十二月、幕府は直轄経営による財政的な負担増やロシアの動きが消極化してきていたことから、旧領返還が申し渡された。実に十五年の歳月が流れていたが、松前家にとっては待望の吉報であった。

松前藩主松前家墓所。歴代藩主と家族など55基の墓石がある

新生松前藩は、幕領期の防備を継続しなければならないため、多数の家臣を必要とした。当初は約二百人だった家臣は、文政七年（一八二四）には五百五十六人、嘉永三年（一八五〇）には松前城下だけで約三千人に増えている。

したがって優秀な藩士を育てることが急務であった。復領の翌年の文政五年（一八二二）に藩校「徽典館《きてんかん》」を創設、他に六校の支校を城下と江差に分散して設け、天保十一年（一八四〇）には江戸藩邸内にも「明倫館《めいりんかん》」が開設される。

藩校においては、文武両道が奨励された。学芸は、素読、復講、講義、会読、輪講、質問といった授業を修得しなければならず、履習できなければ留年である。

特に、北方警備を最重点課題としたことから、武芸の修得には力を入れた。藩校生は、十三歳から十五歳までに「初伝」、十八歳までに「目録」、二十一歳までに「免状」を修めることが義務付けられた。指定剣術は、神道無念流と直心影《じきしんかげ》流の二流派である。

長谷川吉次著『北海道剣道史』では、次のとおり〝幕末松前藩の剣士〟を紹介している。

村田小藤太　十九歳で江戸の男谷信友の門に入り、二十六歳で直心影流の免許皆伝。〝男谷の小天狗〟の異名を持つ。三十歳で藩の剣道師範。

尾見雄三　十一歳で神道無念流斎藤弥九郎の門に入り、二十一歳で塾頭。松前藩で勤王派正議隊に属する。

佐藤男破魔　直心影流の島田虎之助の門に入る。藩の直心影流師範役となる。箱館戦争では四番隊隊長を務める。

駒木篤兵衛　起倒流体術、宝蔵院流槍術の稽古世話掛り。箱館戦争で大砲隊隊長を務める。
松崎多門　松前藩槍術師範。箱館戦争では本陣諸軍事方を務める。乙部上陸では先鋒。
永倉新八　江戸の神道無念流岡田十松に師事、十八歳で本目録。京都に出て新選組に加入、幕府方警察となる。後に松前藩に帰参。
飯田隼人　十六、七歳から江戸の神道無念流岡田十松の門に入り、四天王と称せられる。藩の剣道師範。
水牧梅干　父の喜左衛門は槍術指南役。梅干は撃剣を善くす。長州征伐時に藩主の供廻り目付。
岡田助右衛門　神道無念流の達人にして江戸にて今義経と称する。藩主の師匠番を務める。
築城は松前藩の念願であった。嘉永二年（一八四九）七月、十二代崇広の藩主就任から間もなく、幕府から「城持大名に格上げするので、新しい城を築いて海防を固めよ」という命が下される。

松前城、別名福山城は、高崎藩の兵学者市川一学《いちがく》が設計し、福山館を基として、嘉永三年に築城された。外国船に備《そな》えて、七基の砲台と二十五門の砲を備え、海防に主体を置いた城郭である。

先に正議隊のところで触れたが、松前藩のなかでも傑物と評され、藩の将来を託された男、下国東七郎について書き進める。

東七郎は、文政八年（一八二五）に下国源吾の長男として松前に生まれる。十九歳で十一代藩主昌広の近習となり、二十四歳で江戸藩邸に赴《おもむ》き、佐久間象山《しょうざん》に就いて蘭語、砲術、築城術を修得し、杉田成卿《せいけい》から兵学、川本幸民《こうみん》から物理学を学び、当時の最新技術を会得している。

ペリー来航で混乱が残る松前に戻った東七郎は、城内外の旧式の砲を全《ことごと》く新式に改めさせている。のちに正議隊によるクーデターを首謀し、藩を勤王に転向させたことはすでに書いたとおりである。

新選組隊士の帰参

明治元年（一八六八）十月、蝦夷に上陸した旧幕府軍は松前城を攻略。松前藩兵は津軽海峡を渡って弘前に敗走する。十月二十九日には、藩主徳広が病没し、五歳の修広《ながひろ》が十四代藩主となる。

東七郎は、自《みず》ら明治二十四年（一八九一）に書いた『自筆履歴書』のなかで「冬十月、流賊入犯勢はなはだ猖獗《しょうけつ》し、函館府がまず津軽青森に遁《のが》る」と記している。

本来ならば、この戦いで松前藩兵の指揮を執る立場であったが、実務上、京都の太政官と東京を往来している有様であった。

話は少し逸《そ》れるが、元松前藩士の永倉新八と東七郎の関係についても書いておきたい。

新八は、新選組二番隊隊長として京洛において池田屋事件など長州藩士や土佐藩士と死闘を交えた身であったが、今は浪人として身を隠している側にある。

ついに、意を決した新八は松前藩に帰参を願い出る。松前藩は新政府軍として戊辰を戦った藩であるが、新八の願いはすみやかに認められた。「家老下国東七郎の計らい聞き届けられ、百五十石に召出《めしいだ》される」ことになる。

東七郎が東京滞在中に、新八が面会の機会を得たことは幸運と言わざるを得ない。

永倉新八改め杉村義衛の小隊曹長の館藩庁辞令
（北海道博物館所蔵）

新八は、藩邸の長屋に住みながら、毎日、藩の伝習隊に歩兵教習を行ったという。「戦場往来の永倉がよく兵法をのみこんでいるので、その調練ぶりは異彩をはなち藩中の評判になっていた」と『新撰組顛末《てんまつ》記』にある。

さらに東七郎の勧めで、藩医の杉村松柏《しょうはく》の婿養子となり、名を杉村多内、さらに杉村義衛と再改名している。

『松前史綱』に「明治四年一月十六日杉村治備多内、後に更《あらた》め義衛　海関所復旧の報を齎《もたら》す。正月三日東京を発し函館に航す」とある。新八は、一月三日に東京を出発し、十日ほどで函館に到着し、十六日に松前の藩庁に報告したことになる。このとき、江戸で生まれ育った新八は、初めて北海道の地を踏む。

晩年を小樽で暮らすことになる新八だが、杉村悦郎著『子孫が語る永倉新八』では、東七郎をして「この人物がいなければ、永倉新八が松前藩に帰参することは叶《かな》わなかったし、杉村家の婿養子になることもなかった。維新後、これほど長い余生を送ることはなかったはずである」と評している。

新八の話はここまでとして、箱館戦争に話を戻す。

明治二年（一八六九）四月、新政府軍は反攻に向け編成されるが、東七郎は松前藩の八番隊、遊撃隊、糾武隊、奇兵隊の総長となる。その様子を「明治二年春、官軍が青森に次す。わが藩の敗卒千有余名もまたそのなかに在り。余、東京より到り、その軍政を総《す》ぶ」と綴っている。

同年五月十八日、五稜郭降伏により戊辰戦争は終結、七ヵ月にわたって領内が主戦場となった戦いが終わる。松前藩兵は、二十三日に箱館を出発し、二日後に松前城下に凱旋、祝砲と歓呼の声のなか城中に入った。

東七郎は、この戦功により永禄百石を与えられる。

明治二年の版籍奉還により、松前藩は館藩になり、東七郎は大参事に任ぜられるが、廃藩置県により職を解かれる。同六年（一八七三）には、開拓使に出仕し、江差での漁業騒動を治めたものの官を辞している。

明治十年（一八七七）には、放浪のあと、利別川上流のマンガン鉱の開削を任せられるが、資金数千円を持って失踪してしまう。藩士時代にも藩費流用などにより謹慎を受けたことがあり、そうした一面もあったようである。

晩年、松前藩士を弔《とむら》わんと思い立ち、桧山郡鶉村に武田信広寺を建立しようと奔《ほん》走《そう》したが、その半《なか》ば、明治二十六年（一八九三）四月、千葉県海上郡椎柴村で没したとされる。享年六十九歳。江差で亡くなったという話もあり、いまだに墓所は不明である。

松前藩が歩んできた紆余曲折に満ちた激動の歴史の、その終焉《しゅうえん》に東七郎は家老として登場する。

藩の将来を託され、多くの功績がある一方、血縁関係が入り組む藩内でクーデターを強行し、幾多の藩士の命を奪ったことは、終生忘れ得ないこととして、脳裏に焼き付いたに違いない。

『松前懐古座談会再録』に、東七郎が仏門に入ろうとして「頭を丸め法衣を着て見たが、それでも心の落ち着きが出来ず、悄然と江差の金剛寺を訪ねて、この悩みから私を救うため、御弟子にしてくれと頼んだ」と書き残されている。

東七郎が昔日を思ったときに、逃避《とうひ》しがたく、重い心の負荷から生じた言動なのかも知れない。

山《やま》岡《おか》鉄《てっ》舟《しゅう》

剣と禅と書の道を極め、至誠を貫いた男

百年ぶりに月形へ

平成三十一年（二〇一九）二月五日、山岡鉄舟の揮《き》毫《ごう》による「修武館」の扁額が、旭川刑務所から現在の月形樺戸《かばと》博物館へ、百年ぶりの里帰りを果たした。

同扁額の添書に「壬子初冬日　山岡鉄太郎」とあり、明治十五年（一八八二）に書かれたものである。

この書は、新選組二番隊隊長を務め、松前藩に帰参した後、樺戸集治監《しゅうちかん》の剣術師範をしていた永倉新八、

鉄舟揮毫の「修武館」扁額。現在、月形樺戸博物館に展示されている

改名して杉村義衛が、その就任の祝いとして鉄舟から贈られたもので、当時の看守たちが剣術を学ぶ道場に掲げられていた。

神道無念流の遣《つか》い手である新八は、樺戸集治監において開庁の翌年の明治十五年（一八八二）十月から明治十九年（一八八六）春までの間、勤務している。しかしながら、政府の中枢を支える行刑機関に奉職するためには内務卿の許可を得る必要があり、ふつう、旧新選組幹部が採用されることは考えにくい。

新八を推挙した人物は定かではないが、剣の実力と人物評価について保証できたのは、新八周辺から推《お》し測《はか》ると、鉄舟しか考えられない。

鉄舟と新八の出会いは、鉄舟が新選組の前身母体である浪士隊の取締役として、上洛した際の剣の親交が初めである。さらに維新後、鉄舟が東京四谷に春風館道場を開いたときに、新八は浅草に在住しており、頻繁に旧交を重ねていたとされている。

この掲額以後、樺戸集治監の道場の名は「修武館」といわれるようになる。

樺戸集治監は、東京と宮城に次いで全国で三番目となる行刑施設である。明治一十年（一八八七）には、樺戸監獄に名称を変えている。大正八年（一九一九）一月に樺戸監獄は廃止され、三十九年間の歴史を閉じるが、この扁額は旭川監獄、現在の旭川刑務所に引き継がれる。

ともあれ鉄舟の筆勢は、常に豪快で、しかも爽《さわ》やかと評され、今も、その書は多くの人の心を魅了している。

鉄舟は十四歳にして、師事していた岩佐一亭より弘法大師入木道五十二世を継ぎ、書家「一楽斎」を名乗る。鉄舟が師に差し出した入門誓約書と当時の座机が飛騨高山在住の一亭の子孫宅に残っている。

鉄舟は、人に頼まれるまま快《こころよ》く筆を執ったことはよく知られる。

三十六歳、明治天皇の侍従職になってからの揮毫は、一日二百枚を下ったことはなく、五十歳になった明治十九年の五月から七月までに三万枚を書き、その後の八ヵ

樺戸集治監。現在は月形樺戸博物館となっている

月間で十万千三百八十枚を書き上げたとの記録がある。その数、実に終生五十万枚を超えるといわれている。

剣と禅と同様に、書においても、鉄舟の一道を極める姿勢が如実に窺《うかが》われる。

剣禅一如

鉄舟は、天保七年（一八三六）六月十日、御倉《おぐら》奉行の小野朝右衛門《おのあさうえもん》の五男・鉄太郎として江戸本所大川端四軒屋敷に生まれる。姓は藤原、名は高歩《たかゆき》、字《あざな》は曠野《こうや》、鉄舟と号する。

鉄舟が剣の修業を始めたのは九歳、江戸大川端の真影《しんかげ》流の久須美閑適斎《くすみかんてきさい》の道場からである。

十歳のときに、郡代として飛騨高山に赴任した父の朝右衛門に同行。飛騨高山では、修武道場に入門し、わずか二年で師範の庄村翁助《しょうむらおうすけ》以外は相手にならないほどの腕になる。この翁助は、閑適斎の義弟に当たるが、鉄舟と閑適斎の師弟関係は晩年まで続く。

上達著しい鉄舟のために朝右衛門は、北辰一刀流の千葉周作門下の井上八郎を飛騨高山に招聘した。この井上は、玄武館道場では海保帆平《かいほはんぺい》と並んで竜虎と称せられたほどの剣客であり、鉄舟はさらに力を付けていった。

嘉永五年（一八五二）七月二十九日、十七歳で江戸に戻った鉄舟は、北辰一刀流の玄武館に入門して三、四年経つ頃には〝鬼鉄〟と呼ばれるようになる。

特に〝鉄砲突き〟といわれる双手突きの凄《すさま》じさは、すでに当時の多くの剣客が恐れるところとなっていた。

幕吏として活躍していた頃の山岡鉄舟

玄武館の稽古に加えて出稽古でも剣を磨く一方、幕府講武所の世話役に就き、さらに山岡静山に師事して忍心流《にんしん》槍術を学んでいる。
こうした縁《えん》から、安政二年（一八五五）に鉄舟は望まれて山岡家の養子となり、静山の妹英子《ふさこ》の婿となる。二十歳のときである。

さらに鉄舟は、一刀流正伝を極めようと中西派一刀流の浅利又七郎義明に立ち合いを求めたが、義明に鉄舟の突きは通ぜず、逆に突きをもらって飛ばされてしまう。その後も立ち合いを求めるが、義明は下段からの気責め、対する鉄舟は晴眼で剣頭を押えるも、自然一歩二歩三歩と後退し、追い詰められることが何度も繰り返される。

鉄舟は、義明について「外柔にして内剛。精神を呼吸に凝して勝機を未撃に知る。真に明眼の達人と謂うべし。これより試合するごとに遠く及ばざるを知る」と書き残している。

これを機として、浅利門下に入った鉄舟であったが、義明の前では手も足も、竹刀も動かせなかったという。日々、義明を破る工夫を積んだが、義明の山のような幻身が自分の剣先に現れ、どうやって打ったらよいのかわからないと苦悩が続く。そういう鉄舟を、義明も剣の達人に仕上げようと全力で指南している。

ここから意を決して始めたのが禅の修業である。

鉄舟の自筆略伝に「十二歳の頃より禅学を好みたり」とある。本格的に禅の修養を始めたのは、文久三年（一八六三）、二十八歳の頃である。そのきっかけは、前述のとおり義明と立ち合って敗れたことによる。以後、〝剣禅一如〟の道を求め、ひたすら心と術の鍛錬に邁進する。

京都嵯峨野・天龍寺の滴水《たくすい》和尚、鎌倉・円覚寺の洪川《こうせん》和尚、京都・相国寺の独園《どくえん》和尚、武蔵・長徳寺の順翁和尚、伊豆三島・竜沢寺の星定和尚の五人の名僧に学び、特に滴水宜牧和尚には二度教えを請《こ》うている。

滴水和尚に「家に在っても眼前に浅利又七郎義明が現れる」ことを話すと、「本来涼しい眼があるのに、わざわざ曇ったためがねをかけている。それをはずせば真如の月を見ること自由自在」と〝無〟の境地の体得を教示され、さらに「両者の切っ先が交差したら避けてはならない。名手は火炎の中の蓮華《れんげ》の如く、天を衝《つ》く気概を持つ」との公案を与えられる。公案とは、一般的に課題のことをいう。

のちに禅理を悟った鉄舟は、明治十三年（一八八〇）に、四十四歳で滴水和尚から印可を得る。

禅は、およそ二千五百年前の古代インドに起こり、五世紀に達磨大師によって中国に伝わり、そして日本には鎌倉時代に到達するが、このあたりについては、佐藤鍊太郎著『禅の思想と剣術』をはじめ多くの書物が出版されているので参照されたい。

ちなみに、江戸時代初期の沢庵禅師の〝剣禅一如〟の教えは、柳生新陰流のみならず小野派一刀流など、時を超えて幕末の剣術諸流派に大きな影響を与えている。この〝剣禅一如〟の思想を体現化したのが鉄舟といえる。

江戸総攻撃を回避

徳川幕府は、清河八郎の献策により将軍警護のため浪士等から腕の立つ者を集め、その取締役として鉄舟が任ぜられる。応じた浪士は三百余人といわれるが、最終的には二百人ほどとなった。

浪士隊は、文久三年二月二十三日に上洛するが、そこで清河から本来の目的が幕府の意向に反する尊王攘夷《じょうい》であることを明かされ、直ちに江戸に戻り、外人居留地を襲撃するという策謀が示される。

浪士の多くは江戸に戻るが、京都に残った近藤勇などは会津藩預《あずか》りとなり、のちの新選組となる。

清河は、江戸に戻ってすぐ幕府方の刺客によって暗殺されるが、この件の責を負って鉄舟は謹慎となる。

慶応二年(一八六六)、徳川慶喜《よしのぶ》が十五代将軍となるが、同年に幕府に理解のあった孝明天皇が亡くなり、十六歳の明治天皇が即位する。また、この年には勝海舟が軍艦奉行に再任されている。

世の情勢が刻々と幕府側に不利に傾くなか、慶応三年(一八六七)十月十四日、慶喜は大政奉還を願い出るが、同日に討幕の密勅が薩摩藩と長州藩に下り、慶応四年(一八六八)の正月三日、鳥羽伏見において戊辰《ぼしん》戦争が勃発《ぼっぱつ》する。

王政復古により官位と領土を失った慶喜は、同月六日夜、大坂城を脱し、「開陽」に乗って海路江戸へ逃げ帰るが、品川からの一行を迎えたのは鉄舟であった。

六騎の馬が江戸城幸橋《さいわいばし》門へ近づく。「眼光炯々《けいけい》たる第一騎は山岡鉄太郎、第二騎は前京都守護職・松平容保《かたもり》、第三騎は錦の筒袖《つつそで》にたっつけの袴《はかま》は将軍慶喜その人、第四騎は前京都所司代・松平定敬《さだあき》、第五騎は老中板倉勝静《かつきよ》、第六騎は老中酒井忠惇《ただとし》」と『彰義隊遺聞』にある。

一方、新政府軍は、慶喜征討を号令し、西郷隆盛を大参謀として江戸へ向かっている。

旧幕府側からみると、「東海北陸ノ両道官軍東下シ国内騒擾《そうじょう》、各自方向ニ惑ヒ更ニ是非曲直ノアル所ヲ知ラス　旗下中脱走ツテ戦《たたかわ》ントスルアリ　或《あるい》ハ降参シテ一身ヲ全《まっとう》セント計ルアリ」と高橋泥舟の『履歴』にある。

高橋泥舟は、勝海舟、山岡鉄舟という幕末三舟の一人である。泥舟は、槍と剣に長《ちょう》じ、二十五歳で講武所師範となり、慶喜の側近として重用されている。また、鉄舟の一歳年上の義兄である泥舟は、〝剣禅一如〟を鉄舟に勧めた人物でもある。

このとき海舟は、軍艦奉行から海軍奉行並を命ぜられ、六日後には陸軍奉行となっている。鉄舟もまた、めまぐるしく精鋭隊頭《かしら》、歩兵頭格、さらに作事奉行格、大目付に任ぜられており、いかに幕府内部が錯綜《さくそう》、混乱していたかがわかる。

二月十二日、慶喜は江戸城を出て、自《みずか》ら上野寛永寺大慈院に謹慎、恭順の意を表する。

この旨を新政府軍大総督府へ伝える役として、泥舟の強い推挙によって鉄舟が選ばれる。

直《じか》に慶喜の真意を確めた鉄舟は、三月五日、赤坂氷川町の海舟を訪ねる。

同日の『海舟日記』には、「旗本山岡鉄太郎に逢う。一見その人となりに感ず。同人申す旨あり、益満生を同伴して駿府へ行き、参謀西郷氏へ談ぜんと云う。われ是を良しとし、言上を経てその事を執せしむ。西郷氏へ一書を寄す」と綴られている。

鉄舟は、西郷宛ての書簡を預かり、さらには海舟宅に匿《かくま》われていた薩摩藩の益満《ますみつ》休之助《きゅうのすけ》を同行者として駿府へ向かう。時に鉄舟三十二歳、海舟四十四歳。

街道を新政府軍が占拠するなか、鉄舟の「朝敵徳川慶喜家来山岡鉄太郎、大総督府へまかり通る」との大音声《だいおんじょう》、これにより気を呑まれた兵を後にして、新政府軍の陣を通り抜けて行ったという。

三月九日、ついに駿府に到着、鉄舟は西郷に慶喜の恭順の意、江戸の状況、そし

て脱走軍は徳川と絶縁していることなど筋道を立て、至誠を以って説得した。これに対して西郷を通して大総督府が示した条件は、

一、城を明け渡すべきこと
二、戎器《じゆう》をいだすべきこと
三、軍艦をいだすべきこと
四、城兵を府外に移すべきこと
五、主師徳川慶喜は備前に幽すべきこと

の五項目であった。

鉄舟は、すかさず第五条は承服できないと返答し、「もし先生にして主人島津公を他人の手に任せ、異境の地にお移しなさるか。不肖鉄太郎のごときは死んでも主人を他人の手には渡さない」と言ったと鉄舟口述『武士道』にある。

これを受けて西郷は、「言われるところ至極道理である」として、慶喜については心配しないようにと言い、そのうえで「足下は稀有の勇士である。得がたい謀士である。真の武人である。実に虎穴に入って虎児を探るとは、すなわち足下のこと

である。それがしは足下の大決心が生きて帰らざるを察しておる。ああ、真に勇士で知徳兼備のもののふと言わなければならない。実に一国の存亡は足下の肩背にかかっている」と西郷もまた至誠を以って応じた。

至誠とは、簡単に言うならば、心から人を信じ、真心を以って接することをいう。

鉄舟が江戸に戻る際、西郷は大総督府陣営通行割符《わっぷ》を渡し、営門まで送ったとされる。

鉄舟（右）と西郷隆盛（左）が会見した
静岡伝馬町に立つ記念碑（レリーフ部分）

結果として、四ヵ条の朝令を拝受し、慶喜の恭順が認められる。

三月十三日、芝高輪薩摩屋敷において海舟と西郷による江戸城無血開城の会見が行われるが、事前に行われた鉄舟と西郷の談判が、新政府軍の江戸総攻撃回避の道を開いた。このことは、江戸百万の民《たみ》を戦火から救うと同時に、鉄舟の存在が世に知られる端緒となったものといえる。

のちに西郷が海舟に語った話が『西郷南洲遺訓』に収《おさ》められている。

鉄舟をして「生命もいらぬ、名もいらぬ、金もいらぬ、といったじつに始末に困る人です。しかし、あのような始末におえぬ人でなければ、お互いに腹を開けて、ともに天下の大事を誓い合うわけには参りません。本当に無我無私の忠胆なる人とは、山岡さんのごとき人でしょう」とある。鉄舟が見せた至誠への最大の讃辞であろう。

慶喜が水戸へ退隠したあとも鉄舟は、上野に出向いて彰義隊の説得に当たり、さらに箱根に脱走兵の鎮撫に行くなど残務に奔走《ほんそう》する。

この国の年号は、慶応四年九月から明治に改《あらた》まる。

明治二年（一八六九）、鉄舟は静岡藩の藩政輔翼《ほよく》に任ぜられ、明治四年（一八七一）には新政府に出仕し、十一月に茨城県参事、十二月に伊万里県権令を歴任する。

明治五年（一八七二）六月十五日、明治天皇の侍従に任ぜられるが、これは宮中の改革を必要と考えた西郷が鉄舟を抜擢《ばってき》、鉄舟も十年間という条件で引き受けたものである。

十月三日には侍従番長、さらに宮内少丞、宮内大丞。明治十年（一八七七）には宮内大書記官に昇格する。

春風館道場

さて、話を剣に移す。

鉄舟の『剣道悟入覚書』に「時に、明治十三年三月三十日、早天、寝所において従前のごとく浅利に対し剣を揮らの趣を成すといえども、剣先さらに浅利の幻身を見ず」とあり、ついに、吾なく敵なき無念無想の境地に自分を置くことができたと記している。浅利門下に入って実に二十三年、鉄舟四十四歳のときである。

義明は、すでに刀を収めていたが、鉄舟と剣を合わせたところ、「まったく前日の比ではない。それでこそ二十余年の修業のかいがあった」と喜び、伊藤一刀斎から継承の夢想剣の極意を伝授する。

鉄舟は、こうして修めた一刀流を〝無力流〟と名を変え、新らたな流派を起こすが、このときの大悟の心境を次の漢詩を用いて表現している。

論心総是惑心中
凝滞輸贏還失工
要識剣家精妙処
電光影裏斬春風

訓読は、「心を論ずれば総《すべ》て是《これ》心中に惑ひ、輸贏《しゅえい》に凝滞すれば還って工《たくみ》を失ふ。剣家の精妙なる処を識《し》らんと要れば、電光影裏《でんこうえいり》、春風を断つ」。

訳文は、「心を論じたら心の中で迷ってしまう。勝ち負けに拘《こだわ》ったら巧妙さを失ってしまう。剣術家の精妙な処を識《し》りたいなら、電光のうちに春風を斬る」。

この〝春風を斬る〟の句から、四谷仲町三丁目三十一番地に構えた道場を〝春風館〟と名付ける。

春風館では、入門から三年間は打ち込みのみを行う。二、三本打っては体当たり、外されれば切り返して体当たりを繰り返し、足腰が効かなくなるまで行われた。

しかも、口頭で説くことは一切行わず、無我夢中で打ち込みを行うことによって三年も経つと、自然と心も治まり、体もできてくる。これが無刀流の稽古の根幹であるとする。

また、春風館には、死を覚悟して稽古を願う〝誓願〟というものがあり、三段階に分けられている。

第一期は、一日二百面の立切試合を行う。早朝から夕刻まで、昼に粥をすする時間以外は休む暇を与えず、十人ほどの相手が立ち切りをさせまいと、入れ替り、立ち替り激しく立ち向かう。組み討ち、押し倒し、引き摺り回すなど辛辣な限りが許される。

この常人の限界を超えた荒稽古は、疲労困憊《こんぱい》の域に達し、もうだめだと思う、その弱い心をふっ切り、乗り切ったところに、自由自在の剣を会得できるというもので、あくまでも心を練り上げることが主眼であるとしている。

立切試合が済むと竹胴の内側に「立切試合之賞」、「無刀流印」、「春風館」と三個の焼印が押される。

第二期は、一日二百面を三日間、さらに第三期は七日間千四百面の立切試合が行われ、これを済ませると七個の「立切試合之賞」の焼印が押される。

第三期の立切者の苦闘ぶりは、実に言語に絶し、四肢五体はみな紫色に腫れ上り、血尿や血便は珍しくもない。これを成し遂げた者は、鉄舟を含め、わずか四人という凄じいものであった。

繰り返しになるが、無刀とは、心を集中して剣に打ち込み、吾《われ》なく敵なき無念夢想の境地をいうが、「相手に勝ちたい。相手よりすぐれた技を修めたい」という心があるうちは達することができない。春風館とは、そういうところであった。

明治十五年の退官まで、鉄舟は宮内少輔《くないしょうゆう》、元老院議官を拝命している。

明治十六年（一八八三）には、幕末・維新に命を落とした者たちを弔《とむら》うため、谷《や》中《なか》に普門山全生庵を建て、駿河安倍《あべ》郡《ごおり》富士見村、現在の清水市に大応山鉄舟寺を建立している。

また、鉄舟が師事した一刀流九世の小野典膳業雄《てんぜんなりお》から、宗家の証明として明治十八年（一八八五）に開祖伝来の伝書と瓶割刀《かめわりとう》を相伝される。ここで、鉄舟の流派名は〝無刀流〟から〝一刀正伝無刀流〟となる。

鉄舟は、明治二十一年（一八八八）七月十九日に、五十四歳で大往生を遂げるが、その二日前には死を予感していたらしい。亡くなる日と時刻に多くの友人知己を呼んでいる。

十八日正午に見舞いに訪れた海舟は、「どうです。先生ご臨終ですか」と問うと、笑って「さてさて、よくお出でくださった。ただいまが涅槃《ねはん》の境に進むところでござる」と答えた。海舟は、「よろしくご成仏あられよ」と言い、その場を去ったと海舟自身が回顧している。

鉄舟は、湯浴《ゆあみ》の後、白衣に身を包み、白扇を手に、皇居に向かって結跏趺坐の姿をとったまま午前九時十五分にこの世を去った。

全生庵において葬儀が執り行われた

東京・谷中の全生庵にある
鉄舟の墓

二十二日は大雨だったが、参列者は五千人に及んだという。墓は全生庵にある。

鉄舟は、「胆《きも》を練るは斯道《しどう》に如かじ」の言葉どおり剣の道を、その生涯を賭して追求した。悟りの域は、私欲私心を捨て切り、心を胆力と鍛錬によって培《つちか》ったものである。

ここに、激動の時代を翔《と》ぶが如く全力で駆け抜けた鉄舟の姿を見ることができる。

伊《い》庭《ば》八《はち》郎《ろう》

戊辰戦争を最後まで戦い、ついに銃弾に斃れる

心形刀流の嗣子

伊庭八郎秀穎《ひでさと》。

弘化元年（一八四四）に、心形刀流《しんぎょうとう》八代目の伊庭軍兵衛秀業《ひでなり》の長男として江戸に生まれる。

しかし、実父の秀業が、安政五年（一八五八）八月に四十九歳で病により急死したため、その高弟であった九代目伊庭軍兵衛秀俊《ひでとし》の養子となる。

八郎は、剣に生き、義に散った〝隻腕の美剣士〟として、明治以降、物語的に描かれてきた人物であるが、わずか二十六年の生涯のなかで貫《つらぬ》いてきたものは一体何

だったのであろうか。

池波正太郎は、『幕末遊撃隊』のなかで、八郎を〝微衷《びちゅう》の人〟と呼ぶ。「微衷」とは、裏表《うらおもて》なき真心、本心を意味する。

池波正太郎は、八郎が徳川家への忠誠心をよほどの強固な信念によって、最後まで微衷、すなわち自分の本心に従い、義を貫き通したとしている。

心形刀流の宗主伊庭家の嗣子として生まれ、その十代目となるはずであった八郎だが、若い頃は読書を長谷部旅翁に、書法を市河米庵に師事し、漢字や蘭学などの学問に専念している。

また、八郎の容貌《ようぼう》については、「清秀なる中に和気ありて一個の美丈夫たり」と伝えられているように、綿絵になるほどの美男子であった。

ともかく、剣術よりも学業の方を好んだ八郎が、本気で竹刀を握ったのは十六歳からである。

宮本武蔵の描いた画を見て、発起したとされているが、同時期に、労咳、今でいう肺結核による喀血の症状が出たともいわれている。当時、労咳は死にいたる病であった。

自分の寿命に限りがあることを知った八郎は、文事を以って徳川家に尽すことよりも、残された時間を剣によって忠誠を発揮する道を選んだ。

この人生の分岐点で、大きく舵《かじ》を切った八郎は、直接、義父の九代目秀俊の指南を受ける。

天賦《てんぶ》の才もあって、二十歳ですでに教わることがなかったといわれる。稀代の剣客といわれる由縁《ゆえん》である。

心形刀流について触れておく。

初代宗家の伊庭是水軒秀明《ぜすいけんひであき》は、慶安二年（一六四九）に信州で生まれ、柳生新陰流、天真正伝香取神道流、一刀流など数流派を学び、延宝九年（一六八一）に神道流の流れを汲む本心刀流《ほんしんとう》の後継者として皆伝を授けられる。

心形刀流と称して、江戸に道場を開いたのは、天保二年（一六八二）のことである。心形刀流は、幕末の江戸五大道場の一つということもあって、江戸後期の流派のように思われがちだが、江戸時代の早い時期に誕生している。

八郎の実父の八代目秀業のときに江戸下谷御徒町《したやおかちまち》に〝練武館〟を開き、義父の九代目秀俊のときには門弟《もんてい》千人を数える最盛期を迎えている。

心形刀流の名の由来は、「心《しん》は己が心《こころ》、形《ぎょう》も同じく躬《み》の形《かたち》、刀《とう》は其の用ひる所の刀《かたな》なり」と『心形刀流目録序弁解』にある。

その意味するところは、「心の修業を第一とし、技の練習を第二とする。技はあくまでも形であって、心によって使うものである。したがって心が正しければ技も正しくなり、心の修業が未熟であれば技もまた乱れる。すなわち技が刀の上に実際に現れるというのが流名のいわれである。流とは次第に下《しも》へ下へ下ることを言い、武道などでは、師の技を弟子に伝え、またその弟子に伝えるという意味がある」としている。

心形刀流は、突きを得意とする流派でもある。水月刀《すいげつとう》、飛竜剣《ひりゅうけん》、竜車刀《りゅうしゃとう》など相伝の太刀は、すべて突きの太刀であると『心形刀流録序』に書かれている。

そのため、この流派で使う刀は、反《そ》りのあまりない直刀に近い。また、足の運びは、現代剣道と異なり〝鷺足《さぎあし》〟といい、フェンシングに似たものである。

幕府の講武所において、八郎は山岡鉄舟と立ち合っているが、このとき鉄舟得意の鉄砲突きをすべて交《か》わしているのも、当流の稽古によって突きの技を見切っていたのかも知れない。

心形刀流は、竜野藩、林田藩、平戸藩、伊勢・亀山藩などの御流儀として引き継がれていたが、現在は三重県亀山市の「赤心会《せきしんかい》」が唯一伝承している。

これは伊庭道場で免許皆伝を得た亀山藩士の山崎雪柳軒が、帰藩後の元治元年（一八六四）三月頃から藩の剣術指南役として指導を始めたことによるが、昭和五十年（一九七五）に三重県無形文化財の第一号として「亀山藩御流儀心形刀流武芸形」の名で指定されている。

三重・亀山市「赤心会」の五代目師範の小林正郎氏（右）と小林強氏（左）演じる心形刀流武芸形。昭和50年に三重県の無形文化財に指定されている

また、この地には八郎の遺刀が残されている。この無名だが実戦向きの刀は、伊庭家菩提寺の貞源寺から赤心会に寄贈されたものである。

雪柳軒が帰藩してから三ヵ月後、十四代将軍徳川家茂《いえもち》上洛の帰路に、八郎が六月十七日から二十五日頃まで亀山に滞在、連日の稽古に参加し、心形刀流の形を演じたとの記録が残っている。

余談ながら、徳川武士には「直参」と「幕臣」という言い方がある。「直参」とは徳川家に直接仕える者であり、「幕臣」とは徳川幕府に仕える者をいう。したがって、直参は徳川家から知行と給与を受け、生計を立てている。

八郎は直参であるとともに、剣を以って将軍を護衛する役割を任じられていたことから考えると、徳川武士の忠誠心がより強く、その生き方に反映され、加えて余命限りあるなか、ついには死に場所を求めて、遠く箱館まで討幕勢力と戦い続けていくことに繋《つな》がっていく。

幕府遊撃隊

ペリー艦隊の来航を機に、幕府は武備改革の一環として、直心影流《じきしんかげ》の剣聖・男谷《おたに》精一郎《せいいいちろう》の建白により安政三年（一八五六）三月に〝講武所〟を開設する。

幕府直営の武術学校というべきもので、当初は築地小田原町、のち武道系が神田小川町に移った。剣術、槍術、柔術、弓術、西洋砲術、乗馬、水練などの教科を教え、約二千人が技量の向上を目指して通ったとされる。

そういうなかで、男谷は剣術の竹刀の規準化を図っている。当時、四尺八寸などの長竹刀が流行するなか、実用化を重視し、竹刀の長さを「三尺八寸以内」と講武所『稽古規則覚書』において示している。

ただ、男谷自身は腰刀と同じ三尺四寸の竹刀を使って稽古や試合を行っている。

ちなみに、安政三年の剣術の教授陣は、心形刀流の三人を含む錚々《そうそう》たる剣客揃いである。

心形刀流　伊庭秀俊
　　　　　松本誠一郎
　　　　　三橋虎蔵
田宮流　　戸田八郎左衛門
直心影流　本目鑓次郎

榊原鍵吉
一刀流　今堀千五百蔵
近藤弥之助
北辰一刀流　井上八郎
神道無念流　藤田泰一郎
柳剛流　松平主税之助

秀俊は、文久三年（一八六三）十二月、講武所剣術師範役に昇進している。

幕府は、文久元年（一八六一）四月に、それまでの小姓組を廃止し、〝奥詰〟を新設する。正式には「奥詰待衛」というが、登用されたのは、講武所の精鋭六十人、そのうち剣術は三十人であったが、この後増員され五百人ほどとなる。

「この武術家の一群が将軍・幕閣の警衛、和宮下向の警固、将軍上洛の親衛隊として付き従うという運命を歩む」と『剣道の歴史』にあり、奥詰の役割がわかる。

元治元年（一八六四）一月、八郎は講武所剣術方として家茂を警護して上洛、六月に帰路につくが、前述の伊勢・亀山藩の心形刀流道場に立ち寄ったのは、このときのことである。

同年九月、八郎は石高三百俵、十人扶持で奥詰に召し出されている。

慶応元年（一八六五）五月、上洛する家茂の護衛として、再び京都、大坂を訪れる。八郎は、この年の六月には乗馬の競走で優秀な成績を収《おさ》めて「扇子」を、十二月には剣術の上覧試合において刀の「下げ緒」を各々家茂から授けられる。

その家茂が、慶応二年（一八六六）七月二十日、大坂城内でこの世を去る。二十歳の若さであった。

時勢は急流の如く変転していく。

慶応二年十月には、奥詰が〝遊撃隊〟に改編され、刀剣抜群の腕の立つ者三百九十人が選ばれ、八郎は、その遊撃隊の剣術教授方となる。

家茂を継いだ十五代将軍徳川慶喜《よしのぶ》は、慶応三年（一八六七）十月十四日に大政を奉還したが、朝廷は同年十二月九日に王政復古の大号令を発布。薩摩藩、長州藩などの倒幕派は、朝廷をして慶喜に官を辞し、領地の返納を迫るが、この挑発を不服とする旧幕府側は、大坂を出て、京都の鳥羽口と伏見口に軍を展開する。

遊撃隊は、一部を大坂城に残し、八郎ら百三十人が伏見に陣を布く。

鳥羽伏見の戦いは、慶応四年（一八六八）一月三日、午後四時頃開始される。

遊撃隊は、会津藩兵、新選組と共同して、南下してくる新政府軍と衝突する。この戦闘中、八郎は伏見奉行所の門前付近で数人を斬ったあと、胸部に鎧《よろい》の上から被弾し、その衝撃で吐血、昏倒した。

四日間にわたる鳥羽伏見の戦いは、徳川方にとって朝敵とされたことも敗戦の大きな要因であるが、従来の戦法と旧式武器に頼る旧幕府軍を、最新兵器を操り、圧倒的な火力によって新政府軍が制圧した戦さであった。

旧幕府軍は大坂へ敗走、さらに大坂城から江戸へ引き揚げることになるが、これを不満とする八郎は、大坂城内の評議の席で、涙を流して徹底抗戦を強く主張した。このありさまに、満場の人々は皆感動を覚えたという。

江戸へ戻ったのち、遊撃隊は上野寛永寺で謹慎する慶喜の警護の任に就くが、水戸へ隠遁《いんとん》することが決まると、八郎は志を同じくする人見勝太郎《ひとみかつたろう》など遊撃隊士三十数人とともに「徳川義軍遊撃隊」を結成して独自の行動をとる。

この人見勝太郎は、幕臣、文武両道の士で、一刀流の遣《つか》い手である。慶応三年に遊撃隊に登用され、八郎と同様に戊辰《ぼしん》戦争を鳥羽伏見から五稜郭まで転戦し続ける。大正十一年（一九二二）まで生きている。

さて、八郎ら遊撃隊は上総《かずさ》・木更津の請西《じょうざい》藩一万石の藩主林昌之助忠崇《はやししょうのすけただたか》を訪れ、抗戦同盟を結ぶ。

このときのことが『林昌之助戊辰出陣記』の慶応四年四月二十八日の項に書かれている。

「江戸脱走の遊撃隊三十余名、木更津に着岸し、隊長伊庭八郎、人見勝太郎の両人、今日、請西の営に来《き》たり、これまた徳川恢復《かいふく》与力の儀を乞《こ》う。すなわち誓って同心すべき旨《むね》を答う」。さらに、八郎について「剛柔《ごうじゅう》相兼ね、威徳並行の人物なり」と評している。

その後、林は藩兵六十余人を従え、八郎らと行動を共にする。

遊撃隊と林率いる藩兵との同盟軍は、小田原藩の力を借りて東海道に進出することを摸索《もさく》し、房総半島を南下して、館山《たてやま》から海路を進んで相州・真鶴《まなづる》港に上陸する。小田原まで四里ほどの距離である。

総勢百七十人ほどとなった同盟軍は、部隊を三軍に分ける。

第一軍隊長　人見勝太郎

第二軍隊長　伊庭八郎

第三軍隊長　林昌之助

同盟軍の意図するところは、「速ニ房総ノ諸侯ヲ連和シ、兵ヲ仮テ豆相《ずそう》ニ航海シ、小田原韮山《にらやま》ニ力ヲ借リ、大ニ兵威ヲ張リ東海道ノ諸侯ヲ説キ、従フ者ハ力ヲ合セ、拒ム者ハ之ヲ伐チ、怒ヲ紀尾彦ノ三藩ニ報セハ、徳川氏ノ恢復難キニアラス」という基本方針であった。

同盟軍は甲州・黒駒《くろこま》、そして沼津に布陣する。そこへ講武所で剣友であった山岡鉄舟が撤兵の説得にやってきたが、これに応ずることはなかった。

状況として、ここにいたっても小田原藩の態度は曖昧のままであったが、事態が急展開したのは、上野で彰義隊の開戦の報告が届いたことからである。五月十九日の早朝、人見率いる第一軍が箱根付近に突出し、これに併せるように全軍が進撃、小田原藩兵が守る箱根の関所の奪取に成功する。

一度は小田原藩と和睦するが、同藩は新政府軍に恭順する方針を決め、再度、同盟軍と戦闘状態に入った。

八郎が左腕を失ったのは、二十六日の箱根山崎での退却戦のときである。この戦闘は双方の銃撃から始まり、白兵戦に移った。八郎は数人の敵を斬って倒した。「まるで藁《わら》人形でも斬ったように見えた」と遊撃隊の村井大蔵が語っている。湯本三枚橋《さんまいばし》付近まで引き上げる部隊の殿《しんがり》をしていた八郎の腰部を銃弾が貫通、動きが鈍ったところを左腕に斬撃を受けた。それでも八郎は隻腕で闘い続けたらしい。

傷を負った八郎は、後方まで護送されるときに「自分を敵のなかに捨てていってくれ」と叫《さけ》んできかなかったという。その後、軍医の治療を受けたのち、熱海から軍艦「開陽」に乗船して品川へ引き揚げるが、八郎の左腕の傷は悪化し、病院船「朝日」で再度、肘から切断する手術を受ける。十分に麻酔が効かない施術を、顔色も変えずに耐え抜いたという逸話が残っている。

『名誉新談』に月岡芳年が描いた伊庭八郎の錦絵

こののち、遊撃隊は榎本武揚の旧幕府艦隊と合流し、箱館を目指す。遊撃隊の多くは軍艦「蟠龍」に乗船するが、乗り切れなかった八郎は、運送船「美嘉保」に乗ることになる。

この船は、銚子の黒生の沖合において嵐のため座礁沈没するが、左腕の傷が癒《い》えないなか、八郎が九死に一生を得たのは、同乗の同志に手厚く保護されたものと思われる。この遭難では、相当数の者が溺《でき》死し、海岸に辿り着いた者の多くは新政府軍に捕縄されている。

八郎たちは、農民や商人の姿に身を変えながら、江戸に潜伏し、その後、横浜の尺振八《しゃくしんぱち》の力を借りて、十一月二十五日にイギリス船に乗って箱館に向かう。尺は、元幕臣。文久三年の幕府のフランス使節団に通訳として加わっていた人物である。

この横浜からの出港は、追われる身の八郎にとって、住み慣れた江戸、そして伊庭道場との永遠の訣別《けつべつ》を意味していた。

箱館に着いたのは、出港から三日後のことである。

十二月、榎本の蝦夷共和国の下《もと》で八郎は歩兵頭並、遊撃隊隊長となり、松前の守備に赴《おもむ》く。松前では、松前奉行となっていた人見や旧友との再会が待っていた。

旧幕府軍の陣容は、陸軍として衝鋒《しょうほう》隊、額兵隊、伝習歩兵隊、彰義隊、陸軍隊、新選組、遊撃隊、神木隊など十七隊、「開陽」、「回天《かいてん》」など十隻の軍艦を有する海軍と併せて総勢約三千人である。

五稜郭に眠る

明治二年（一八六九）四月九日、新政府軍の乙部上陸に応じるため八郎を隊長とする遊撃隊は、江差防衛に向かうが、途中の石崎で敗走してきた江差守備隊と行き合い、前進を一旦は停止するが、十一日に再び江差奪回のため兵を進める。

出陣する遊撃隊、陸軍隊、彰義隊、工兵隊、砲兵隊など五百余人を前に、八郎は

「我レ命ヲ奉シテ此地ヲ戍《まも》ル、官軍一朝江差ヲ取リ此ニ逼《せま》リ来レリ、今此ヲ破ラスンハ他日何ノ面ニシテ総裁ニ見《まみ》ヘンヤ、兵法ニ謂ハスヤ戦勝ヲ将驕《おご》リ卒惰《おこた》ルハ敗ルヘン、今宵ノ一戦我ニ於テ必勝ノ利アラシ、諸君努力セヨ」と檄《げき》を飛ばしたことが『北洲新話』に綴られている。

戦いは、旧幕府軍の優勢のうちに江差まで進攻するが、翌十二日に新政府軍が後方の木古内、二股方面に進出したため、退却命令により遊撃隊は松前城に帰陣する。しかし、十七日の新政府軍の海陸両面からの攻撃によって松前を捨て、福島さらに木古内まで退く。

木古内での戦いは、四月二十日早朝から開始された。

八郎の戦いぶりについては、「右手一本で振るう太刀筋の鋭さは鬼神のようだった」と伝えられている。

先陣にあって、刀を振って奮戦していた八郎は、胸部に敵弾を受ける。艦砲射撃の至近弾を受けたとの説もあるが、いずれにしても身動きできないほどの重傷であった。

泉沢から海路箱館へ送られた八郎の様子を田村銀之助が『史談会速記録』で語っている。

「伊庭の胸部は紫色に変じてしまって殆ど腐蝕して居たけれども唯の一度も痛いと言ったことはありませぬ。終始の囈《たわ》言は戦争のことばかり言って居りました。敵の打ち込んで来る砲弾が五稜郭の上で破裂致します。其響が聞ゆる毎《ごと》に閉じていた眼を開いて、ウーンと唸《うな》るのが猛獣のような凄い声でありました」。

田村銀之助は、慶応三年十月に、十二歳で新選組に入隊した最年少の隊士であるが、箱館の地において八郎の看護をし、その死を看取っている。

榎本とともに、箱館に来ていた医官頭取の高松凌雲《りょううん》は、傷病者を収容するため箱館病院を開設し、八郎もまた凌雲の手当を受けている。このときには、労咳もかなり進んでいたらしい。

のちに箱館病院の患者は、全員が湯の川へ送出されるが、八郎は決戦を控えた五稜郭へ残ることを強く懇願した。その闘魂は絶えることがなく、ついに五稜郭を死に場所として決めたように思われる。

明治二年五月十一日午前三時、新政府軍の陸海からの一大攻勢が仕掛けられる。この日の戦闘は激烈をきわめ、新選組副長だった土方歳三が一本木関門で、馬上、銃に撃たれ戦死している。

十八日に、五稜郭の旧幕府軍は降伏するが、八郎は生きてこの日を迎えることはなかった。

貞源寺の伊庭八郎の墓

八郎の最期については諸説あるが、先に登場した田村銀之助が『史談会速記録』のなかで「時に伊庭は毒薬と云ふことを悟って莞爾と笑って綺麗に飲み乾して間なく眠るが如くに落命到しました」と証言している。

総裁榎本が勧めたとされる致死量にいたるモルヒネの服用が死因と思われる。逝ったのは、五月十二日の朝のことである。行年二十六歳であった。

亡骸《なきがら》は五稜郭の南西隅、土方歳三の傍《かたわ》らに埋葬されたとされているが、確かな場所は不明である。

荒井鎌吉によって、持ち帰られた遺髪は、東京都中野区沼袋にある伊庭家菩提寺の浄土宗貞源寺に納められている。


余話になるが、伊庭家のその後について記しておく。

八郎には、三人の弟がいた。次男の武司《たけし》は金田家へ、三男の惟安《これやす》は加藤家の養子となり、末弟の想太郎《そうたろう》が伊庭家と十代目心形刀流宗主を継いだが、明治三十四年（一九〇一）に政治家の星亨《ほしとおる》を暗殺、その後の明治四十年（一九〇七）に獄中で病死している。剣術家としての伊庭宗家は、この代で終わる。

八郎が生きたのは、徳川幕府の終焉《しゅうえん》期、明治という時代への転換期であった。

この歴史の狭間《はざま》に位置する戊辰戦争を、まさに満身創痍《まんしんそうい》になりながらも、八郎が最後まで壮絶に戦い抜いたのは、二百六十年間続いた徳川武士の精神《こころ》を強く継いでいたことによるものなのかも知れない。

常に、敗者への途《みち》を選択し、死に場所を求めて北辺の箱館において斃《たお》れるまで貫いてきたものは、直参としての純粋なまでの意地であった。これが、八郎の裏表ない真心、本心だったに違いない。
箱館戦争従軍者の詩歌を集めた『北鳴詩史』のなかに八郎の歌が残されている。

まてよ君
冥土もともと思ひしに
志はしをくる、
身こそかなしき

これは、箱館戦争での討死者への挽歌とされるが、詠まれたのが八郎の最晩年であることから、最も辞世に近い歌として受け止められている。

大庭恭平《おおばきょうへい》

札幌最初の学校〝資生館〟の校長は、異端の会津武士

札幌の校長第一号

「大庭恭平　名は機《き》、また景範《かげのり》と云った。代々藩に仕えた家門である。恭平は幼少より文武両道に精進し、いずれも達人の域に達していた」と『会津剣道誌』にある。

また、『札幌百年のあゆみ』では「大庭恭平は松斎《しょうさい》と号し。維新の際は、志士として東西を走り回った気骨ある人物であった。書はもっともたくみであった。資生館生に残した一幅の詩が、いまも札幌最初の校長の面影を残している」と評している。

さらに、性格については「無事を嫌い、詭激《きげき》を好む。書は風の生ずるが如し」と『幕末会津志伝』に記されている。

この人物が、開拓使によって札幌で最初に創設された官立学校〝資生館〟の初代校長である。

開拓使に選任された理由は定かではないが、漢学などに優《すぐ》れていたことによるのかも知れない。ともかくも、新らたな職に心機一転、〝機〟を名乗った恭平にとって至福なときであったと思われる。

好川之範著『北の会津士魂』には、「これぞ札幌の晴れがましい校長先生第一号の誕生となった。現札幌市立資生館小学校の前身校に当たり、開校記念日は当然ながら十月二十六日である。校舎は都心のススキノにある」と書かれている。

十月二十六日は、時を遡《さかのぼ》ること明治四年（一八七一）の〝資生館〟創立の日のことであるが、のちに学校統合などがあり、現在は年ごとに日を変えて開校記念日としている。

明治二年（一八六九）、開拓使が置かれ、札幌本府が創建されるが、明治三年（一八七〇）に開拓次官となった黒田清隆は北海道拓殖を進めるうえで学校建設が急務と建言し、これが認められて初めて設置されたのが〝資生館〟である。

この学校において初等教育が開始されることになるが、主に士族移住者を対象に、まず十四歳までの者を入学させた。だが実際には二十歳以上の者もいたらしい。

教育内容は、漢学を中心に「四書五経《ししょごきょう》」「資治通鑑《しじつうかん》」「十八史略」といったもので誦句《しょうく》詩作に力を入れている。

生徒は、毎月炭代十五銭、夜学の者は別に油代五銭を納めた。

〝資生館〟は、札幌学校、第一学校など名を変えて創成小学校にいたるが、英語、数学などの教科を加えて本格的に教育体系が整えられたのは明治六年（一八七三）開設の札幌学校からである。

ちなみに、白石村の〝善俗堂〟は白石小学校、手稲村の〝時習館〟は手稲東小学校の各々前身校に当たる。

平成十六年（二〇〇四）に、創成小学校、大通小学校、豊水小学校、曙小学校の四校が統合され、資生館小学校が開校する。創成小学校跡地に建つ校舎は、地上五階、地下一階建ての現代的な複合施設となっている。

恭平が資生館の校長として赴任したのは、わずか八ヵ月間であったらしい。学制改革により解任となり、札幌を去る。一説に、途中から開拓使中主典《ちゅうさかん》に転じたともいわれる。

「まさに札幌を発たんとし諸子に別れを留む」と題する詩がある。

以下は、読み下し文。

平成16年、４校統合で閉校した札幌市立資生館小学校

「酒過ぎたために此身を誤つといえど　多年の豪気は未だまったく枯れず　東都に他日もし相遇わんか　吾が狂を視て以て疎んじるなかれ」と。
恭平、数えで四十二歳のときである。
恭平は天保元年（一八三〇）一月九日、大庭正吾弘訓《ひろのり》の次男として会津城下で生まれる。

幼少にして江戸で漢字を学び、詩文・和歌をよくし、また武芸を修めた。

会津藩は尚武の気風に富み、武技を奨励した。特に、刀術においては多種多様な流派が覇を競い、全国武芸の縮図の如き感があったという。

会津藩の刀術は、安光流、太子流、神道精武流、真天流、一刀流溝口派の〝会津五流〟を主となし、他に約四十ほどの流派があった。

恭平は、太子流の剣客である。

太子流は、安光流から分派したもので、その安光流の剣術は、聖徳太子の兵法より出ているといわれる。正式には〝太子伝安光流〟というが、『日本剣道史』によると、「聖徳太子が守屋を征伐する際、手に弓矢を握り、馬に跨《またが》り、一軍を引率したが、是即ち神軍であるというに基いている」とある。

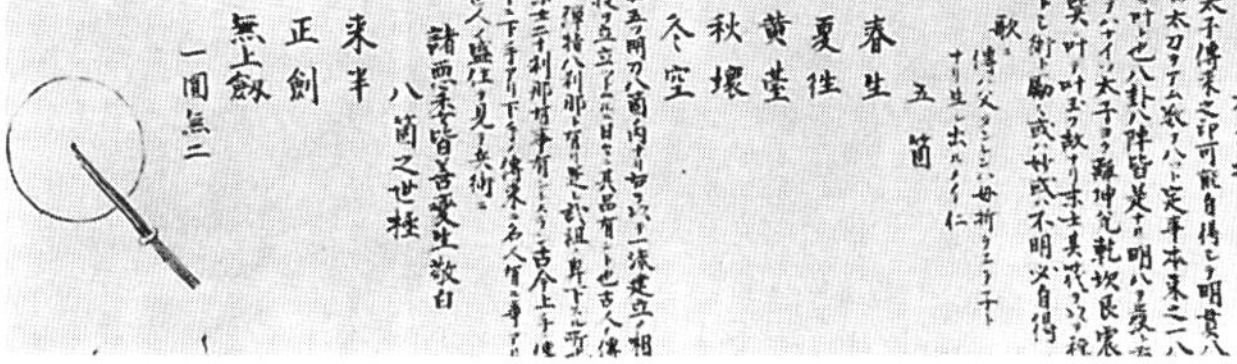

会津・太子流極意書（『会津剣道誌』に掲載）

大庭恭平

その系譜を辿ると鬼一法眼、源義経《よしつね》の名も残されているといわれる。
この安光流の継承者である望月安勝の弟子の中村弥三左衛門尚監が心清流の印可を受けた後、元禄二年（一六八九）七月に新らたに編み出した流儀が太子流である。
剣道用語に〝守破離《しゅはり》〟という言葉がある。意味は、「はじめは師の教えを守り、流派の形通りに基本的な修業を積み、奥許をとる程の腕前に達すると、その師や流の殻を破り出て、他流をも研究し種々の対手とぶつかり自分の技を磨き、最後には自分の習った流派からすっかり離れて、新しい流派を産み出す」とある。〝守破離〟を達成する者はかなり限られるが、中村尚監は、まさに実践し、新しい流派を打ち立てた。
太子流は、「初心」、「仲位」、「老功」、「許」、「印可」の五階級がある。「老功」の段階にいたると、心清流の組太刀を教えた。

小太刀に「下段留」というのがある。「右半身を敵に向け、跨って膝を半《なか》ば折り、太刀を右膝の上に平に構えて、刀鋒を敵に向け撃ちかかってくるのを留める」というものである。

ともかく、会津藩の信条は、「文武不岐、即ち文にして武、武にして文、文武を兼ね備えること」であり、こうした性格を持つ強力な軍団が、天下の雄藩と認じられる由縁《ゆえん》となる。

足利将軍梟首事件

会津藩二十三万石の初代藩主保科正之《ほしなまさゆき》は、二代将軍徳川秀忠のご落胤《らいくん》であり、三代将軍家光の実兄である。したがって、会津藩にとっての宗家は徳川家ということになる。

文久二年（一八六二）、会津松平家九代の藩主松平容保《かたもり》に対して、突如、京都守護職に任ずるとの幕命が下る。

これまで京都の警備は京都所司代が当たっていたが、当時、京洛に集まる尊王攘夷《じょうい》を掲げる過激浪士たちが〝天誅《てんちゅう》〟を唱えて、奉行所や親幕派の要人を襲撃する事件が相次ぎ、そのため市中は混乱を極め、所司代の警察力がほとんど機能を果たせない情勢となっていた。

京都守護職は、こうした京都の治安維持に対応するため、所司代を格上げした職といえる。

しかし、時の会津藩主容保をはじめ藩の重臣たちは、火中に栗を拾う行為として、この職に就くことには反対であった。

容保は、「その身不肖にして才薄く、大任にあたり難い。のみならず居邑《きょゆう》は東北の僻《かたえ》にあって京師《けいし》に遠く、一藩ことごとく都の風習に通暁《つうぎょう》せず、万一の過失のさいには一身一家のあやまちにおわらず、宗家に累を及ぼすことをおそれる」と、何度も辞退するが、幕府からの再三にわたる強引なまでの説得に、ついに京都守護職の大命を受ける。

幕府が持ち出した切り札は、藩祖保科正之の遺訓であった。

「大君之儀、一心大切、可存忠勤、不可以列国之例自処焉」。

すなわち、会津藩は徳川幕府とともにあり、徳川と命運を同じくするという内容である。

多くの人々が認識していたように、会津藩にとってこの任務は、労のみ多く、功もない。しかしながら、会津藩に他の選択肢はなく、自藩の滅亡を覚悟し、義に殉ずる道を選ばざるを得なかった。

まさに藩難といえるが、先じて騒乱の京都に送り込まれたのが恭平である。

司馬遼太郎は、小説『猿ヶ辻の血闘』のなかで、恭平を会津藩の密偵として描いているが、密偵が京洛で堂々と会津藩士を名乗ることはないであろう。会津武士団が入京する前の偵察部隊として選抜された一人というのが正しい。

先遣部隊は、家老の田中土佐を筆頭に、野村左兵衛、外嶋機兵衛、平岡熊吉、柿沢勇記、そして恭平などである。藩の機構上は公用局に属し、京都情勢の探知、藩の外交として公家や在京諸藩士との交渉を担当する。通称〝御聞番《おききばん》〟と呼ばれる。

のちに会津藩預《あずか》りとなる新選組を統括し、浪士取締りに当たらせるのも公用局の職掌である。

こうした任務に就いていた恭平が大事件を引き起こす。

それは、文久三年（一八六三）二月二十三日、京都の三条大橋の下の河原に足利尊氏《たかうじ》、義詮《よしあきら》、義満《よしみつ》の首が曝《さら》されるという「足利将軍木像梟首《きょうしゅ》事件」である。

とはいっても、実際に血は流れておらず、洛西の等《とう》持院《じいん》霊光殿に置かれていた足利歴代将軍の木像三体か

足利尊氏木像（京都・等持院）

ら首が引き抜かれたというものである。
梟首には「名文を正すべく今日に当たり、鎌倉以来の逆臣の一々吟味を遂《と》げ誅戮《ちゅうりく》いたすべきところ、この三賊巨魁《きょかい》たるによって、先ずは醜像《しゅうぞう》へ天誅を加えたるものなり」と、罪状を書き込んだ立札が添えられていた。文面は恭平が草したといわれる。
この事件は、時の世相に大きな衝撃を与えたといっていい。足利将軍の死後を辱《はずか》

しめたということだけではなく、徳川将軍家をも誹謗《ひぼう》したことを考えると、幕府方にとっては、この反徳川的行為は許されざるものであった。

ただちに事件を起こした者は捕縛され、永代謹慎処分となるが、十一人中十人が幕府政治に不満を持つ国学者平田篤胤《あつたね》の門人たちである。恭平だけが非門人であった。

下手人のなかに京都守護職直属の会津藩士である恭平がいたことについて、容保は「敵陣に入り込み、死をもって味方に利をもたらす者として、京都に先乗りして浪士の動勢を探っていた者」との説明を受けている。

恭平は〝御聞番〟として、この事件に自分が加わることによって過激浪士の一網打尽を図ったのかも知れない。もしくは恭平の直情的な性格からして、志士たちと交わるなかで会津脱藩の長沢真古登の尊王思想の影響を受けたことが一味に連座した一因であるのか、恭平自身が語っていないため事実はわからない。

容保は、攘夷派の公家などから罪を許すべきという動きもあってか、木像梟首事件に関わった者たちを赦免することはなかったが、極刑に処することもしなかった。

一味の罪科が定まったのは、同年六月二十三日。

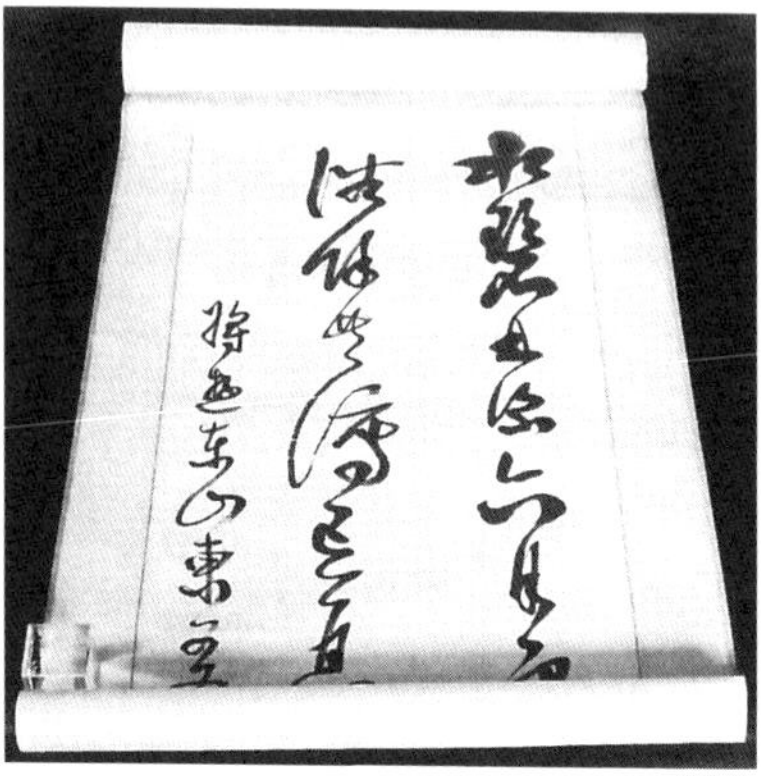

水碧にして…。大庭恭平書「遊東山之詩」

恭平、師岡正胤《もろおかまさたね》は信州上田藩、青柳健之介、建部建一郎は伊勢久居藩、長沢真古登は遠江横須賀藩、野呂久左衛門は越前勝山藩、三輪田綱一郎は但島豊岡藩、宮和田勇太郎は伊勢薦《こも》野藩に各々預りとなり、西川善六は江戸追放、親類預りとなる。また、木像を奪われた等持院も御叱《おしか》りを受ける。

いずれにしても、京都守護職として会津藩が遭遇した最初の事件であった。

七月二十六日、恭平と師岡は武装兵二百五十人余という物々しい警固で京都を出発、八月十日に上田城下に到着。上田藩の武家屋敷で謹慎することになるが、監視役が置かれ、外出は禁止された。恭平、三十三歳。

慶応三年（一八六七）十月、徳川幕府が大政奉還し、次いで王政復古の大号令が下されると、同年十一月二十六日に恭平たち十一人は新政府によって永代謹慎を解かれ、慶応四年（一八六八）一月十六日に正式に赦免される。

幽閉五年。恭平の謹慎中の逸話として、「常に読書し、或は紙捻《かみより》をよって貯め、これを編んで木太刀の如くし、毎日これを振って刀術の稽古をし、また、吟詠しては独り楽しみ孤高を保っていた」と『会津剣道誌』に載っている。その紙捻の撓《しない》を振る姿と気合いは実に物凄く、みな敬服して〝大庭先生〟と呼んでいたという。

上田を離れるとき、恭平は「幽囚、命を待つ六星霜　何ぞはからん生きてきた信陽を発つ　怪しむなかれ、別れに臨んで涕涙垂れるを　この情《おも》いや、家郷を出るに似たり」と同囚の人々に詩を披露している。

この時点で、恭平は会津藩が朝敵の汚名を着せられ、鳥羽伏見の戦い以後の天下の情勢や徳川慶喜《よしのぶ》とともに容保が江戸に戻っていることを知らない。

会津から斗南へ

慶応四年二月五日、恭平の身柄は上田藩から容保に引き渡される。『大政類典』

には「御預御免に付き兼ねて伺い済之通り恭平儀者爰元に於いて松平肥後守へ昨五日引渡」とある。

容保は恭平を忘れずにいたらしく、直ちに会津藩軍事掛として旧幕府軍の衝鋒隊《しょうほう》の副隊長に任じ、併せて監視役として軍監の任務に就かせた。

衝鋒隊は、北越方面の会津軍に加わって、長岡攻防戦など各地を転戦している。

少し閑話を挿《はさ》む。

五月、越後の水原《すいばら》において、恭平は遊撃隊隊長の坂本平弥が行った金品略奪、戦線離脱、敵軍内通などの不正を許すことができず、自《みずか》ら乗り込んで斬ってしまう。

そのときの様子が『若松市史』に残されている。

「平弥暴横豪家を脅掠し、三条の娼家に投じて酒色を縦にす。恭平聞て刀を提げて其の家にいたり刺を投じて平弥を見大いに怒り大いに其の罪を責む。平弥つまる。恭平ただちに刀を抜いてその首を斬る」。

その場にいた者たちは、恭平の剛気に圧《おく》れ、一人も反撃する者はいなかったという。

八月下旬、衝鋒隊は高久《たかく》、小荒井《こあらい》の戦闘の後、大鳥圭介とともに猪苗代に進撃するが、新政府軍に退路を断たれたため仙台へ向かう。

しかし、すでに仙台藩は恭順へと変わっており、多くの旧幕府軍は榎本武揚の艦隊に乗船し、蝦夷地へ赴《おもむ》くこととなる。

この混迷時にあって、どうしても東北を去ることができなかった恭平は、いまだに抗戦の意志を持つ庄内藩へ行き、会津藩の側面援護に回ることを決めるが、すでに庄内においても劣勢を挽回することはできず、恭平が会津鶴ヶ城の落城を知ったのは九月二十二日、庄内藩も二十六日に降伏する。

薩摩藩の黒田清隆に同行して西郷隆盛が庄内・鶴ヶ岡城に入城したとき、少数だが恭平と南摩綱紀《なんまつなのり》ら会津藩士は、まだ城内にいたが、すぐさま城外に出て、領内の丸岡村へ逃れ、この村で拘束となり、のちに越後高田に送られる。『会藩《かいはん》北越高田謹慎者名簿』に恭平の名がある。

恭平、二度目の謹慎処分であったが、会津藩の再興を強く願う恭平は高田で謹慎されていた真宗寺を脱走、会津に入る。

落城後の会津城下には会津人の死体が放置され、新政府は、これを葬うことを許さなかった。こうした賊軍としての扱いに、屈辱と怒りの思いは頂点に達しており、市中では会津藩士によって新政府要人が襲撃されるなど不穏な動きが広まり、進駐軍の会津屯営本部では対応に苦慮していたときであった。

お尋ね者の恭平だが、新政府の巡察使として会津に来ていた岡谷繁実《おかのやしげざね》に面会を求める。岡谷とは京都時代の勤王派の旧知の仲である。

恭平は面会に応じた岡谷に対して、「容保公の長男の容大《かたはる》君を取締役責任者とすれば、会津の治安は回復する」と進言する。

岡谷が、この案を実行に移すと不穏な動きは、たちまち治まった。

こうした提案を含め、恭平の言動に感化された巡察使筆頭の四条隆平《しじょうたかとし》と岡谷は、恭平の意向を汲むべく、太政官に対して会津松平家の家名再興と猪苗代五万石の新領地について建白を行う。結果として松平家は再興し、地名は異なるものの斗南三万石として領地復活が許される。

この経緯については、恭平の功労によるところが大きい。後の明治二十七年（一八九四）に岡谷が「大庭は会津家のために功を奏したる者であります。この保証は私が致します」と語っていることでもわかるが、このことについても恭平自身は何も語り残していない。

一万人を超える会津人の斗南への移動は、明治三年から始まった。

その地は三万石と称したが、実際は七千石に充《み》たない荒蕪《こうぶ》たる地であった。

まず、斗南には米ができない。そして雪で圧し潰されてもおかしくない掘立小屋程度の家に住み、新政府からの支給は大人ひとり一玄米三合、銭一日六文、これが生活費の全てである。凍餓のなかで死んだ人数は、かなりの数にのぼる。

新封地に移住した会津人の生活は、筆舌に尽しがたい苦渋に満ちた悲惨なものであった。

「斗南藩士上陸之地」記念碑（青森県むつ市）

斗南藩領の田名部《たなぶ》（現在の青森県むつ市）に移住していた恭平は、明治三年七月の藩職制制定により少属中の刑法掛に任命される。

時流からして世の変転は早く、斗南の

藩史は二年余しかない。

明治四年の廃藩置県、版籍奉還により、斗南藩は斗南県となり、さらに弘前県と合併して青森県となる。

この国に、もはや藩はなく、斗南の地に残る大義名分を失った多くの旧会津藩士は、この地を離れるが、未開の北海道へ渡る人数は少なくなかった。そして恭平もまたその一人であった。

孤老、室蘭に死す

余談になるが、会津藩祖の保科正之公を祀《まつ》っている神社が札幌にある。

明治八年（一八七五）、最初の屯田兵村が琴似に開かれるが、その多くは旧仙台藩出身であり、琴似神社は伊達成実《だてしげざね》公を祭神としている。

仙台藩に次いで多いのが、旧会津藩から斗南藩を経て琴似に入植した屯田兵であり、『琴似兵村誌』によると明治四十四年（一九一一）に保科正之公の合祀許可を得ているとある。

しかし、この合祀が実現したのは約八十年経った平成五年（一九九三）五月のこと。福島の猪苗代町の土津《はにつ》神社から分霊されて琴似神社に祀られる。このときの神事には松平家十三代の松平保定《もりさだ》氏が参列している。

さて、斗南から札幌に入った恭平が、近代学校〝資生館〟の初代校長となったことは、冒頭に書いたとおりである。

札幌を離れた恭平は、明治六年（一八七三）には、青森県の県官を短期間務め、十二月には会津に帰郷し、司法判事補に任じられている。その後、秋田県において判事、新潟では新潟裁判所の判事補となる。いずれの職も長くは続かない。

『北海道史人名字彙』に「奇人。至る処人と容れず、同僚と合わず」とある。

要するに、高慢な県知事に暴行をはたらいたり、上司を拘束するなど、非礼な上司・同僚に対する憤《いきどお》りからの凄《すさま》じい攻撃行動は、恭平にとって義に反する者への鉄槌なのであろう。

〝義〟とは、人として守るべき正しい道、人が当然為すべきこととされる。

こういう人物評価もある。

「貴人や高官であっても、謗《そし》り非難して少しも容赦しない。人の難儀には急いで赴き、強きを抑《おさ》えうら弱きを扶《たす》け、怨《うら》み嫌われても構わない」と『函館游寓名士伝』に綴られている。

変わらぬ一途な心意気で生涯を突き進む恭平であったが、こうしたことが、おとなしく職責を全《まっと》うできず、職を転々と変えることに繋《つな》がっていたのかも知れない。

明治十五年（一八八二）、恭平は函館県警察部兵事課長となり、明治政府から北海道開拓長官の人選や候補依頼などの内命を受けているが、明治十九年（一八八六）に北海道庁が設置され、函館県の廃止に伴って退職。

明治二十年代、函館元町に居住していた恭平は、多くの詩を書き残している。会津出身の商人五十嵐治太郎は、恭平の奇行伝を一冊の本にと、漢詩集『松斎遺稿』を編纂《へんさん》している。

また、『函館有名一覧』のなかに詩人として大庭恭平の名が連ねられている。

文人として暮らした函館では、箱館戦争での旧会津藩戦死者のために建てられた

〝傷心惨目碑〟が高龍寺内にあるが、恭平も建立に関わったといわれる。

明治二十年代後半は、室蘭に移り住んでいるが、すでに中風症と脳血管障害が身体の自由を奪っていた。

室蘭では、斗南藩時代に隣人だった遠藤䄈《あきら》の世話を受けている。遠藤は室蘭郡庁に務めており、恭平は室蘭郡役所の倉庫に併設の居室に寝起きしていたらしい。明治三十五年（一九〇二）一月四日、恭平は誰にも見取られることなく、孤独のうちに絶命している。享年七十三歳。

誠忠無二な会津藩士、勤王の志士、明治初期の官吏、そして漢詩人などの顔を持つ恭平の慌《あわ》ただしく波乱に満ちた人生に、ようやく安堵《あんど》のときが訪れたといってもいい。

大庭家の墓は、東京雑司ヶ谷霊園にあるが、恭平の亡骸《なきがら》を埋葬した場所は、いまだ不明である。

東京雑司ヶ谷霊園の大庭家の墓

松本十郎《まつもとじゅうろう》

開拓使大判官として北の大地に足跡を残した庄内人

田宮流を修める

庄内藩出身の松本十郎が、薩摩藩と長州藩が中心の明治新政府にあって、朝敵とされた徳川幕府側から北海道開拓使大判官という要職に就いたことは異例の人事といえる。

十郎は、明治二年（一八六九）の開拓使創設とともに判官として根室に赴任、明治六年には大判官となり、明治九年に職を辞するまでの七年間、漁業や農業の振興など幾多の山積みする課題に取り組み、北海道産業の基礎づくりに尽力する。

十郎は、天保十年（一八三九）八月十六日、庄内藩二百石取り物頭《ものがしら》である戸田文之助の長男として鶴ヶ岡城下の新屋敷町で生まれる。幼名を重松、諱《いみな》を直温《なおみ》といい、最初は戸田惣十郎《とだそうじゅうろう》と名乗った。

名を〝松本十郎〟と改《あらた》めたのは明治二年、本来の家系の松平名から松をとって松本とし、惣十郎の十郎を継いだ。先祖に当たる松平小太夫は、第四代藩主酒井忠当の剣術指南役である。

幼い頃は身体が弱かったため、親に田宮流の居合を修練させられるが、早くに免許皆伝となり、剣で身を立てることができるまで上達したといわれる。

田宮流は、居合の剣祖といわれる林崎甚助重信《じんすけしげのぶ》の直弟子の一人、田宮平兵衛重政《へいべえしげまさ》が創始した流派である。重政については「抜刀の妙を得、実に変を尽くし神に入る」といわれるほどの達人とされる。

開拓使大判官、松本十郎

田宮流は長柄刀を用いる。幕末に田宮流の皆伝者として窪田《くぼた》流を起こした窪田清音《すかね》は、「第一に、刀身は同じでも柄が二寸長ければ刀全体の長さで勝る。第二に、間合い、つまり敵との距離が二寸近くなる。第三に、近いぶんだけ自分の攻撃が届きやすくなる。第四に、自分が勝っているぶんだけ、敵は攻撃を仕掛けにくくなる」と四つの利点を説明している。確かに重い刀が長柄によって扱いやすくなり、重政が追求していた実戦に促《そく》したものと考えていい。

居合の「居」とは、常住坐臥であり、「合」とは、来れば迎える呼吸を示している。剣術は、抜刀し構えた状態から技に入るが、居合に構えはない。それは、座っていても、歩いていても、いかなる場所においても、常に臨戦態勢であって、相手の動きに応じ、一刹那《せつな》に勝負を決めるということを意味する。

したがって、刀を鞘に納めたまま、相手に刀を抜かせぬほど制圧できる気力と技量によって争いを回避することも可能とされる。

いずれにしても、もともと剣術と居合は別のものではない。居合の創始者が剣術において一派を立ち上げており、江戸時代の剣術の各流派においても、実戦を前提とする総合武術として居合も含まれているのが一般である。

ここで北海道の居合道について少し触れておきたい。

明治初期には、道内各地に入植してきた居合の名人が割拠していたが、その後、大正時代に剣聖・中山博道範士の有信館の高弟である水戸輝彦が小樽において多くの人に広めたのが発展の契機といわれる。

これに加えて、昭和三十九年（一九六四）頃に来道した無双直伝英信流の政岡壱実、山本晴介の両範士の指導によって、一層活発化する。

「従来、殆んど中山派の夢想神伝流であったものが、一時、無双直伝英信流に傾き、現在、本道居合道界が右二流に占められるようになった」と長谷川吉次著『続北海道剣道史』に書かれている。

とはいっても、この両派の始祖は林崎夢想流であり、長谷川英信流を経て、その谷村派が無双直伝英信流、下村派が夢想神伝流の系譜となったものである。

話を戻す。

十郎は、十五歳から藩校致道館に学ぶ。庄内藩の教育の特徴ともいえるが、「国家の御用に立ち、人情に達し、時務を知る」人間を育てることを目的とし、個の才能に応じて藩の職に任じている。こうしたことから、十郎は二十五歳にして藩校の最上級位である「舎生《しゃせい》」に選ばれている。

少しのちのことになるが、十郎は幕府の学問所〝昌平黌《しょうへいこう》〟に通う。おそらくこの時期と思われるが、子母澤寛《しもざわかん》の『厚田日記』に「三橋先生に気にいられ殊の外仕込まれる。それだけに腕も上達して免許は勿論、いつも門人中一、二の席を占めている」とあるように、伊庭道場の三橋虎蔵を師として、心形刀流《しんぎょうとう》を修めている。

「つねに心を直にして形を正すように工夫し、それによって心、形、刀の三者一体の働きができる」と、単に強さのみを求めず、心を磨くことを本旨とする流派である。

後日、大判官となった十郎が、札幌で突如襲われたとき、その刀による斬撃を下がらずに、前に間合いを詰めることによって交《か》わし、傷一つ負わずに刀を奪い取ったという逸話が残っている。これは、まさに田宮流及び心形刀流を修めた成果といえるのだろう。

庄内藩と西郷隆盛

十郎を書くうえで、生まれ育った庄内藩のことについて記しておきたい。

この譜代の藩は、現在の山形県日本海側に位置し、鶴岡に藩庁を置き、鶴ヶ岡城を主城とする。

庄内藩の歴史は、徳川家康時代の四天王の一人である酒井忠次の孫の忠勝が入封したときから始まる。外様大名の多い奥羽地方にあって、会津藩とともに徳川家に忠誠を誓う藩である。

明治初期の鶴ヶ岡城。廃城後、現在は鶴岡公園となっている（鶴岡市郷土資料館所蔵）

安政六年（一八五九）、幕府は北方からのロシアの脅威に対応するため、蝦夷地を東北諸藩に分割して警備を命じる。庄内藩は、天塩、留萌《るもい》、苫前《とままえ》、浜益《はまます》、天売・焼尻、厚田、歌棄を支配地とし、本陣を浜益に設け、苫前に脇陣屋、留萌と天塩に出張陣屋を置いた。

文久三年（一八六三）五月二日、十郎は、警備責任者

となった父とともに苫前に赴任。庄内から苫前まで、旅程約一ヵ月を要している。

一年後の元治元年（一八六四）には、父の元締役兼郡奉行就任により浜益に移っている。このとき十郎は、総奉行の酒井玄蕃《げんば》に付いて施政を学びながら、夜間に足軽等を集めて剣術を教えている。


同時期、京都、横浜などでは攘夷《じょうい》運動が激しくなり、幕府要人や外国人の襲撃などが頻発《ひんぱつ》していた。

文久三年十月から、庄内藩は江戸市中の警備を担っており、〝新徴組《しんちょうぐみ》〟を配下に置いている。京都における会津藩預《あずか》りの〝新選組〟と同様の武装警察集団である。

この江戸の守衛については、会津藩と同様に受諾すべきかどうかで藩論が割れるが、佐幕で決着する。

慶応元年（一八六五）六月、十郎は蝦夷から帰任、藩の軍制改革により、藩士のなかでも精鋭で編成する〝殺手組《さってくみ》〟の伍長として江戸へ上る。江戸では、家老の松平権十郎の命を受けて、江戸城に詰め、藩を代表する立場に就いている。

慶応三年（一八六七）十月十四日、徳川慶喜《よしのぶ》が大政奉還を上奏するが、こうした動きに倒幕のための開戦のきっかけを模索する薩摩藩は、浪人を集め、庄内藩屯所への攻撃など江戸市中を騒擾《そうじょう》させ、〝薩摩御用盗〟と称する略奪や江戸城放火などを引き起こさせている。

こうしたことを受けて、二十五日には、庄内藩兵千人を中心に約二千の兵が江戸の薩摩藩邸を囲み、ついに砲弾を打ち込む事態にいたる。

「砲火は焼き玉、邸内の建物を次々と焼き、炎は天を焦がし、黒煙一寸先を覆って視界を妨げ、その中を屋敷にいた暴徒百人余りが刀槍を振るって抵抗したが、ついに逃げ出し、品川沖の薩摩の気船に逃れ、あるいは八王子、小田原辺に隠れた」との記録がある。

結果、これを口実の一つとして慶応四年一月三日に、薩摩藩の発した一弾により鳥羽伏見の戦いが起き、戊辰《ぼしん》戦争が始まる。錦旗《きんき》を掲げたときから薩摩藩や長州藩は官軍、会津藩や庄内藩などの幕府方は賊軍となった。

慶喜が江戸を出て謹慎すると、十郎を含む江戸の庄内藩兵は、三月九日に帰郷。

四月に入ると、新政府軍は山形を経て庄内方面に進出、清川田において本格的な戦闘が行われた。庄内藩が勝利したこの戦いに十郎も参加している。

その後、十郎は仙台藩や盛岡藩の藩主等と会い、連絡役を務めていたが、九月の新政府軍二千五百人余と庄内藩兵三百人余との白兵戦となった寒河江《さがえ》の戦いにも参戦している。

しかし、庄内藩の劣勢を覆《くつがえ》すことはできず、慶応から明治に改元した年の九月八日に米沢藩が、二十二日には会津藩が降伏。翌二十三日に庄内藩は北越総督府参謀の黒田清隆に降伏嘆願状を提出。二十六日に鶴ヶ岡城は開城し、新政府軍の西郷隆盛、黒田清隆らが城下に入った。

十郎は、藩主謹慎に伴って、東京・芝の清光院に随行するが、戊辰戦争後の旧幕府側についていた藩の処分には差があった。

反新政府軍として最後まで激しく抵抗した庄内藩は、家名の相続が認められ、移封なく十七万石から十一万石という軽い減封で済んでいる。

仙台藩は六十二万石から二十八万石、長岡藩は七万石から二万石、特に会津藩は二十三万石から下北半島の斗南の三万石に移封という厳しいものであった。

なぜ庄内藩の処遇は軽かったのか。

その遠因は、明治維新の百年前に遡《さかのぼ》る。江戸中期の安永元年（一七七二）、薩摩に庄内生まれの岩元源衛門という商人が、鹿児島に「山形屋」を構え、密貿易を含め薩摩藩に莫大な利益を齎《もたら》している。そのおかげで幕末には、当時の国内では豊かで先進的な藩となることができた。

こういう経緯を知る西郷隆盛は、江戸の薩摩藩邸を焼き払った庄内藩の取り潰しを求める声を抑え、他の同盟諸藩とは違う処遇を行ったとされる。

その後、庄内藩は岩代国若松に転封の命を受けるが、これを阻止すべく十郎は、同じ酒井家の流れを汲む小浜藩の藩士として上洛する。名を松本十郎に改めたのはこのときである。

十郎は、東京で転封しないように新政府に働きかけるなかで薩摩藩の黒田清隆に会う。この出会いが、のちの開拓使入りの契機となる。

ともかくも、庄内藩に対する異例なほど寛大な扱いは、西郷隆盛の配慮があったといわれ、このことが庄内の地で西郷が崇敬される存在となることに繋《つな》がっている。

北海道勧業の礎をなす

明治二年五月に箱館での戦いが終わるが、その三ヵ月後の八月十四日、庄内藩から十郎に北海道開拓使判官として出仕しないかとの話が持ち込まれる。

これは黒田清隆の強い推薦によるもので、例《たと》え賊軍の藩士であっても、その門戸にかかわらず有能な人材を登用するという考えによる。

十郎は、八月十七日に東京で辞令を受ける。時に三十歳。

開拓使の「使」は、省と同格に位置する。初代開拓長官は、肥前の鍋島直正、次官は公家の清水谷公考《きんなる》、首席判官は肥前の島義勇《よしたけ》、判官に土佐の岩村通俊《みちとし》、越前高田の竹田信順《のぶより》、伊勢の松浦武四郎、阿波の岡本監輔《けんすけ》、そして庄内の松本十郎という体制である。

しかし、鍋島長官は就任わずか一ヵ月で公家の東久世通禧《みちとみ》に交代する。

開拓使の本拠は、なお東京にあったが、道内では函館に開拓使出張所が開設されており、九月二十一日、十郎は英国船「テールス」に乗船し、品川から函館へ向かう。六年ぶりの蝦夷地上陸である。

十郎は、根室、花咲、野付の三群を所管する判官として開庁した根室出張所に入る。明治五年（一八七二）には標津、目梨、千島、斜里、網走、常呂《ところ》、紋別、釧路まで所轄が拡大される。

これら所管地の施政に当たって十郎は、まずアイヌの人々の生活への干渉を禁じ、博打《ばくち》の厳禁、火の用心などの方針を示した。さらに根室での漁場開拓に積極的に取り組み、ニシン、サケ、昆布などの漁獲量を大幅に伸ばした。

これには、函館の商人、柳田藤吉の協力があった。この柳田は、かつて庄内藩兵六百余人を浜益から庄内酒田まで移送した人物でもある。

この柳田が南部、津軽、函館から根室への移住者を募集し、八隻の船を用意して、漁船、漁具や生活必需品にいたるまで手配している。切り組み加工した家屋まで用意するという周到さであった。

明治5年、東京・増上寺内の開拓使出張所（北海道大学附属図書館所蔵）

明治6年（1873）、開拓使札幌本庁舎の上棟式（北海道大学附属図書館所蔵）

明治6年10月に完成、「白亜館」とも呼ばれた（北海道大学附属図書館所蔵）

この間、すべてが順調にいったわけではなく、根室の魚利を占めようとする一部商人と結託した新政府役人の動きがあり、四ヵ月間東京都に移管された時期があったが、十郎の活動によって開拓使に所轄が復されている。

十郎の開拓に寄せる信念は、「人の心を北海道に根付かせること」と『蝦夷藻屑紙』に記されている。

具体的には「単に田畑を墾《ひら》き、漁業で儲けることではなく、税などの負担を軽くし、規則などをことさら設けずに、お上が実情を調べないであれこれ言うことではない」という考え方である。

現代風に言えば、情報収集力と分析能力の重視ということになるが、実際、十郎は昼夜を問わず各地を歩き、実情を確かめてから対策を立てた。

北国諒星著『さらば・・えぞ地―松本十郎伝』に「日ごろから役人風の服装を嫌い、アッシを好んで羽織って歩いていたので、人びとは彼のことを親しみをこめて〝アッシ判官〟と呼んだ。乗馬を好み、道産馬に跨《またが》って村々を巡回した」とある。

アッシとは、アットウシ（ニレ科）の樹皮の繊維で糸を紡《つむ》ぎ、それを織った布で作ったアイヌの人々がよく着る衣服のことである。

話を札幌に転じる。

札幌本府建設構想を立て、実施に移そうとしていた島首席判官と、その経費について東久世長官との間に対立が生じ、さらに長州藩出身者で占める兵部省との管轄地に関わる問題もあって、島の開拓使在任は六ヵ月で終わる。

島の後任には、十郎の名も挙げられたが、十郎は固辞し、岩村通俊が就任する。岩村は、札幌と函館を結ぶ札幌本道の建設を進め、上川地方の開発にも力を入れた。

開拓使の本拠は、すでに札幌に移っており、東久世長官の後任として、黒田清隆が開拓使長官代理に任ぜられる。黒田は、天保十一年（一八四〇）十月の薩摩藩生まれ、十郎より一歳年下である。

このときも、開拓使の予算執行を巡って岩村大判官と黒田との間に軋轢《あつれき》が生まれ、明治六年一月十七日付で、岩村は大判官を罷免される。

岩村の後任が十郎である。

大判官となった十郎は、開拓使の人員を削減するなど合理化を推し進め、前任の岩村が残した四十七万円に及ぶ赤字を、明治八年（一八七五）一月までに解消する。ちなみに、開拓使本庁舎竣工の総工事費は三万二千円である。

十郎が札幌に着任したとき、景気は低迷し、この冬をどう乗り越えるか、その目《め》途《ど》が立たないほどであった。十郎は自分の給料を使ってまで様々な救済を講じるが、最後は新政府の許可を得ずに、景気対策として独断で工事などに着手する。この無断実施については、「待罪書」を提出して、処罰を待ったが、罰金程度で済んでいる。『札幌百年の人びと』に「これしきのことで、多くの市民が正月を迎えられるなら、なんのことはないと笑った。市民は十郎の心意気に感動した」とある。

さて、国政に目を移す。

このとき、新政府内では征韓論を巡って西郷、江藤新平、板垣退助らと、岩倉具《とも》視《み》、大久保利通、木戸孝允らの非征韓派との間に激しい対立があり、征韓派は辞表を提出して野に下る。

この流れから、〝佐賀の乱〟が勃発《ぼっぱつ》し、島義勇は佐賀憂国党の党主に担《かつ》がれて参戦、対して岩村通俊は新政府の鎮撫軍に加わり敵対する。島は鹿児島に落ちて捕縛、謀反罪として処刑される。

札幌にいた十郎のもとに、開拓使東京出張所からの一報が届く。

「四月十三日夜八時、佐賀県出張大久保内務卿電報ニ只今賊魁島義勇、江島新平

梟首、西、中島、朝倉、勝木、山中、重松斬罪処刑相済。此段御届申ス」という内容だが、共に北海道開拓を語り合った島の末路をどう思っただろうか。

明治八年四月、十郎は札幌近郊に桑園を造成し、養蚕業の振興を図るが、このため養蚕に熟練した旧庄内藩士の派遣を要請し、札幌に百五十六人、函館に六十七人が来道。十郎は、この一行を銭函に迎える。

この派遣団は、六月から百日で桑木四万株を植え、九月二十日には、小樽港から帰路につくが、この〝桑園〟の名は今も札幌市中央区の一地区として残っている。

さらに東京仮学校及び女学校を札幌に移している。仮学校とは、札幌農学校、現在の北海道大学のことである。

幹部において内紛の多い開拓使だが、十郎と黒田との協調関係が崩れる事件が起きる。

一つは、役人の大土地所有の問題である。榎本武揚に十万坪、大鳥圭介に十四万坪という広大な土地が払い下げられる。こうした行為が、自職を以って利益を得ないことを信条としていた十郎にとって汚職まがいの許しがたいものに映った。

十郎は、この払い下げを撤回させようと行動したが、肝心の黒田は強く反対はしなかった。

『松本十郎翁談話』に、「黒田長官は剛毅な人なれども愛憎あり。末輩が諂《へつら》ひ諛《へつら》ふを信用す。因て困苦を共にすべく、安楽を共にすべからざる人なることを知れり。又、松本判官は大地積の占領を排除せるによりて、往々貴顕輩に怨望せられたり」と綴られている。

いま一つは、樺太南部のアイヌ百七戸、八百五十人の移住問題である。当初は宗谷《そうや》が移住先であったが、一方的に江別・対雁《ついしかり》に変更され、当事者であるアイヌの人々は、これに納得しなかった。黒田は「不同意の者には警察力を以って、強制連行もやむを得ない」とした。

これに対し、アイヌの長老たちは「宗谷の地を第二の故郷と信じて移住してきた。罪を問われても厭わず、一切放任されても仕方なく、手舟で樺太に渡海する」とまで言及している。

十郎は、樺太アイヌの人々の希望を容れるべきとし、漁業での生計方法など安定した永住ができるようにと意見具申したが、黒田はこれを聞かず、特命により対雁移住を強行する。

この南樺太のアイヌの人々は、慣れない開墾に従事したが、最後までなじむことができなかった。病死者が相次ぎ、大多数が石狩に移り、その後、樺太に帰島した人も多い。

先じて、十郎が憂慮したことは的中し、この出来事は歴史上の悲劇として刻まれている。石狩市八幡町の墓地に「樺太アイヌの碑」が建立されたのは、平成十四年(二〇〇二)のことである。

明治九年(一八七六)六月八日、十郎は道内視察のため、伴も連れず馬に乗って札幌を出発。雁木から船で石狩川を上り、幌内炭坑から十勝に抜け、広尾、様似《さまに》、浦河、静内、鵡川、千歳、江別、石狩、篠路と移動するなか、七月十五日付で長官黒田宛てに長文の辞表を書いている。

免官の辞令のないまま、十郎は島松を経て、苫小牧から函館に向かう。函館に着いた日は、黒田の乗った「玄武丸」が小樽に向けて出港するところであった。東京で辞表を受けた黒田は、これを止めるために札幌に向かっている。このことを事前に知っていた十郎は、黒田と直接会うことを避け、遠くから出港を見送ることで別れを告げる。

その後、十郎は函館港から「庚午丸《こうご》」に乗り、秋田の船川に向かった。時に三十七歳、根室に赴任してから実に七年間の在任期間であった。

開拓使から大判官免官の通知が届いたのは九月五日のことである。

晴耕雨読に生きる

鶴岡に帰った十郎は、自《みずか》らを〝松農夫〟もしくは〝蓑笠翁《みのかさ》〟と称し、畑を耕し、これまで出会った人々との邂逅《かいこう》を書き綴るなど、文字どおり晴耕雨読の暮らしを始める。また、漢文にも長じていた十郎は、記念碑や顕彰碑などの撰文を頼まれると、喜んで応じ、その数六十基を超えるといわれる。

この間、唯一、行動を起こしたときがある。

旧庄内藩では戊辰戦争降伏後、西郷隆盛の厚遇を感謝し、藩内は西郷崇拝の気運が強く、明治十年（一八七七）一月三十日の私学校の暴発から始まる西南戦争に薩摩側に立つのではないかと危惧されていた。

自ら「松農夫」と称した晩年の十郎（松本十郎を顕彰する会編『松本十郎頌徳碑の栞』に掲載）

そのため、新政府は仙台の鎮台兵を待機させ、警察官の派遣や多数の密偵を送り込んでいる。十郎でさえ、その首謀者の一人として疑われていたのである。

明治十年四月十二日、庄内蜂起の疑惑を晴らそうと、十郎は開拓使の同僚で東京に住む杉浦誠を訪れ、ともに勝海舟、岩倉右大臣に会っている。詳しい記録は残っていないが、旧士族に他意がないことを説明して廻っており、さらに京都に出て三条実美太政大臣、大久保利通内務卿にも会っている。

役目を終えたとして、鶴岡に戻ったのは五月二十五日のことである。

九州での戦いは、九月二十四日に終わる。再び農民の暮らしに戻った十郎のもとへ勝海舟から台湾民政長官への推奨や大久保内務卿からも官職に就くことを求められるが、これらに応ずることはなかった。

自ら判官を辞めた十郎の「いかなる事情があったにせよ、天子の勅をもって任じられた職を辱《はずかし》め辞した以上、再び顕職《けんしょく》に就くことはなく、長く農夫となってその身を終わるのみである」との強い心情を表す言葉が残っている。

十郎の晩年まで、島松の中山久蔵との旧交は続いている。

『さらば・・えぞ地―松本十郎伝』に「久蔵は、コメづくりや地域への貢献などで、数々の褒賞《ほうしょう》などを受けているが、そのつど、庄内にいる十郎のもとに知らせてきたので、彼はそれを聞くたびに、自分が褒賞を受けたように感激した」とある。

島松の旧久蔵宅には、〝旧島松駅逓《えきてい》〟という標識が立ち、家の中には十郎から贈られた「大黒の槌《つち》にもまさる鍬の先」と書かれた掛け軸が飾られている。

この北広島市島松一番地は、明治十年四月十六日、札幌農学校教頭のウィリアム・スミス・クラークが「青年よ大志を抱《いだ》け」の名言を残して去った場所でもある。

『札幌百年の人びと』において「人に接するに及び、どんな身分にこだわらず、アイヌの人にも呼び捨てせず、道を歩いている人とゆきあえば、自ら人に道をゆずり、通した」と評される十郎の一生は、時流に翻弄《ほんろう》されることなく、権力に対して厳しく、善悪に対しても確固たる信念を持ち続け、かつ人情味あふれるものであったように思われる。

多くの物語《エピソード》を残した前半生と農耕に従った四十年間の余生は、大正五年（一九一六）十一月二十七日に幕を閉じる。享年七十七歳。

「死生は天にあり、誹《ひ》誉《よ》は人に任せ、ただ農を楽しむのみ」。

これは亡くなる前年の十郎の言葉である。

鶴岡市立図書館の前庭に「松本十郎翁頌徳碑」が建てられたのは平成十三年（二〇〇一）五月、その近くの安国寺墓地に十郎は眠っている。

新渡戸稲造《にとべいなぞう》

教育と外交に生き、今に〝武士道〟の心を伝える

盛岡藩に生まれる

歴史作家の司馬遼太郎は、武士のことを「日本人がうみだした、多少奇形であるにしても、その結晶のみごとさにおいて人間の芸術品とまでいえるように思える」と書く。

平安時代中期、農民が自《みずか》ら所有する土地を守るために勃興《ぼっこう》したのが武士の始まりとされるが、その武士たちが表舞台に立ったのは鎌倉時代からである。

この国のために、この社会のためにという〝公《おおやけ》に奉ずる〟意識とともに、「名こそ惜しけれ」の言葉どおり恥ずかしいことをしないという倫理感が生まれたのもこ

の頃である。

武士道とは、日本の近世以降の封建社会における武士たちの倫理道徳の規範及び行動の価値基準の根本思想をいう。そして、これは日本独自、固有の文化である。

新渡戸稲造が『武士道』を執筆したのは三十七歳。この英文の名著は、本来、日本で出版されるはずであった。それも札幌であったかも知れない。

『武士道』～BUSHIDO、THE SOUL OF JAPAN～初版本

このとき、家族をフィラデルフィアに残して、札幌農学校、のちの東北帝国大学農科大学、現在の北海道大学に戻る予定だったからで、実現されなかったのは、急遽、農商務省からアメリカの農産物調査を命ぜられたからである。

こうして、アメリカ滞在となった稲造は、明治三十三年（一九〇〇）一月、フィラデルフィアのリーズ・アンド・ビットル社から『武士道』を出版する。原題は『武士道—日本の魂』である。

時代は、日清戦争と日露戦争の狭間《はざま》に当たる。当時の欧米列強は日本を好戦的で野蛮な未開の国と見ており、そのことが日本人に対する偏った見方となっていた。

そうした状況下で、日本の思想文化や日本人の物の考え方を西洋世界に対して発信したのが本書である。

稲造が『武士道』を書くきっかけとなったのは、執筆の十年ほど前に、ベルギーのド・ラヴレー教授が日本について「宗教教育なくして、どうして道徳教育ができるのか」という問いかけと、メリー夫人からの「なぜ日本人はこういう考え方、風習があるのか」という疑問に答えるためであった。

この答えを求め続けた稲造は、「武士の世界に以心伝心で伝わってきた掟にほかならないと考えるようになった。そして、それを〝武士道〟と呼んだのである」と草原克豪著『新渡戸稲造』は記している。

アメリカで出版された英訳『武士道』は、位相の異なる文明を持つ多くの国の言語、例えばドイツ語、ポーランド語、フランス語、ノルウェー語、ロシア語、イタリア語等々に翻訳され、日本の真の姿を知ろうとする欧米人のベストセラーになる。

スペイン語版

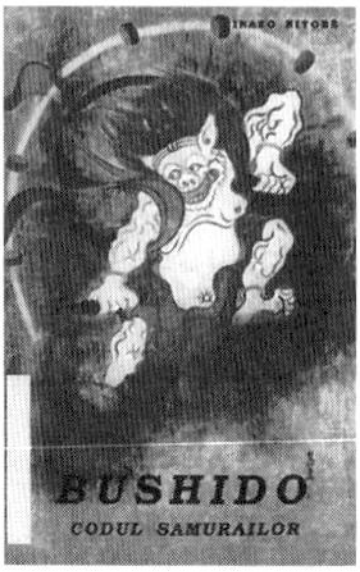

ルーマニア語版

ドイツ語版

フランス語版

各国版『武士道』表紙から

発明王エジソンやルーズベルト大統領に愛読されたことは有名な話である。

なお、桜井鴎村による日本語版が出版されたのは、八年後の明治四十一年（一九〇八）のことになる。

稲造は、幕末激動の文久二年（一八六二）九月一日に盛岡城下の鷹匠小路で三男三女の末っ子として生まれる。幼名は稲之助。

父の十次郎、祖父の傳《つとう》は、ともに盛岡藩の勘定奉行を務め、藩内の開墾事業や市街地の建設に取り組んだ藩の功労者である。

盛岡藩領は、陸奥国北部、現在の岩手県中部から青森県東部にかけての地域である。藩主が南部氏だったため、南部藩とも呼ばれる。

藩内御留武術として「諸賞流《しょしょう》」がある。正式には「観世的真諸賞要眼狐伝流」というが、剣術、柔術、縄術などの総合武術の体《てい》を持つ。

この流派は、盛岡藩の岡武兵衛庸重が鎌倉において石田辰之進定政に学んで印可を受け、六代目藩主の南部利幹のときから伝承され、昭和五十四年（一九七九）八月には盛岡市無形文化財の指定を受けている。

主に上級武士が稽古したとされ、稲造が修錬したかは定かではないが、稲造も数えで五歳になると刀を帯び、武士の子の習いとして朝早くから道場で剣術に励み、漢学などの勉学に勤《いそ》しむ。

慶応三年（一八六七）は、第十五代将軍の徳川慶喜《よしのぶ》が大政を奉還し、王政復古の大号令が発せられた年であるが、この年に父十次郎が病没する。まだ四十八歳であった。

戊辰《ぼしん》戦争において盛岡藩は旧幕府側として新政府軍と戦ったが、米沢藩、会津藩、

明治31年（1898）、左から叔父の太田時敏、稲造、養子の孝夫（盛岡市先人記念館所蔵）

庄内藩に次いで降伏。稲造は『幼き日の思い出』のなかで「故郷の町が降伏した時をよく覚えている。私たちは深い屈辱感を覚えた」と綴っている。

　多くの改革が急速に進められた明治維新のなかで、身分制度の根幹であった士農工商は崩壊し、さらに廃刀令が発せられる。この命令により武士の象徴である刀を取り上げられたことは、七歳の稲造にとって道徳観念が消滅するような衝撃的な出来事であったらしい。

　時は、大きな変動の流れのなかにある。稲造は、英語など西洋の学問を身につける必要があると考え、明治四年（一八七一）八月、父の実弟の太田時敏《ときとし》の養子として上京。以後、明治二十二年（一八八九）まで太田姓を名乗る。

　この時敏であるが、天保十年（一八三九）一月二十日生まれ、戊辰戦争では盛岡藩目付参謀として参戦、秋田藩の大館城の攻城戦では一番乗りを果たした猛者であり、剣の腕は尋常一様のものではなかったらしい。

時敏は、盛岡藩降伏後、新政府軍から藩を通じて同藩家老の介錯《かいしゃく》を命ぜられたが、それを断わり脱藩している。のち、東京で「時敏堂」という洋品店を経営、警視庁警部も務めている。

『武士道』の冒頭に「過去を敬うことならびに武士の徳行を慕うことを私に教えたる我が愛する叔父太田時敏にこの小著をささぐ」と明記されているように、この父の弟である時敏がいなければ、稲造が『武士道』を書くことはなかったであろうといわれる。

武士道、七つの徳目

『武士道』をすでに読まれた方も多いと思うが、本書は武士が立拠する道徳意識や思考方法を様々な逸話を列挙しながら日本の文化について述べたものである。

その内容は、以下の十七章で構成される。

第十五章　武士道の影響
第十六章　動機としての武士道
第十七章　武士道の将来

このなかでも、「義」、「勇」、「仁」、「礼」、「誠」、「名誉」、「忠」の七徳目について、定義を簡単に触れておきたい。

「義」とは、武士にとって不正や卑怯な行為ほど恥ずべきものはないという正義の概念であり、才能があっても〝正義〟がなければ、世に立つことはできない。武士として最も重要なことは「義」に基づいて行動することであるとする。

「勇」とは、武士の行動を支えるうえで「義」との両輪の一方であるとし、『論語』の「義を見てなさざるは勇なきなり」の言葉にあるように、「勇」は正義のために行使しなければ徳として認められないとある。

「仁」とは、愛情、寛容、憐憫《れんびん》など人の心に備《そな》わった最も高いところに位置する徳である。慈悲ともいい、「武士の情け」として弱者、敗者などに対する思いやりが武士の「仁」であるとする。

「礼」とは、「仁」から生じ、形式的な作法ではなく、他者の気持ちを思いやる心とある。物の道理を正しく尊重し、相手に対し相応の敬意を払うことを意味するとしている。

「誠」は「信」ともいうが、「武士の一言《いちいん》」、すなわち一度《ひとたび》口に出したことは命がけで守らなければならない。「武士に二言《にごん》はない」など、嘘をつくことは罪ではないにしても、弱さであるとしている。

「名誉」とは、「誠」を支えるもの。人の尊厳と価値について理解したうえで、武士の特権と義務を重んじることをいう。

「忠」とは、目上の者に対する服従や忠実な行動をいうが、無分別な諂《へつら》いや盲従を意味しない。誇り高く、名誉を希求することをいう。

以上、七つの徳目について触れたが、武士に求められていたものは、学問や武芸の才ではなく、人格の形成であると考えていい。

稲造の『武士道』は、武士を生み出した日本の歴史、すなわちこの国の文化の嚆《こう》矢《し》と受け取ることができる。嚆矢とは、戦闘開始に敵陣に射掛ける〝かぶらや〟のように、すべての事象の起こりをいう。

『武士道』の第十三章の「刀」についても触れておきたい。

武士にとって「刀」は、魂と武勇の標章であり、それを帯刀することは忠義と名誉の象徴であるとしている。

したがって、刀に対する無礼も、その持ち主に対する侮辱とみなされ、床に置いた刀を跨《また》いだだけでも責められる行為とされる。木刀、竹刀も同様である。

さらに重きを置いていたのは、刀の濫用《らんよう》を戒《いまし》めていることである。必要もないのに刀の不当不正な使用は卑怯であり、虚勢とされる。

勝海舟が『海舟座談』で語ったこととして「刀でも、ひどく丈夫に結《ゆ》わえて、決して抜けないようにしてあった。人に斬られても、こちらは斬らぬという覚悟だった」が引用されている。稲造は、これが世情騒然な時代のなかで、武士道の教育を受けた者の心持ちであるという。ようするに「打って勝つ」より「勝って打つ」、その上の「戦わずして勝つ」という極みは、武士道の究極の目標が平和にあることを示している。

刀の発達とともに、京八流、関東八流を源とする剣術の流派が創始されたのは室町時代からで、その後、幕末までの間に数百もの系譜が生まれる。この剣術の流れが、単なる殺戮《さつりく》の手段ではなく、人間形成の道たり得たことから、現在にいたるまで絶えることなく伝えられてきたともいえる。

こうして連綿と続いてきた流派の教えから一部を抜き出す。

六百年間、平和を希求し続けてきた香取神道流には「敵に勝つ者を上とし、敵を打つ者はこれに次ぐ」とある。小野派一刀流にも「義のための死を恐れず、兵法の究極の理想が我も彼も剣を抜かぬまま争わず、結局は剣を捨てることにある」としている。また、心形刀流《しんぎょうとう》では「心の修行を第一とし、技の修行は第二とする」と伝えている。

少し話を転ずる。

昭和五十年（一九七五）二月、全日本剣道連盟は〝剣道の理念〟を制定する。このことは、終戦後、占領軍の施策のもとにスポーツとして復活した剣道を本来の姿に戻すという宣言でもあった。

全日本剣道連盟編『五十年史』には、四ヵ年の歳月をかけて審議された〝剣道の理念〟の決定について、「戦後スポーツとして発足した剣道の武道としての再出発として高く評価される」と書かれている。

この「剣道は剣の理法の修錬による人間形成の道である」の一文は、試合に勝つことを剣道活動の目的とするべきではなく、長い人生に亙《わた》って人づくりのための錬成を行うべきと明らかにしている。同時に、引き継ぐべき日本伝統文化という視点から、修錬に当たっては「礼節」、「信義」、「誠」を重んずる倫理性と平和繁栄への寄与を掲げている。

こうして瞰《み》ると、武士道における価値観が、直接的ではないにしても現代剣道にも大きく及んでいるのがわかる。

昭和７年（1932）、ニューヨークにて晩年の新渡戸稲造（盛岡市先人記念館所蔵）

遠友夜学校を創設

稲造は、「実行的で、人のためには骨折りを惜しまない、しかもユーモアに富んだ人柄」といわれる。教育、農業、外交を舞台とする国内外の広い分野での偉大な業績についてよく語られるとおり、〝我、太平洋の橋とならん〟を生涯の志として、公のために使命を果たし続けた人物である。

農業分野では、日本初の農学博士の称号を得、『農業本論』、『農業発達史』をはじめ多くの農政学等の論文を著し、後世に影響を与えている。

国際人としては、台湾総督府殖産局長、国際連盟事務次長、太平洋問題調査会理事長、太平洋会議議長等々に就任、さらにはユネスコの組織づくりを始めるなど世界平和の実現に尽力している。

また、教育者としての歩みも忘れてはならない。稲造は札幌農学校、京都大学及び東京大学の教授、東京女子大学総長などの経歴を持つが、以下、札幌との関わりについて辿ることとしたい。

明治十年（一八七七）八月、稲造は札幌農学校の第二期生として入学、同期の友に内村鑑三、宮村金吾がいる。

卒業後は開拓使に出仕し、最初の仕事は、当時道内各地に被害を齎《もたら》していた〝いなご〟の駆除であった。やがて、開拓使の廃止に伴い農商務省に移属、札幌農学校予科教授を兼務する。

その後、東京大学に学び、明治十七年（一八八四）にアメリカ、明治二十年（一八八七）にドイツに留学。明治二十四年（一八九一）に帰国してからは、再び札幌に戻り、農学校教授に就きながら多くの教育問題に取り組む。

その一つは、札幌に中学校が一校もないという実情の解決であった。たしかに豊振校、敬業館、戴星義塾という予備校的な場はあったものの中等教育といえるものではなかった。

明治二十五年（一八九二）に、中学校として〝北鳴学校〟を開校。稲造は教頭に就き、特にスポーツを奨励、成績より

明治21年（1888）当時の札幌農学校全景
（北海道大学附属図書館所蔵）

も自由な探究心を重んじ、北海道の開拓に役立つ人材を育成しようとした。

北海道庁が本格的に中等教育の整備に乗り出したのは明治二十八年（一八九五）、庁立札幌尋常中学校が設けられ、北鳴学校の生徒が編入していく。のちの札幌南高校である。

さらに稲造は、家庭の事情で勉学したくても学校に行けない青少年を対象として夜学校の開設を目指し、明治二十七年（一八九四）一月、すでに豊平川畔に建てられていた札幌独立教会の日曜学校の建物を転用、校名を、論語の「朋《とも》有り、遠方より来たる、また楽しからずや」にちなみ〝遠友夜学校〟と名付ける。

夜学校の開設への思いについては、「新渡戸が青年時代から胸の底にひそかに、しかもじっくりと醸成していた己れの生きざまの集大成であったかも知れない」と『北大百年の百人』にある。むろん初代校長は稲造である。

遠友夜学校は、午後六時から授業が始まり、生徒数は多いときで二百五十人を数えた。授業料は無料で、男女の区別なく解放され、教える側も無給で教鞭を執り、さらに市民の援助にも支えられ、札幌のボランティア活動の原点ともいわれる。

昭和八年（一九三三）から五年間はメリー夫人が校長に就いたが、戦争の影響から、昭和十九年（一九四四）春、少数の講師と生徒だけで最後の卒業式が行われ、同年三月十八日の創立五十周年の祝賀式典が遠友夜学校の終焉《しゅうえん》の宴《うたげ》となった。『遠友夜学校日誌』は、「夜学校は最後まで当初の理想に生きたことを確信し、そこに大きな喜びを覚える」という言葉で締め括られている。

札幌市中央区南四条東四丁目の跡地に建てられた札幌中央若者活動センターの施設内に「遠友夜学校記念室」が置かれたのは昭和三十九年（一九六四）、その後、平成二十三年（二〇一一）十月の同センター閉館に伴い、同市中央区大通西十三丁目の札幌市資料館に移設、三年後にはゆかりの資料のすべてが北海道大学に寄贈された。現在は、同大学文書館の一階ホールで展示されている。

豊平川畔に建てられた遠友夜学校（盛岡市先人記念館所蔵）

　また、追記ながら北海道大学正門付近にメリー夫人寄贈のハルニレの木が立っているが、このことを知る人は少ない。

昭和八年十月十五日、カナダで開催された第五回太平洋会議に日本代表として出席していた稲造は、膵《すい》臓難症により、ビクトリア市ジュピリー病院にて没する。享年七十二歳、日米開戦の九年前のことである。

この悲報に接した遠友夜学校の人びとの思いが、「理屈なしに一家のやさしい父の死をいたむ心でいっぱいなのだ。なぜなら先生は偉大な外交官というよりも、一家の慈父として、より強い存在であったから」と『札幌百年の人びと』に残されている。

稲造が『武士道』を通して強調しているのは、個性の発揮である。それは自己主張のみの利己主義ではなく、自分のことは自分で責任を持ち、自立した精神に基づく個人主義のことをいう。少し言い回しを変えるならば、前述の『新渡戸稲造』に書かれているように「個人として強かれ」となる。

稲造は、武士道を賞賛する一方、時代の流れによって、一つの独立した掟としての武士道は滅びゆくという認識に立ち、併せて滅びた後に再び甦《よみがえ》り、その光と栄誉は日本の将来を照らすとも語っている。このことは、『武士道』の終章において「体系としては死んだが、美徳として、それは生きている」の一文で結ばれていることでも理解できる。

『武士道』は、いまも世界的なロングセラーである。外国人でさえ注目する〝美しく生きた武士たち〟を、この国において先人が切り開いてきた道の、その先を歩んでいる現代日本人は、武士道をどう受け止めているのだろうか。

司馬遼太郎から日本人へ宛てた手紙《メッセージ》がある。

「日本社会は、武士道を土台にしてその義務（公の意識）を育てたつもりでいた。しかし、日本の近代化は、必ずしもそれが十分であったとはとても思えない。いまこそ、それをもっと強く持ち直して、さらに豊かな論理に仕上げ、世界に対する日本人の姿勢をあたらしいあり方の基準にすべきではないか」。

この手紙が投げかけているものは、時を超えて稲造の想いと重なるように思える。『武士道』出版から百二十年余、その心は日本人の依って立つべきものの考え方を指《さ》し示しながら、今も過去と現代の架け橋であり続けている。

三《み》沢《さわ》　毅《つよし》

新琴似屯田兵中隊長、会津進撃隊旗とともに札幌へ

札幌市長室に「進撃隊旗」

一ヵ月に及ぶ会津鶴ヶ城の攻防は、鳥羽伏見の戦いに始まる戊辰《ぼしん》戦争のなかで最も激しく凄惨な戦いであった。

城下への侵攻は、慶応四年（一八六八）八月二十三日の早朝に薩摩藩、長州藩、土佐藩、肥前佐賀藩などを中心とする新政府軍の攻撃によって始まる。

このとき、会津藩の主力は日光、白河、北越の藩境など他方面に展開しており、予想を上回る新政府軍の急進によって城下は混乱を極め、この日だけで会津側の死者は、婦女子二百三十人余を含め六百人ほどに上った。

翌二十四日、家老の佐川官兵衛の下、小室金五左衛門を隊長に、副隊長磯上内蔵丞、組頭に三沢毅らを指揮官として、新らたに計八十七人の〝進撃隊〟が組織される。

毅、二十五歳のときである。

「今日、白木綿へ進撃隊ト三字ノ旗ガ出来、槍ニ結付タリ、但、照姫様ヨリ南無妙法蓮華経ノ旗ヲ下サレタリ、但、大法寺ノ方丈、御城中央天守五階ニ上リ、敵ニ向ヒテ御勝利ヲ祈リシ旗ナリト云フ、右旗ヲ進撃ノ旗ニ添テ真先ニ立タリ」と進撃隊士の荒川類右衛門が『明治日誌』に記している。この戦勝を期して鶴ヶ城の天主に翻《ひるがえ》った墨筆三字の旗は、以後、進撃隊と行動を共にする。

二十九日、同じく『明治日誌』に「長命寺ニ屯スル敵ヲ撃チ払ハント、我隊進ミケルニ砲声烈敷、弾丸雨ノ如シ我隊必死ヲ極メ茲ゾ討死ノ場ト少シモ臆セス隊長ヨリ進メ進メノ声ト共ニ奮戦痛闘、砲声ノ隙ニハ槍ヲ突入リ進テ敵ノ胸壁ナセシ長命寺ヲ乗リ取リ」、さらに「味方ノ死傷多シ、我隊ハ小室隊長、甲長磯上、赤羽八百吉ヲ始トシ過半討

鶴ヶ城に翻った会津進撃隊旗（縦143㎝×横36㎝）

死ス」とある。

この長命寺の戦いでは、進撃隊の死傷者夥《おびただ》しく、幹部で生き残ったのは毅だけであった。

ほぼ壊滅状態の進撃隊は、同日中に再編され、武井柯亭《かてい》を隊長に、毅と服部市太郎、高木源次郎を甲長として、槍隊、砲隊が組織され、以後、朱雀隊などとともに城外を転戦する。

大芦村の戦いでは、武井隊長が重傷を負うなか、毅は先陣を切って敵陣に斬り込んでいる。

明治元年（一八六八）九月、会津藩の降伏後、激しい攻防戦を生き残った毅は斗南へ移住し、その後、北海道に渡り屯田兵として家族とともに琴似兵村に入り、のち新琴似兵村の中隊長となる。

時が移《うつ》ろうこと百二十四年。平成四年（一九九二）二月三日に、札幌市長室を琴似屯田歴史館期成会の人びとが一琉の旗を持って訪れる。その来意は、「会津藩旧臣で琴似屯田兵初代の三沢毅が、琴似兵村へ持参した旗をはじめ入植資料など琴似屯田兵の歴史を残したい」というものであった。

持参の旗は、「古めかしく白い地色はすっかり変色しているが、勢いのある三文字の墨跡がはっきり浮んでいる」と『サムライ札幌展図録』で形容されているが、これは、まぎれもなく、かつて鶴ヶ城攻防戦の際に掲げられた「進撃隊旗」そのものであった。

当時の市長桂信雄氏は、突然、持ち込まれたこの旗に見覚えがあった。「津軽の海を渡ってきた旗は三沢毅とともに三沢一族の誇りで、私がこの旗を初めて見たのは三十歳代の頃であった」と『北海道の不思議事典』のなかで語っている。

新琴似屯田兵の初代中隊長を務めた三沢 毅

どういう巡り合わせか、市長夫人が毅の曾《ひ》孫に当たり、結婚後にすでに見分《けんぶん》していたという顚末《てんまつ》である。思いがけない出会いといっていい。
その後、しばらくの間、「進撃隊旗」は、市長執務室に飾られていたが、平成四年四月の〝サムライ札幌展〟に展示されるなどした後、平成二十一年（二〇〇九）に孫の三沢勝彦氏が鶴ヶ城の郷土博物館に寄贈、実に百四十年ぶりに「進撃隊旗」は収まるべき故郷の地へ帰った。

殉難

三沢家は、会津藩祖保科正之《ほしなまさゆき》に従って会津入りし、代々会津藩に仕えた家柄である。毅は、代官を務めた三沢牧右衛門亮温を父に六人兄弟の長男として、弘化元年（一八四四）五月十八日に岩代国会津郡若松城下徒ノ町下堀端で生まれる。会津戦争時は与八を名乗るが、のちに毅と称する。諱《いみな》は尚志。

安政元年（一八五四）一月に藩校〝日新館〟に入学、学問では江戸の林大学頭の塾に推挙されるほどの秀才であり、武門においても真天流剣術、宝蔵院流槍術、印西流弓術、大坪流馬術を修め、若くして文武に優《すぐ》れていた。元治元年（一八六四）、二十一歳で真天流の皆伝を得る。

会津五大流派の一つである真天流は、塚原卜伝の新当流の高弟斎藤伝鬼坊勝秀が興《おこ》した天流の流れを汲むものとされ、会津藩における流祖は小山田盛信である。『会津剣道誌』には「日新館で実際に行われていたのは真天流である」と書かれている。『会津藩校誌』によると、真天流の等位は初心、一番試合、陰、許、印可の五段階となっている。極意に、「蜘蛛足満字剣」、「盤石の強み」、「天狗倒し」などがある。

慶応三年（一八六七）十月、江戸にいた毅らに、京都有事の際の出動待機命令が下る。この「諸生隊」と名付けられた部隊は、二ヵ月後に起きた鳥羽伏見の戦いに参戦するが敗走。このとき、同じ隊にいた新島八重の弟の山本三郎は重傷を負い、のち落命するが、姉八重が弟の形見の着物を着て鶴ヶ城で戦った話が伝えられている。

慶応四年五月、毅は大鳥圭介総督の旧幕府伝習隊指図役頭取となるが、その後、会津に戻り、前述の進撃隊の幹部として鶴ヶ城攻防戦に加わることになる。

明治元年九月二十二日に会津藩は降伏。この戦さでの会津側の死者は約三千五百人を数え、城下の大半は灰塵に帰している。

鶴ヶ城攻防戦について会津人は「薩長軍は官軍にあらず、官賊である」との思いが強い。それは、新政府軍の無差別な攻撃や掠奪がまかり通り、なかでも戦死者の埋葬が許されず、城下の随所に遺体が放置されたことなどによる。同じことが、箱館戦争時でも繰り返されている。

戦後、進撃隊の生き残り四十四人は、越後高田城下高安寺に謹慎となる。謹慎中、毅は戊辰戦争を戦った会津藩士の人名録『幽因録』を作成している。和紙百五十八頁からなる人名録は、白虎隊士の名前、続柄、年齢から書き出されている。

新政府の国替え命令による会津人約一万七千の本州北端の地斗南への大移動は、明治三年（一八七〇）四月から始まる。

毅とその家族は、下北半島の津軽海峡側の大畑に移り住む。この年の十月から、毅は開拓執事に命じられ、開拓事業を担当している。

明治四年（一八七一）七月、廃藩置県により斗南藩は斗南県となり、さらに九月の青森県との合併に伴い斗南の名は消え、毅は青森県の授産係に移役となっている。

そして、明治六年（一八七三）三月に開拓中止が伝えられ、他県に移ることは「各自勝手たるべし」という責任無き令が発せられる。これを受けて、会津若松へ戻った者は約一万人であったが、毅は、美作《みまさか》国、現在の岡山県である北条県の庶務課に勤務。明治七年（一八七四）に再び青森県に戻り、青森県庁に務めている。

なぜ、会津藩は、こうした殉難の道を選択せざるを得なかったのであろうか。

時を遡《さかのぼ》るが、藩祖の保科正之が二代将軍徳川秀忠の子として生まれ、御三家に次ぐ領地支配を委ねられたことが因果の起点であろう。

明治初期、砲弾の跡が残る鶴ヶ城（会津若松市所蔵）

寛文八年（一六六八）に公布の家訓《かきん》十五ヵ条の第一条に「大君の義、一心大切に忠勤を存すべく。列国の例を以《もっ》て自《みずか》ら処すべからず。若《も》し二心を懐《いだ》かば、則《すなわ》ち我が子孫に非《あら》ず、面々決して従うべからず」とあり、これを二百年間にわたって守り続ける。

ようするに、徳川将軍への絶対的な忠節と家訓への服従を藩是としたことにより、幕末に藩主松平容《かた》保《もり》は京都守護職を引き受けざるを得ず、朝敵となったとき、新政府というよりは薩長の標的とされた。

会津の戦いは、こういうことから起こった戦いである。恭順する会津藩を会津戦争に追い込み、さらに斗南への流罪という新政府の過酷な措置に対する会津の人びとの「薩長への怨みやまず」との遺恨は、いまなお消えることはないと書く本は多い。

会津屯田兵の星

〝屯田〟とは、二千百年ほど前に漢の武帝が中国の西域に田卒という名の兵を駐屯させ、外敵を防いだことに由来する説が一般的だが、秦の始皇帝時代との説もある。

いずれにしても、明治に入って北海道に導入された屯田兵制度は、薩摩の西郷隆盛が創案し、具体化した。

『新撰北海道史』に、札幌の街づくりなどを主導した松本十郎判官の話として、「明治四年の廃藩置県に当たり、西郷は士族らの失業を心配し、彼らを北海道の開拓と防衛に当たらせようと考えていた。それは鹿児島の屯田制に範をとったものだ」との記述がある。

屯田兵は、薩摩藩での外城士《とじょうし》が日常は農作業を行い、いざというときには武器を持って城に馳《は》せ参じるという制度を参考とする。西郷の屯田兵に対する思いは熱く、この兵団を自ら指揮したいと、同じ薩摩出身の黒田清隆開拓次官に語っている。明治七年十月、本来ならば札幌に鎮台を置くところを、太政官は士族の授産、北海道の開拓と北辺防備のため屯田兵の設置を決定する。

明治八年（一八七五）一月に開拓使は、宮城、青森、酒田の三県の士族を対象に屯田兵の募集を行うが、会津人は除外されていた。そのため旧会津藩士は青森県士族と偽《いつわ》って応募している。

毅自筆の『履歴概略』に、「明治八年四月二十七日、北海道屯田兵志願ニ付キ願之上免職、同年五月検査官員出張検査之上屯田兵御採用相成ニ付キ、同月十一日青森大町旅籠屋ニ罷越シ十五日マデ滞在同日青森港ヨリ乗船、十六日北海道小樽港へ

明治８年に建てられた琴似屯田兵屋。
昭和57年（1982）５月に国指定史跡
（札幌市西区琴似２条５丁目）

上陸、十七日札幌郡本村へ着ク」と書かれている。文中の免職とは青森県庁を辞めたことを指し、本村とは琴似をいう。

　琴似屯田兵村は、現在の琴似本通りの両側一帯に設けられていた。その家屋のうち五十九番から二百六十六番までの二百八戸が兵屋である。さらに翌年、三十二戸が増設され、屯田兵第一中隊が編成される。

　入居は抽選により行われたが、毅だけは、すでに六十七番の兵屋と決められていた。

　このことは、六十六番から東は旧庄内藩士、六十八番から西は旧会津藩士の兵屋であることから、両者に不測の事態が起こらないようにとの配慮による配置とされる。

　これは、毅が進撃隊幹部の生き残りであり、斗南においても開拓に尽力したことが評価されたことによるらしい。

　こうした期待を背景に、毅は明治八年十一月に准陸軍伍長、翌年には軍曹へと昇進している。

兵屋は、木造平屋建て、広さ五十七平方メートル。銃座がある。最初はエンフィールド銃が支給されたが、のちに最新式のレミントン銃が装備される。

夏期の起床は午前四時、当初は午前六時から部隊運動などの基礎教練が行われ、終了が午後六時である。こうした練兵が一段落すると周辺の原生林の伐採や開墾作業に取り掛かるようになる。

また、明治九年（一八七六）には、山鼻兵村に家族を含めて千四百十四人が入村し、第二中隊が編成される。

そうしたなかで、明治十年（一八七七）の西南戦争を迎える。

四月九日、西郷率いる薩摩軍の挙兵に対して、屯田兵に鹿児島派遣命令が下される。第一中隊と第二中隊の合計六百四十五人からなる野戦第一大

西区役所南側に建つ琴似屯田兵顕彰碑。明治10年に屯田兵は、この場所から九州へ向かった

隊が組織され、十五日に小樽を出港。二十九日には九州八代に上陸、屯田兵は別働第二旅団に編入される。

五月十九日、大河内において西郷軍との最初の交戦が行われ、六月の人吉攻撃では戦死四人、負傷五人の犠牲が出る。

毅は、七月二十四日に曹長に任じられ、八月二日の一瀬川渡河戦では、大刀を翳《かざ》して突撃し、敵兵を討ち倒したとある。

この日の講評が残っている。

「屯田兵の負傷者は下士官以下に多く、将校にいない理由を視察した。その結果、屯田兵は指揮官の命令がなくても、兵士同士が巧みに戦闘して勝利を得ているのがわかった。戦闘しているのは将校ではなく兵士たちだった」。

たしかに、屯田兵の将校連は薩摩藩出身であり、戦いに消極的ということもあるが、毅が小隊長に代わって作戦を立て、兵の統率を図っていたことが攻勢の大きな要因と考えていい。

西南戦争は、西郷の死によって九月二十四日に終わるが、その決着前の八月下旬に屯田兵は、神戸経由で東京に引き揚げている。

しかし、神戸港出発後、帰還途中の屯田兵にコレラが発生。嘔吐と下痢などにより脱水症状により十四人が死亡するという災難に襲われる。この病は、全国に広がり、西郷の祟《たた》りとして、〝西郷病〟と呼ばれ、恐れられたという。

その後、屯田兵は二十九日に小樽着、三十日には札幌の開拓使に到着する。

太政官は、明治十五年（一八八二）二月八日に「開拓使ヲ廃止シ函館、札幌、根室ノ三県ヲ置ク」を布告、屯田兵は陸軍省に移管される。屯田事務局、のちの屯田兵司令部勤務となった毅は、札幌北西部の原野が開拓地として適地かどうかの調査の特命を受ける。

この地は、ニレ、ハンノキ、ヤチダモなどの大木がそびえ、スゲ、クマザサなど人の背の丈を超える植物が生い茂り、河川の蛇行による沼が点在する原野である。毅は、自ら原野に入り、地質や地形の調査、測量を行っている。

この報告を受けて「札幌原野排水工事」が着工され、桑園から北西に向かい、日本海に注ぐ長さ十三キロの排水溝が完成する、これが現在の「新川」である。

この工事には、赤い服を着た樺戸《かばと》集治監《しゅうちかん》の囚人が駆り出されて堀削に従事したことから「囚人堀」とも呼ばれていた。

明治十九年（一八八六）十一月、新たに新琴似に第三中隊が置かれることが決定。入植するのは九州士族百四十六人、家族を含めると七百人ほどである。

毅は、三月八日付で大尉に昇任、五日後に新琴似屯田兵の初代の中隊長に任じられる。旧会津藩出身の一兵卒が大尉となり、中隊長まで栄進するのは異例のことである。

毅は、兵たちとよく対話し、ときには酒を酌み交《か》わし、話のわかる中隊長として、九州士族とともに当該地区の農業を順調に発展させる。

明治二十一年（一八八八）八月、毅は北七条西一丁目に設置された陸軍屯田監獄の署長となる。この監獄は、約五百坪、高い塀に囲まれ、二棟の監房舎がL字型に建っていた。

以下、余話になるが、毅が中隊を去ったあとの明治二十三年（一八九〇）八月十八日の深夜、新琴似中隊本部で余期せぬ反乱事件が勃発《ぼっぱつ》する。このときの中隊長は、三代目の安東禎一郎大尉。

　事件は、銃で武装する一団が、中隊長宅に発砲したことから始まる。安東は、玄関付近に抜刀身構えたという。

　銃声を聞いた小隊長が、すぐに非常呼集ラッパを吹かせ、第三中隊の兵を本部前に集合させたなかで、直ちに弾薬を調べた結果、この事件の首謀者は同村の兵を含んだ十一人であったことが判明する。

札幌市文化財指定の新琴似中隊本部
（札幌市北区新琴似８条３丁目）

「新琴似の一揆騒動は積穀一件に原因せり」と『札幌昔日譚』に記されているように、米価高騰のため、屯田兵に三年間支給される扶助米の払い戻しをめぐる不満が事の発端とされる。この備蓄米制度は、のちに預貯金に変わり、一年後に「屯田銀行」の設立となる。

　この事件の翌年の明治二十四年（一八九一）十二月三十日、毅は戊辰戦争以来の心身の酷使がたたったのか、胃病の悪化により、札幌琴似で生涯を閉じる。四十八歳であった。奥津城《おくつき》（墓）は札幌手稲平和霊園にある。

ここで一つ書き加えるとすれば、毅が強く願っていた会津藩祖保科正之の合祀が琴似神社で行われたのは、平成五年（一九九三）五月十五日のことになる。式典には孫の三沢勝彦氏が出席している。

明治八年の琴似から明治三十二年（一八九九）の剣淵《けんぶち》、士別までの間に屯田兵村は全道三十七ヵ所、総戸数七千三百七十一戸、家族を含めると約四万人が入植。厳しい自然環境のなか、荒地の開拓を先導し、今日の北海道の礎《いしずえ》を築いた屯田兵の功績は図り知れないものがある。

毅が、人生最後の地である北海道において屯田兵として生きた境涯は、会津士魂に殉じた誇り高いものだったに違いなく、常に肌身離さず携えていた「進撃隊旗」は、この男の心の支えだったのかも知れない。

三沢毅は、抗《あらが》いようもない時の流れを生き抜いた会津人群像を代表する一人といえる。

千葉重太郎《ちばじゅうたろう》

開拓使に名を残していた北辰一刀流〝桶町の竜〟

幻の開拓使札幌詰め

技は千葉、位は桃井、力は斎藤と、よくいわれる。

この江戸三大道場のうち、特に剣技の至妙なること随一と謳《うた》われる北辰一刀流。創始者は、言うまでもなく千葉周作であるが、その弟定吉の長男の千葉重太郎もまた〝桶町《おけちょう》の竜〟と呼ばれるほどこの時代を代表する剣客の一人である。

諱《いみな》は一胤《かずたね》、十太郎とも称する。文政七年（一八二四）三月一日に、江戸杉之森に生まれる。

重太郎は、幼少より父から北辰一刀流の奥儀を学び、流派の師でもあったが、その生涯は単に剣の世界にとどまらず坂本龍馬の友として勤王活動に入り、また戊辰《ぼしん》戦争では鳥取藩士として参戦するなど明治維新の功労者としても知られる。

ここで特記したいのは、その名が北海道開拓使に残されていたことである。開拓使は「蝦夷地之儀ハ皇国ノ北門」という認識から北辺の開拓と対ロシア防衛のため、太政官の各省と並んで明治二年（一八六九）七月に設置され、庁舎は東京芝の増上寺に置かれる。

同年八月十五日に蝦夷は北海道と改《あらた》められる。

明治四年（一八七一）四月には札幌に開拓使仮庁舎が建築され、明治六年（一八七三）に六角ドームの本庁舎が落成する。ただ、他の都府県のように知事とは呼ばず、〝長官〟が置かれた。これは開拓使が政府の直轄官庁であることを示し、併せて臨機で独自の任務を行うことを意味する。当初、開拓使は北海道、樺太、千島を管轄していた。

重太郎に話を戻す。

記録によると、鳥取県吏を免官となった後、明治五年（一八七二）二月二十四日に開拓使東京出張所に会計掛として出仕している。

三月十八日に「札幌詰め」の辞令が発せられているが、わずか二日後に「東京詰め」が発令されていることから、実際に重太郎が札幌に赴任することはなかったであろう。幻の辞令である。

その後、農業掛に異動、八月二十五日には開拓使大主典となり、明治六年十一月二十八日に函館七重《ななえ》村、現在の七飯《ななえ》町の〝七重開墾場〟に派遣される。この開拓使の施設は約九百ヘクタールの広さを持ち、牧畜、養蚕、製錬などの実験場である。〝七重官園〟とも呼ばれる。

明治八年（一八七五）二月四日、重太郎は東京に戻り農業課勤務となるが、一時退官ののち、職は不明だが再び開拓使入りし、明治九年（一八七六）三月二十九日に「御用滞在差免候事」により正式に免官となっている。

重太郎は「剣豪にして好漢」、「江戸前の気さくな性格」などと伝えられるが、開拓使での仕事ぶりや剣客としての一端などについての逸話は、残念ながら見当たらない。

北辰一刀流小史

気は早く、
心は静か、
身は軽く、
目は明らかに、
業は烈しく。

（北辰一刀流「中目録」から）

剣術の稽古において、それまで木刀による形稽古から自由に打ち合うことができる稽古となったのは、江戸末期に直心影流《じきしんかげ》流において防具と竹刀が導入され、さらに中西派一刀流が工夫を加えたことによる。

これに北辰一刀流は、教練の方法等に改良を加え、弘化年間（一八四四～四八）

までに剣道の基本となる技法を体系化している。

また、北辰一刀流の免状は、それまで他流が五段階あるいは八段階であったものを「初目録」、「中目録」、「大目録皆伝」の三段階に簡素化し、特に教授法は理に合《かな》い、かつ剣技の説明は平易な言葉を用いて理解しやすいものであった。

例えば、柄の握り方について「あまたの修業者が多年の間鍛錬稽古を行ってみて、手の内の堅い者、すなわち柄の持ち方の堅い者は、技が遅鈍で進歩ははなはだ遅いという傾向がある。手の内が堅くも柔らかくもなく中庸を得ている者は、動作が敏捷で進歩がすみやかである。竹刀を執るときは小指をすこし締め、薬指を軽くし、中指はさらに軽く、人差し指は添え指と称して添えるほどにしておく。相手を撃ち、突くときにはじめて強く握ればよいのである。そうでなければ竹刀を活潑自在にふりまわしにくいのみか、撃ち、突きに及んで刀勢が強くならないことになる」。

一部ではあるが、これほど懇切丁寧にかみくだいた説明をしている流派は他にない。

当時、〝打ち込み〟という言葉を用いたのも北辰一刀流であるが、これについて打ち込む側と受ける側の心得を示している。
「剣術打込十徳」では、
一、技烈しく早くなること
二、打ち強くなること
三、息合い長くなること
四、腕の働き自由になること
五、身体軽く自在になること
六、寸長の太刀自由に使わるること
七、臍《へそ》下おさまり体くずれざること
八、眼明らかになること
九、打ち間明らかになること
十、手のうち軽く冴えいずること
次いで、打ち込みを受ける者の「剣術打込台八徳」では、
一、心静かにおさまること

二、眼明らかになること
三、敵の太刀筋明らかになること
四、身体自由になること
五、体堅固になること
六、手のうち締まること
七、受け方明らかになること
八、腕丈夫になること

補足ながら、北辰一刀流の初心者は、一年間は打ち込み稽古のみが行われ、試合は禁じられている。

晩年の千葉周作肖像画。「夫剣者瞬息　心気力一致」は北辰一刀流の要訣である（東條会館所蔵）

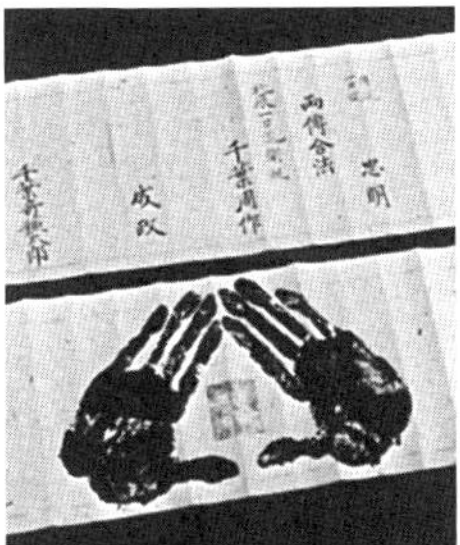
北辰一刀流皆伝と目録

こうした周作の集大成である〝しない打ち込み稽古法〟の「剣術六十八手」は、大正四年（一九一五）刊行の高野佐三郎著『剣道』において「手法五十種」として剣道正課に導入される。六十八手と五十種の技の比較は全日本剣道連盟編『剣道の歴史』に詳しいが、この脈絡が現代剣道の技術体系の根幹と解するのが一般的である。

さて、千葉家について書く。

千葉家の家伝の兵法の名は北辰夢想流という。周作の祖父幸右衛門、のち医者となる父の忠左衛門から長男又右衛門、次男周作、三男定吉は指南を授けている。ちなみに長男の又右衛門は、のち武州岡部藩に仕える。

その後、周作は浅利又七郎から一刀流を学び、さらに中西忠兵衛の道場で修業するが、従前のものを改組したいという周作と又七郎の考え方の相違から文政三年（一八二〇）に義絶する。

この反目についても諸説あるが、一刀流の研究を進めるうちに組太刀の不備に気付いた周作が、そのことを進言したものの、この改変に又七郎は頑《かたく》なに反対したとされる。

ただ、又七郎は周作を自分の道場の跡継ぎと考えて養子にしたほどで、その人柄と剣の力を十分評価していた。先に〝義絶〟と書いたのは、浅利家のかつとの結婚は解消されなかったし、また、又七郎からの一刀流免許は返したものの、中西道場の伝書は返上されておらず、こうした点を考えると、周作の将来を思う又七郎の黙認と見ることもできる。

上州、甲州、駿河、遠江、三河へ武者修業に出た周作は、江戸に戻り、家伝の北辰夢想流と一刀流を合法し、文政五年（一八二二）に北辰一刀流を創始。日本橋品川に道場を構え、〝玄武館〟と名付ける。文政八年（一八二五）に神田お玉が池に移転、ゆえに〝お玉が池千葉〟または〝大千葉〟と呼ばれる。

また、周作に劣らぬ北辰一刀流の遣《つか》い手である弟の定吉も嘉永元年（一八四八）頃に京橋桶町に道場を構え、〝桶町千葉〟、〝小千葉〟の名で知られる。

定吉は、周作の武者修業中も、玄武館開設のときも常に周作の傍《かたわ》らにその存在があった。

さらに周作が水戸藩主徳川斉昭《なりあき》に請《こ》われ、剣術指南役として水戸へ移り住んだ天保十年（一八三九）からの八年間、定吉は宗家代理として玄武館を仕切り、また周作の幼い子供たち、十四歳の寄蘇太郎、六歳の栄次郎、四歳の道三郎に北辰一刀流を伝授しただけではなく日常の生活指導にいたるまで行っている。周作にとって欠かせない人物であったことがわかる。

周作は安政二年（一八五五）十二月十三日に六十一歳で永眠しているが、その道統を継ぐべき子供たちは、いずれも早逝している。

長男寄蘇太郎は、父に先立ち三十一歳で、天才剣士といわれた二男栄次郎は三十歳、四男多門四郎は二十四歳で、維新を迎えることなく他界している。三男道三郎は、玄武館二代目を継ぎ、明治に入っても道場を維持していたが、明治五年に三十八歳でこの世を去っている。

もし彼らが長命であったら、今日に続く北辰一刀流の姿はどうなっていただろうか。

ともかく、周作の剣を継ぐ嗣子は絶えたが、玄武館の流れは、二代目道三郎の高弟の小林誠次郎の子野田和三郎が三代目を継ぎ、小樽に玄武館の名で道場を構える。

のち小林義勝、小西重治郎と続き、現在は小西真円が東京都杉並区に玄武館道場を開いている。

また、水戸において周作から剣を学んだ小澤寅吉が明治七年（一八七四）に〃東武館〃を開き、一郎、豊吉、武、喜代子（以上、小澤姓）、宮本忠彦と続き、小澤派北辰一刀流として、現在は小澤智が水戸東武館の道場主となっている。

一方、桶町千葉の系譜は、東一郎、束《つかね》と継がれ、明治三十年（一八九七）に一度道場を閉めたようだが、鶴太郎、晃、弘（以上、千葉姓）、その後〃北辰一刀流兵法千葉道場〃として大塚洋一郎、大塚龍之助と現在にいたり、流派の海外普及も図っている。

ついでながら北海道における北辰一刀流の剣士について、長谷川吉次著『北海道剣道史』のなかから取り上げてみた。

野田和三郎 ―― 小樽

明治十六年（一八八三）六月生まれ、大正三年（一九一四）に免許皆伝。関東大震災で玄武館が焼失後、高弟の小林誠次郎の子四郎、のちの野田和三郎が北辰一刀流の三代目を継ぎ、小樽に玄武館を再建、以後三十年にわたり組太刀、抜刀術などを伝承した。小樽玄武館の開館式には内藤高治、高野佐三郎が出席し組太刀の演武を披露したとされる。のち内弟子の小西重治郎が杉並区に道場を構える。

吉井恒政 ―― 函館

安政三年（一八五六）三月、山形県、旧天童藩に生まれる。玄武館で免許皆伝、明治二十八年（一八九五）七月に北海道函館警察に務める。明治三十九年（一九〇六）四月には北海道師範学校武術教授となる。退職後は、函館に居を定め、「揚武館」を開き、晩年は小樽で過ごした。門下に山下助太郎、河部三郎、太田徳一郎などがいる。

斎藤喜八 ―― 今金

明治十一年（一八七八）五月、宮城県で生まれる。北辰一刀流目録免許。明治三十一年（一八九八）に渡道。今金に入植する。のち小学校教員となり、昼は農作業、夜は青年に剣道を教える。

山下助太郎 ―― 函館

明治三十四年（一九〇一）八月、八雲町に生まれ、函館に移り吉井恒政に師事してのち、昭和六年（一九三一）に「函館武徳館」を開く。昭和九年（一九三四）の函館大火で道場が焼失するも、高盛町で再開、晩年は八雲に戻り、同町の剣道発展に尽力している。

音喜多保憲 ―― 旭川

明治四十年（一九〇七）六月、大分県に生まれ、小樽に移り、五歳のときから小樽玄武館で北辰一刀流を学ぶ。小樽の小天狗と異名をとるとの記述がある。その後、旭川に転居し昭和八年（一九三三）に第七師団の剣道師範、旭川師範学校の剣道指導などを行う。

龍馬とともに

桶町の千葉道場は、現在の東京都中央区八重洲二丁目あたりにあった。その近くに土佐藩邸があり、嘉永六年（一八五三）春に江戸へ出府した坂本龍馬は、玄武館ではなく定吉、重太郎父子の桶町千葉道場に入門する。

このとき定吉は、鳥取藩池田家に剣術師範として仕官していたとされ、龍馬は重太郎のもとで修業を始めたことになる。龍馬は約一年滞在後、一度帰藩し再び江戸に入って二年ほど、この桶町で稽古に没頭している。

ちなみに、のちに龍馬の許婚《いいなずけ》とされる重太郎の二歳下の妹佐那《さな》は当時十六歳である。女ながら中目録の腕前で逆胴の名手といわれている。龍馬は佐那について「剣も強く長刀もできて、力も並みの男より強い」、「昔つき合っていた平井加尾より美人である」などと故郷への手紙に書いている。

安政二年（一八五五）十月頃、重太郎に予期せぬことが起きる。鳥取藩士奥村力之助との稽古中、奥村の竹刀が割れ、その切先が面の中の重太郎の右眼を貫《つらぬ》いたと『千葉の名灸』にある。命に別条はなく、隻眼となったとはいえ、その技量、力量が衰えることはなかったという。

時は維新に向けて動いている。

重太郎と龍馬にとって勝海舟との出会いは、生涯での大きな転機であったことは確かであるが、この邂逅《かいこう》については、時期、場所、その内容などにいろいろと説がある。

文久二年（一八六二）十月、海舟の話として「坂本氏、かつて剣客千葉周太郎を伴い、余を氷川の寓居《ぐうきょ》に訪えり。時に夜半。余、為にわが邦《くに》海軍の興起《こうき》せざるべからざる所以《ゆえん》を談じ、娓々《びび》止まず、氏、大いに会する所ある如く、余に語りて曰く、今宵《こよい》の事、ひそかに期する所あり。もし公の説いかんによりては、あえて公を刺さんと決したり。今や公の説を聴き、大いに余の固陋《ころう》を恥づ。請う、これよりして公の門下生とならんと」と『追賛《ついさん》一話』に書かれている。

これが通説として、二人は斬るつもりで勝邸を訪れたが、転じて、その場で弟子となったということを裏付けているのであろう。

しかし、実際は、龍馬がすでに海舟に面会していて、その人物を認め、海軍の重要性を教えようと重太郎を伴って訪れたという話もある。

また、同じく海舟の話として、文久二年十二月二十九日の『海舟日記』には、「千葉重太郎来る、同時、坂本龍馬来る、京師の事を聞く」とあり、二人が京都、大坂を経て、神戸海軍操練所まで訪ねて来たとしている。これは、海舟の記録として龍馬の名が出てくる最初のものである。

さらに「十太郎が紹介をもて勝海舟翁の知遇を得、其間に寄食して航海学を学」という重太郎の紹介で龍馬が海舟に会ったという文書もある。

さらにいえば、通説的には、海舟と会って初めて海外事情を知ったとされるが、龍馬は海舟に会う前に土佐において、河田小龍から「航海通商策」を聞き、横井小楠《しょうなん》の開国論に賛同していたといい、すでに海外の情勢等に接していたと思われる。

こうしたことから、そもそも最初から二人に殺意はなかったともいわれる。このあたり談話に多く、資料は確認されていない。記憶違いや誇張があるのかも知れない。

いずれにしても重太郎は「千葉生来り、偽浪の事を話す」と『海舟日記』に記されており、海舟の門人となっていたことが窺《うかが》える。のちに重太郎の門弟《もんてい》の鳥取藩士黒木小太郎が海舟の弟子となっている。

文久三年(一八六三)に入ると、攘夷《じょうい》強硬派の志士による騒動が頻発《ひんぱつ》する。同年十月に但馬国において幕府代官所を襲った〝生野《いくの》の変〟の首謀者の原六郎、北垣晋太郎、のちの北垣国道《くにみち》らが密かに江戸に入り、これを桶町千葉では四、五ヵ月ほど匿《かくま》った。重太郎は、町奉行所の探索を事前に察知し、北垣らを逃れさせ、一人道場に残って捕方と剣を交えることを覚悟したという。北垣は海舟、龍馬とも交流がある。

結局、「千葉は勤王の志厚しと雖も必ずしも幕府に向ひて弓を引かんと欲する者にあらず」、また「万一追捕の挙に出ては、彼れ固より剣客塾中の徒と、腕の続かん限り相闘はば、当に大事至るべし」との老中板倉勝静《かつきよ》の擁護により事なきを得る。のち松山藩の板倉家に廃絶の危機が及んだとき、重太郎は勝静の子を新政府軍参謀の大村益次郎に附属させて板倉家の再興を助けている。

また維新後、北垣は京都府知事、北海道庁長官となり、原も実業家として成功するが、桶町千葉に助けられた恩を忘れず、その後、重太郎や千葉家を支援している。

妹の佐那について。

龍馬を慕い、独身を通したとされているが、明治七年に鳥取藩士の山口菊次郎と結婚し、数年後離縁したことが最近明らかになっている。

鳥取藩士として参戦

桶町千葉は西国諸藩、なかでも鳥取藩士が多かったらしい。

重太郎は、万延元年（一八六〇）、父の定吉に続き鳥取藩の剣術指南役に指名され、文久二年（一八六二）十二月には同藩の「周旋方探索兼」を務め、全国を巡って調査や交渉などを行っている。

慶応三年（一八六七）十一月十五日、衝撃的な事件が起きる。それは、京都近江屋において龍馬が京都見廻組《みまわりぐみ》の襲撃を受けて非業《ひごう》の死を遂げたことであった。重太郎にとって龍馬は、剣を通じて知り合った友であり同志である。

このあたりを境に、重太郎は尊王倒幕の選択肢を強固にしたのかも知れない。

鳥取藩は、藩主の池田慶徳《よしのり》が十五代将軍の徳川慶喜《よしのぶ》の兄であったことから当初佐幕派が主流であったが、次第に尊王派との対立による内紛が激しくなり、慶応四年（一八六八）一月の鳥羽伏見の戦いでは新政府側として参戦している。そのとき、重太郎は鳥取藩の歩兵頭として出陣している。

その後、東山道軍の〝山国隊《やまぐに》〟に属して北垣や原らとともに戊辰戦争を戦っている。

山国隊の隊長は鳥取藩士の河田左久馬、重太郎は隊長代理を務めながら、隊の金策もしていたらしい。上野戦争では、黒門の戦いでの山国隊の活躍ぶりが目覚しかったとある。

この功により河田は総督府参謀となり、山国隊は上野の警備部隊となるが、重太郎は、海舟、山岡鉄舟、西郷隆盛と協議しながら戦後処理に携わっている。

戊辰戦争後、重太郎は鳥取県に出仕していたが、免官後、冒頭の北海道開拓使の話となる。

さて、明治に入っての剣道史に話を移す。

明治維新によって進められた近代化は、伝統的なもの、もしくは非西欧的なものを否定する一面を持っていた。武術もその対象の一つである。

当時は東アジア情勢が不安定であったこともあり、武術の必要性が論議され、明治十二年（一八七九）に体操伝習所において学校教育の正課として「撃剣柔術適否調査」が行われる。

調査対象は剣術と柔術の九流派であったが、ここに重太郎とともに京都府知事の北垣も加わり、形数本を演じたと『大日本教育会雑誌』にある。結果として、武術の採用は時期尚早とされた。

学校教育に剣術を導入したいという重太郎の願いは、明治四十四年（一九一一）七月三十一日の文部省による「撃剣及柔術ヲ加フルコトヲ得」の施行規則改正まで待たなければならなかったが、これを受けて東京高等師範学校や大日本武徳会、武道専門学校において武道教員の養成が開始される。

重太郎が開拓使免官後の明治十四年（一八八一）一月、かつての同志である北垣京都府知事から、京都に招かれたことが『千葉の名灸』に綴られている。

「京都府体育演武場」の責任者として重太郎を呼び寄せたとされ、明治十五年（一八八二）一月に開所した演武場において、重太郎は北辰一刀流を教えたらしい。
明治十八年（一八八五）五月七日、重太郎は京都府立病院で生涯を終える。享年六十二歳。
没後の明治四十年（一九〇七）五月、往年王事に尽くしたとして正五位を追贈されている。

重太郎は、剣客列伝に名を連ねる一人であるが、剣で鍛えた剛胆かつ鋭利な部分を表面に出すことなく、実直にして孤疑心なき生き方を通したように思われる。

雑司ヶ谷霊園にある千葉定吉（左）と重太郎（右）の墓

晩年、重太郎の心には龍馬の面影とともに、北辰一刀流の「夫《それ》剣《けん》者《は》瞬息《しゅんそく》　心気力《しんきりょく》一致《いっち》」の要訣が、何度も甦《よみがえ》っていたのではないだろうか。

今、重太郎は、明治十二年（一八七九）に八十二歳で天寿を全うした父定吉と並んで東京雑司ヶ谷霊園の墓下に眠っている。

新選組隊士伝

動乱を駆け北辺の地へ、その残影を追う

幕末の京都に、浅葱色地の袖口に山形の白い模様を入れた羽織を身にまとい、さっそうと登場した新選組であるが、その命がたった五年余であったにもかかわらず、今も多くの日本人の関心を集めているのは、幕末維新史に流星のように瞬き、時勢に抗する者たちへの強い憧憬なのだろうか。

新選組終焉の地〝弁天台場〟の箱館ドック付近にあったが、明治29年（1896）に解体された

新選組終焉《しゅうえん》の地である箱館・弁天台場は今はなく、函館ドック付近に案内板と木碑が立つのみである。

新政府軍の砲撃に晒《さら》され、完全に孤立していた弁天台場の新選組は、明治二年（一八六九）五月十五

明治２年５月15日、箱館・弁天台場で作成された「新選組降伏名簿」

日に降伏する。「新選組降伏名簿」には九十二人の名が記されているが、京都以来の者はわずか十三人だけでしかない。
幾人かの、北海道ゆかりの新選組隊士を追ってみた。

島《しま》田《だ》魁《かい》

美濃国大垣に生まれ、のち島田家の養子となる。相撲取りのような巨漢であったという。心形刀《しんぎょうとう》流剣術を坪内主馬に、種田流槍術を谷万太郎に学ぶ。

新選組の第一次募集に応じ入隊、永倉新八を組長とする二番隊の伍長となる。箱館にいたるまで、一貫して新選組として闘い続けた。

明治二年の箱館時の編成は、桑名・備中松山・唐津の三藩士が加わり、すでに新選組とは名ばかりの混成集団となっていたが、隊長には桑名藩の森常吉、旧新選組隊士では島田が頭取として指揮に当たっていた。総勢百二十人ほどの隊である。

ちなみに、新選組本隊とは別に〝守衛新選組〟と称されるものがあった。新選組と離れて行動する土方を護衛することを目的としていた点に注目したい。会津に同行していた島田魁、中島登《なかじまのぼり》、漢一郎、畠山芳三郎、沢忠助、松沢正造のグループで、その隊長は島田であった。ただし、旧幕府軍の五稜郭占領後には解散している。

島田は弁天台場での投降後、名古屋に身柄を預けられる。

晩年は京都に住み、明治三十三年（一九〇〇）三月二十日、七十三歳で没するが、島田の残した「日記」は貴重な史料となっている。

島田葬儀の悔帳には、弔問に訪れた永倉新八改《あらた》め杉村義衛の名が記されている。

中《なか》島《じま》登《のぼり》

新選組隊士を絵姿として遺《のこ》した人物としても有名である。また、中島の「覚書」は甲州の戦いから箱館戦争終結までの同志の行動を綴ったものとして残されている。

中島は、奥州各地を転戦後、土方らとともに箱館戦争に参戦し、弁天台場において降伏している。その後、青森に移送され、再び弁天台場に収監された際に〝戦友姿絵〟を描いている。元治元年（一八六四）に入隊以来、共に戦い、散った同志への想いを込めて描かれた絵姿は勇壮なものばかりである。

明治の世では、鉄砲店を開業するなどしていたが、明治二十年（一八八七）四月二十日、五十歳にして静岡県浜松において没する。

中島　登。江戸で入隊し、箱館戦争まで戦う。「戦友姿絵」を描く

弁天台場において中島登が描いた土方歳三（「戦友姿絵」）（市立函館博物館所蔵）

田村《たむら》銀《ぎん》之《の》助《すけ》

慶応三年（一八六七）十月に、新選組

最年少の隊士として十二歳で入隊。二人の兄も隊士である。

流山脱出後、兄二人と別れて会津、仙台と転戦し、箱館へと渡り総裁付となる。

遊撃隊長の伊庭八郎の看護をし、その死を看取ったことを、後日、史談会の席上で語っている。また、五稜郭陥落前に「十五歳で命が惜しければ、七、八十でも惜しい。此城で死する覚悟である」と大鳥圭介に応じている。

降伏後、引前薬王院に収容、放免後は、西南戦争にも参戦。のち根室や釧路などに在住し、四年と短い期間だが官吏として務め、その後も、多くの職業を転々とする。大正十三年（一九二四）八月二十日、東京小石川にて死去。六十九歳であった。

加《か》納《のう》鷲《わし》雄《お》

天保十年（一八三九）十一月、生誕は南伊豆。幼名は、高野道助、文久二年（一八六二）から加納姓とし、通広とも名乗る。

阿部隆明と同じように、新選組から高台寺党へと離れ、開拓使役人に身を転じた人物である。北辰一刀流、大嶋流槍術を遣《つか》う。

加納は、神奈川奉行所に暇《いとま》願いを提出し、元治元年十月に新選組に入隊、伍長にまで昇格している。

慶応三年に伊東甲子太郎らとともに新選組を脱隊、同年十月一日の油小路の戦いでは、待ち伏せていた新選組の囲みを抜けて薩摩藩邸に逃れている。

加納は、史談会などで「夜の二時ごろ、襲って来る新撰組の刀が月に照らされてピカリと光ったので、目の前にいた者を袈裟《けさ》懸《が》けに殴り、突き飛ばして、その上を飛び越すと、また襲って来る者がいたので、これも運よく倒して脱出した」という話を残している。

慶応四年（一八六八）四月四日、大久保大和と名乗る近藤勇の正体を暴露した人物としても知られる。

明治二年五月、西郷隆盛は、「加納道之助と申す者はやはり新撰組に御座候えども、戦争前に悔悟《かいご》いたり帰向の者にて」との文を添え、新政府に推薦している。戊辰《ぼしん》戦争で果たした役割を高く評価したものと思われる。

こうした経緯から〝鹿児島県士族〟として、明治四年（一八七一）十二月、阿部よりも三ヵ月早く開拓使入りしている。勤務場所は東京出張所、部署は農業掛《かかり》、その後、函館の七重《ななえ》勧業試験場にも勤務した。

開拓使廃止後は、農商務省に出仕し、主に産業振興に貢績を残した。

札幌工業事務所に勤務したのち、東京麻布に移り、北海道物産を取り扱う商事会社を興《おこ》した。明治三十五年（一九〇二）十月二十七日、東京麻布の自宅にて病没している。享年六十四歳。

前《まえ》野《の》五《ご》郎《ろう》

弘化元年（一八四四）、阿波徳島藩に生まれる。札幌の里塚霊園に墓碑のあることが、北海道幕末維新史研究会の調査により明らかになったのは、昭和五十八年（一九八三）八月のことである。

慶応二年（一八六六）入隊。翌年には幕臣に取り立てられている。

「刀の鑑定では先ず隊内第一、馬は頗る上手であった」と、子母澤寛《しもざわかん》の『新選組物語』にある。慶応三年に伍長、鳥羽伏見の戦いに敗れ、近藤らとともに江戸へ逃れる。

慶応四年三月、近藤と決別した永倉新八の靖共隊に加わり、取締士官として奥州に戦うが、会津で薩摩藩に降った。前述の加納の計らいで薩摩藩に属することとなる。明治二年九月、開拓判官岡本監輔《けんすけ》の付人として樺太に渡る。明治四年に開拓使を依願退職し、札幌の南四条西四丁目に御用女郎屋として貸座敷業を営む。当時、この一帯は薄野遊廓であった。明治六年の札幌区の所得番付の二十位に前野の名前があることから繁盛の程が窺《うかが》える。

明治十九年（一八八六）に南一条東一丁目に転居し、札幌県の組長として県行政の一翼を担っている。

明治二十四年（一八九一）二月二十二日、札幌南二条の立花座で開催された「国家之骨髄大撃剣大会」では、前野は検証役、会計取締、出場剣士と一人三役をこなしたという。

同年五月には、千島漁猟共救組合を設立する。

『明治過去帳』によると「明治二十五年（一八九二）四月十九日、択捉島沙那郡磯谷山中での狩猟の際、銃の暴発により死す」とある。四十八歳であった。

足立麟太郎《あだちりんたろう》

慶応三年、江戸の募集で見習い隊士として入隊。まもなく平隊士に取り立てられた。

「ある戦闘で刃を交えるうちに愛刀を折ってしまい、屯所に駆け戻って近藤局長から一刀をもらい受けて、再び現場で戦った」という話が口伝として残っている。

鳥羽伏見の戦いの後は、江戸で隊を脱し、名前を足立民治と改名。

明治八年（一八七五）に開拓権少主典に任ぜられ、札幌本庁に赴任する。同二十年札幌商業会議所議員となり、同四十四年札幌区会議員に当選。そして、大正二年（一九一三）に札幌区長に当選したが、辞退してその座には就かなかった。

大正三年（一九一四）刊の『北海道人名辞書』に「性温厚にして人望あり。札幌区の老鎮として重きをなす。近世や世事に疎んじ、庭園を友として余生を送れり」とある。

大正八年（一九一九）八月十六日、札幌において七十三歳で没する。

野村《のむら》利三郎《りさぶろう》

弘化元年、美濃国大垣に生まれる。本姓は源、諱《いみな》を義時という。慶応三年、局長付の隊士として入隊。新選組最後の隊長である相馬主計《かずえ》とは朋友である。

下総流山で近藤勇が新政府軍に出頭した際に、従者として付き添い、一度は捕縛されて処刑されるところだったが、近藤の助命嘆願によって相馬とともに釈放される。

その後、相馬と陸軍隊に加わり、仙台で新選組に復隊、鷲ノ木《わしのき》に上陸後、土方歳三のもと五稜郭を目指した。『蝦夷錦』に「この時、新選組より一小隊を分隊し、

新選組隊士の袖章

野村利三郎これを引て陸軍隊に付属せり」とあり、野村が新選組の小隊長を任じていたことがわかる。

箱館では、陸軍奉行並、箱館市中取締役裁判局頭取であった土方の直属の部下として、陸軍奉行添役介に就き、市中取締などを行った。総裁榎本武揚は、野村をして「生質、強勇短気にして身を誤ると雖も、志清直の士」と許している。酒を好み、情に厚く、勇猛果敢であった。

明治二年三月二十五日、宮古湾海戦に参加。新政府軍の最新鋭艦「甲鉄《こうてつ》」を奪取する作戦だったが、旧幕府軍艦の「回天《かいてん》」との甲板の高低差が三メートルもあり、兵はこれを飛び降りなければならなかった。結果、七人が飛び移った。『蝦夷錦』に「野村自ら望んで先手に加わり」とあり、実際、二番手で乗り移ったとある。このとき、「回天」への帰還者は二人。

斬り込んだ野村は、十余人を斬るが、激闘の末、華々しく討死を遂げる。槍で背を突かれ、もしくは銃に打たれて海中に落下したとの説もある。行年二十六歳。

新選組は、遺体のないまま称名寺に墓碑を建立したが、現存はしていない。

三井丑之助《みついうしのすけ》

天保十二年（一八四一）に上野国邑楽部館林、現在の群馬県館林市に生まれる。牛之助とも名乗る。

慶応元年（一八六五）の江戸での隊士募集に応じて新選組に入隊し、上洛。慶応三年六月の新選組名簿に平隊士として名がある。

在隊中には、内海三郎、松本喜次郎、近藤芳助の四人で隊規違反者を追って捕縛し、連れ戻すなどの経歴がある。三井の剣歴は定かではないが、追っ手として選ばれていることから、剣の腕は立ったものと考えられる。

慶応四年の鳥羽伏見の戦いには、新選組として参戦。敗れて江戸に帰還後、甲陽鎮撫隊に加わっている。甲陽鎮撫隊では勘定所に属している。

三井は、元新選組隊士が下総流山に移動する際に、江戸で脱走とされるが、綾瀬の五兵衛新田に集結後、脱したとの説もある。

阿部隆明の談話に「三井丑之助という者が白河の戦いで降伏して薩州藩になっておった」とあるが、実際は板橋の新政府軍総督府に投降、以後、捜索方の任務に就いている。薩摩藩の御国兵隊に属し、箱館戦争まで従軍している。

詳しい経緯は不明だが、西郷隆盛の新政府に宛てた推薦状も残されており、この願い出により薩摩藩付属の身分から、御小姓組として薩摩藩士と同等となっている。

明治二年七月、三井は新政府に出仕、弾正台巡察となる。明治四年十二月には、「鹿児島県士族」として開拓使に採用されたが、病気のため翌年十月に免官となっている。

明治七年（一八七四）二月、再び開拓使に出仕し、阿部隆明らとともに佐賀の乱の探索などに当たっていたが、同年五月に退官。ただし、開拓使吏員として渡道歴は確認されていない。

後年、東京渋谷に居住していたらしいが、その消息は不明である。

森《もり》 常《つね》吉《きち》

文政九年（一八二六）、江戸八丁堀に生まれる。東京と桑名に墓があるが、いずれの碑にも本名である森陳明《つらあき》と名が刻まれている。

森は、桑名藩十一万石の首席周旋方として、藩主松平定敬《さだあき》を補佐する地位にあり、当時の公用記録などによく名前が見られることからも藩を代表する人物だったことがわかる。

桑名藩は、幕府方として奮戦するが、時世を味方にすることはできなかった。定敬は、兄の会津藩主松平容保《かたもり》とともに薩摩、長州を相手に戦うことを選択していた。藩主に同行し、江戸へ向かった藩士は五百人ほど。抗戦派と恭順派に分かれるが、抗戦派の約五十人が上野戦争に参加する。この戦さに森も名を連ねている。

森らは、外国船に乗り、塩釜に上陸、会津、米沢を経て福島に来ていた藩主定敬に再会することができた。

旧幕府海軍の蝦夷地渡航を聞き、榎本武揚に会った森は多人数の乗船は断わられたものの、藩主定敬と随行者三人を条件に認められる。一方、森自身は、京都以来旧知の土方歳三の誘いもあり、新選組に入隊することで蝦夷地行きを可能とする。

旧幕府軍の鷲ノ木上陸後、七重浜付近での松前藩兵との戦闘で負傷するが、翌年、春に復帰し、その後、旧幕府軍の再編成に伴い、箱館新選組の隊長ともいうべき改役頭取に選出される。

箱館戦争終結時には、五稜郭に詰めており、弁天台場での新撰組降伏名簿に名はない。

降伏後は、謹慎を経て、刑部省から旧藩に引き渡され、抗戦派の首謀者として、江戸深川の藩邸にて切腹。

享年四十四歳、明治二年十一月十三日のことである。

辞世の句が残されている。

なかなかに惜しき
　命にありながら
　　君のためには何というべき

新選組が誕生したのは文久三年（一八六三）八月十八日である。その名は、江戸中期に会津藩に存在した精鋭部隊に由来し、会津藩主松平容保が命名したといわれている。

冒頭で、浅葱色、袖口白のダンダラ模様の羽織のことを書いたが、このスタイルは結成当初の夏用のものだったらしい。池田屋事件以降は全く使用されていない。実際、往時の京都に住む人の話では、黒衣黒袴姿のイメージが濃いようである。

幕末動乱の世を〝誠〟の旗とともに駆け抜け、北辺の地を踏んだ隊士たちだが、かつて京洛に名を馳《は》せた〝新選組〟という名の下《もと》、果たして、その残照のなかで何を背負い、何を貫《つらぬ》き通そうとしていたのだろうか。

近藤勇《こんどういさみ》、その剣風

天然理心流四代目宗家

一に気組、二にも気組

新選組皆伝の書といえば、子母澤寛《しもざわかん》の『新選組始末記』であろう。特に、第二次世界大戦後、勤王の志士に対する敵役として、また時流に逆らう反動分子として再三登場する新選組を、一変、歴史の流れのなかに位置付けた功績は大きい。子母澤寛が新選組の調査を開始したのは大正十二年頃からで、初版は昭和三年（一九二八）七月である。ここから新選組に対する大衆の視線が変わったといっても過言ではない。

近藤勇も新選組という戦闘集団のなかで求心力を持つリーダーに変貌し、怒濤の時代を駆け抜けることになるのだが、その実像は古写真に見る顔付きなどから推し量るしか途《みち》がない。

まずは、『新選組始末記』のなかから近藤の人柄などを追うこととしたい。その姿は〝八木為三郎老人壬生《みぶ》ばなし〟から窺《うかが》い知ることができる。

八木為三郎は、壬生浪士屯所となった八木源之丞の次男であるが、同じ屋根の下、屯所内での隊士の暮らしぶりなど、人物評価も交えて多くの貴重な証言を残している。

「近藤勇は、たくさんいる新選組の中でもさすがに違っていました。私どもは、ああして前後四、五年も朝夕顔を合わせていたのですが、あの人の酔って赤い顔をして歩いているのなどは見たことがありません。私どもに逢っても、何かしら言葉をかけて、ニコニコして見せる、無駄口は利かず、りっぱな人でした。刀の話が好きだったと見え、父と話している時は、大てい刀か槍の話でした」。

一方、乱暴な芹沢鴨《せりざわかも》と比較しながら、寡黙な

京都・壬生寺の近藤勇像

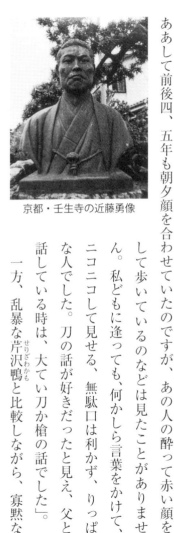

近藤の方が隊士たちにとっては怖い存在だったとも述懐している。剣に厳しく、剛毅木訥《ごうきぼくとつ》、一途な性格が、組織のなかでは圧迫感に繋《つな》がっていたのかも知れない。

以下、四行は余談。

近藤は、宴席での酒は進まず、出される料理の方に箸が進んだようで、江戸の友人への手紙などを見ると、玉露に大福をつまむ甘党だったとも伝えられている。

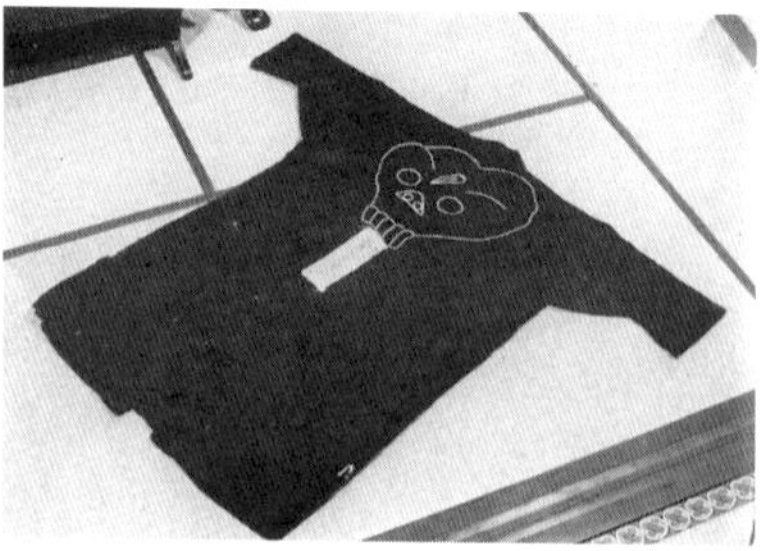

近藤が出稽古に際して着用した稽古着。背中にドクロが刺繍してある（小島資料館所蔵）

さて、近藤は、実戦性の高い天然理心流の四代目宗家としても知られるが、常日頃から「剣術は一に気組《きぐみ》、二にも気組」が口癖であった。気組とは、何事にも動ぜず、胆力による相打ち覚悟の気迫のことを言うのである。

天然理心流は、剣術だけと思われがちだが、他に柔術、棒術、合気術を含む総合武術である。例えば、柔術との合体技として、正面に座った相手が急に襲ってくるのを倒すため、抜き打ちを封じ、顔面に二度の正拳突きを放つ「巻揚《まきあげ》」などがあるが、いずれも実戦的な凄みが伝わる技である。

稽古用の木刀も独特の太さのものを用い、腕力とともに手の内を鍛え、相手の斬撃を鎬《しのぎ》で受け流す術を養う。当時での伝授期間は、平均して入門から切紙に一年六ヵ月、切紙から目録に一年六ヵ月、目録から中極意目録まで三年二ヵ月、そこから免許まで三年六ヵ月を要していた。中極意目録以上の者に伝授される技として「無明剣」「霞剣」「雲向剣」などがあり、いずれも捨て身の刀法である。攻めるも気迫、守るも気迫という天然理心流の動きは、絶えず前に出て反撃するということが随所に見られる。

また、近藤の書簡に「白刃《はくじん》の戦は竹刀の稽古とは格別の違いもこれなき候間、剣術執《しゅ》行《ぎょう》は能々致し置き度き事に御

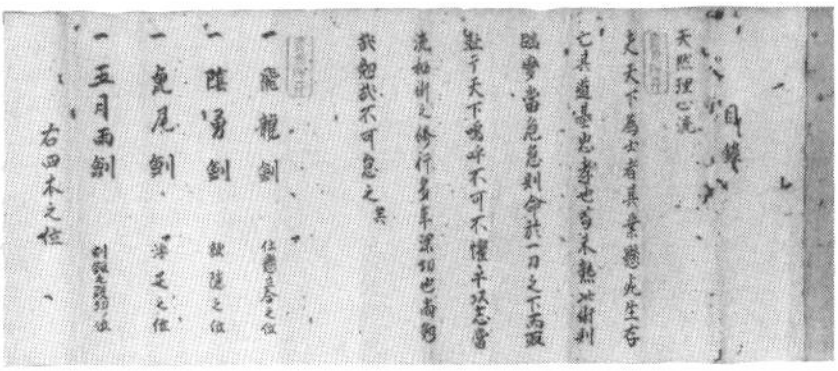
天然理心流目録。真剣による四つの形を会得する

新選組の印（小島資料館所蔵）

座候」とある。竹刀での稽古による修行を実戦の場にも活かしていたことが十分に窺《うかが》われる文面である。

さて、近藤の剣風はいかなるものだったのだろうか。

道場稽古では、腰をぐっと出した少し反《そ》り気味の構えで、こせこせした小業《こわざ》のない、手堅い剣法を遣《つか》ったようで、小手打ちが見事に決まると大概の相手は竹刀を落としたという。打たれる方も大変だが、よほど手の内が締まった強烈な打ちであったと思われる。

『新選組始末記』に記された佐藤俊宣翁談によると、「日頃の挨拶や、雑談の時には、ごく細く低い声であるが、いざ立会となると、その掛声の大きく烈しいことは、相手の腹にぴーいんぴーいんと響いた。ええッ、おうッという声で、太い強い人は、たくさんあるが、勇のは調子高い細い声で、しかもそれが腹の底から出るので、実に鋭いものであった。立会の掛声としては特徴のある人であった」とある。

現代剣道においても、人によって発声は様々だが、同様に烈しい気迫が要求され、裂帛《れっぱく》の気合いといわれるような掛け声をお互いに発する。掛け声は、所作に活気を加え、技が充実するという効能を持つが、打つ前に気魄《きはく》で相手を圧することに大きな意味を持つ。こうした段階を十分踏まえ、究極的には〝内に充実して、無声となる〟境地が理想とされているが、無声によって相手を圧する域まで到達するには相当の鍛錬が必要と思われる。

近藤は、宮川久次郎の三男として生まれ、幼名を勝五郎という。剣の腕を見込まれ、天然理心流宗家三代目の近藤周助の養子となったのは嘉永二年（一八四九）、十六歳のときである。これより名を勝太、諱《いみな》を昌宜《まさよし》と名乗り、文久元年（一八六一）に近藤勇と改名する。以後、市ヶ谷柳町（現在の新宿区市谷）の「試衛館」時代を経て、幕末の京都で名を馳せることになるが、この間の経緯については、他の文献に譲《ゆず》ることとする。

下総流山と近藤の最期

江戸幕府が開かれたのは、慶長八年（一六〇三）である。流山にとっての大きな

近藤の書。我流ながら筆路は非常に明快である

変化は、利根川の東遷工事により江戸川が開削されたことによる水路交通の集散地としての利便性が高まったことであろう。現在、約十五万人の人口を有する市域のほとんどが、かつては幕府直轄の天領であった。また、この地は、近藤が最後の陣を敷き、かつ捕らえられた地としても市史に刻まれている。

近藤ら新選組は、慶応四年（一八六八）一月の鳥羽伏見の戦いに敗れて海路江戸へ戻り、その後、甲陽鎮撫隊として甲州勝沼で新政府軍と戦うが、戦闘二時間に及ぶも、これにも惨敗し、再び江戸に戻ることとなる。

ここで、試衛館以来の盟友永倉新八、原田左之助との訣別《けつべつ》の場面を迎える。

永倉の遺した『浪士文久報國記事』によると、永倉と原田が残った隊士とともに会津で再起を図るべく、近藤を訪ね説得をしたが、近藤は怒りを含みながら「我が家来に相成るなら同志いたすべく、さようなければぜひもなくお断り申す」と応え、このことが袂《たもと》を分かつ原因となったとされる。

これが近藤の失言なのか、両者の齟齬《そご》なのかは不明だが、これを分岐として各々の道を歩むこととなる。永倉らは、「靖共隊」を組織し、宇都宮、日光口から会津へと戦い抜く。さらに後日、永倉の手記によると「斎藤一《はじめ》は手負い、病人の世話をいたし会津表へ参る」とあり、介護の隊士を含めた負傷者とともに斎藤もまた、近藤の元を離れた。

その後、近藤は江戸から五兵衛新田（現在の足立区綾瀬）に拠点を移し、同年四月一日下総流山に転陣する。当初、近藤は、新規募兵のうえ兵を訓練し、新生新選組として会津藩とともに抗戦するつもりでいたらしい。

近年、流山で発見された恩田家の資料によると「江戸方歩兵三百八十から三百九十人余は、一日より二日にかけて流山の光明院、流山寺その他に止宿。長岡七郎兵衛方が本陣となり、この家に大将の大久保大和（近藤勇）と内藤隼人（土方歳三）の両人がおり、その他に大勢止宿していた」とある。この古文書には、新政府軍の陣容、さらには流山の人々が近村へと逃げ去ったなどの様子も記されているという。

島田魁の日記によると、「四月三日の昼、敵兵不意に襲い来る」とあり、突如、新政府軍が本陣を取り囲んだことがわかる。

すでに死を覚悟していた近藤を、継戦を望む土方が慰留に努めたが、近藤は敵陣に出向くことを決意し、越谷の新政府軍本営に送られることになる。結果として、この近藤の出頭が流山を戦火から救った。

正体を知られた近藤の処遇について、薩摩藩は寛容論を主張するが、東山道先鋒軍は土佐兵が主力であり、その土佐藩は厳罰論を覆さなかった。これは土佐藩が、池田屋事件で長州藩同様多くの同志を失っており、さらに坂本龍馬暗殺を新選組が行ったと誤認していた時期にあって、過激なほど私怨に包まれていたことによる。

慶応四年四月二十五日、土方らの助命嘆願も叶《かな》わず、近藤は板橋宿において斬首される。下総流山に転陣してから二十五日目のことである。享年三十五歳。

死の直前、近藤が詠んだとされる無念の胸中と将軍に対する報恩の真情を訴えた詩《うた》がある。

孤軍 援《たすけ》絶えて俘囚《ふしゅう》となる

顧《かえりみ》て君恩を念《おもえ》は涙更に流れる
一片の単衷能《よ》く節に殉ず
睢陽《すいよう》千古是れ我が儔《ともがら》
他に靡《なび》き今日復《また》何をか言わんや
義を取り生を捨つるは吾が尊ぶ所
快く受けん電光三尺の剣
只《ただ》一死を将《もっ》て君恩に報いん

近藤の没後、土方は死地を求めて転戦し、明治二年（一八六九）五月十一日、箱館一本木付近において馬上銃弾に斃《たお》れる。幕末の京洛より激しく戦い抜いた男の三十四年の生涯であった。同月十五日、箱館弁天台場における降伏により、新選組六年の歴史は終焉する。「新選組降伏人名簿」に隊士九十二人とあるが、京都以来の者はわずか十三人であった。

祖父、永倉新八の面影

かつて同居の孫、杉村逸郎氏に聞く

刀のきっ先が目の前に

――元治元年（一八六四）六月五日、夜更。永倉新八ら新選組十人は、市中見廻りで、三条小橋の池田屋において、潜伏する志士たちと遭遇、壮絶な斬り合いとなった。

狭い旅籠《はたご》での戦闘は、新八の刀を折り、左手親指の付根を深く抉《えぐ》るほどのものであった。

逸郎　真剣の立ち合いは、当人同士にしてみれば刀のきっ先がすぐ目の前にあるが、横から見ると三間も四間も離れていた。真剣とは、実に恐ろしいものだと言っていました。

池田屋の斬り込みなどは、一人だけを相手にしていたわけではなかったし、たいへんなものだったでしょうね。

――鳥羽伏見の戦いから、江戸に戻った新八は、甲陽鎮撫隊に加わり、勝沼の戦いを経てさらに靖共隊を組織し、宇都宮から日光へ、そして会津から米沢へと移動している。

祖父永倉新八の面影を語る杉村逸郎氏

逸郎　文久三年（一八六三）に、新選組幹部連中が京都の大丸呉服店に注文して作らせたという陣羽織りが、今、チョッキ型で残っていますが、その裏地に自筆で「武士《もののふ》乃《の》節を尽くして厭までも貫垂《つらぬきたる》竹乃《の》心《ここ》ろ一筋」等々記されています。

その文中、「チンキ」とは、「チョッキ」でしょうね。「イタス」というのは書いたということですよ。だから、勝沼の戦争が終わってから、「会津へ脱すとき」に羽織りをチョッキに作り直したということを、後年になって、裏に書いたんです。
私の記憶では小樽で、新八がこのチョッキを着ていたことはありませんね。母がしまっておいたんでしょう。

――明治二年（一八六九）二月、松前藩に復帰。明治三年三月、新八は、東京を離れ、福山で藩医の杉村松柏の養子となった。明治八年（一八七五）五月、杉村新八は家督を相続し、名を義衛とした。

逸郎　小樽では、友人らしき人はいませんでした。ただ、北海道に渡ってきた時に、同志が四、五人は居たはずだと故栗賀大介さんは言っていましたね。
だけど、当時は新選組という経歴を持った人は、どこも行く場所などなかったですよ。帰参を許された松前藩では、フランス式の歩兵調練の教師を務めていまして、「松前藩軍曹に叙す」という、今で言えば辞令書みたいなものでしょうが、そんなものがありました。

――明治十五年（一八八二）十月から約四年間、新八は、月形町樺戸《かばと》監獄に剣術師範として招かれた。その後、函館、東京などを遊歴し、小樽へ帰ったのは、明治三十二年（一八九九）のことである。

逸郎　当時、小樽から月形に戸籍を移さねばならなかった。というのは、官吏として監獄に務めなければならなかったからだと聞いています。

小樽での住居は、現小樽市役所のすぐわきで、今は、もう何も残っていないが、小樽区聯合衛生組合の社宅でした。表示は、小樽区公園原野三番地です。

同居していたのは、じいさんと両親、私と下の弟二人でした。じいさんの家内のよねは、どこに居たかというと、私の母親の兄貴の杉村義太郎のところにおりました。なぜ、この老夫婦が別居していたかについては、私も小さかったから、よくわかりません。

この頃の思い出として、私が七歳位のとき、じいさんに、車輪が四つ付いた台の上の木馬によく乗せられまして、市役所わきの細い坂道を小樽公園まで登りました。じいさんが、引っ張ると木製の車輪が、ギリギリ鳴っていたのを覚えています。孫には、とてもやさしかったですねえ。

服装はというと、洋服姿なんか見たことはありません。木綿の棒縞の和服などを、よく着ていましたよ。

また、晩年も酒と肉が好物で、量は多くなかったけれど、毎日、晩酌はしていました。

――大正二年（一九一三）三月から六月上旬にわたって、当時の小樽新聞が、存生中なる新八を訪問して、その回想録を絵入りで連載した。

『新選組顛末記《てんまつ》』のなかの資料「永倉翁の俤《おもかげ》を偲びて」（佐々木鉄之助著）において、新八は、「自分の語るところが順序を追うてるということでもなし、また実際順序正しく語るというのは容易なことではない、アナタも非常なお骨折りでもあるから自分の日誌をお目にかけましょう」と語っている。

また、新八について、「あの小肥りの、そしてまぶし気な眼つきをしたしたしみぶかい童顔を、ときどき緊張させつつ、あるいは大刀をもって敵を斬り倒し、あるいは長槍をふるって刃むかう者を突き殺した場面を物語ったその俤に接するの想いあらしめるのである」と綴っている。

この文面から、往時を回想しながら語る新八の様子が窺《うかが》われる。

逸郎　二ヵ月か三ヵ月間ぐらい、小樽新聞の記者が、毎日、来ていたように思います。

原稿は、じいさんが自分で、新聞広告のチラシの裏に、筆字で書いていました。書体が毛筆で、自己流なもんだから、内容がわかりませんでしたが、それでも、よく記憶していて、新選組のことを現代に詳しく伝えていると思います。

〝悪名高き暴力団〟だった新選組の存在が変わってきたのは、昭和三年（一九二八）の子母澤寛《しもざわかん》の『新選組始末記』によるところが大きいと思いますよ。

私のところに取材なんかが増えてきたのは、日活などで新選組を主題とする映画がたくさん作られた頃からですかねえ。

――新八は、八歳で神道無念流の達人岡田十松を師範に定め、厳しい剣術修業を志《こころざ》した。十八歳で本目録を許されたという。

逸郎　新八の身長は、一六五センチぐらいのズングリ型。声は覚えていませんが、体格はがっちりしていました。酔っ払って手に竹をさしたり、池田屋の時にも斬られていたので手は不自由のようでした。

それでも、いい刀ではなかったけれど、刀を持って素振りをやっていました。上段に構えて、こうだこうだと言って振るんです。

簡単な形も教えてもらったことがあります。その影響かどうかわかりませんが、私も十五歳のときに、小樽の〝玄武館〟という道場で、五年くらい剣道をやったことがあるんですよ。

北海道大学道場での顚末

―― 大正二年（一九一三）夏、剣道袴に紋服姿のいでたちの学生数人が訪れた。ぜひ、新八に実戦の話や形などを指導願いたいという。新八は、この話に張り切り、家族の心配をよそに、札幌の道場へと出かけた。

逸郎　じいさんが七十五歳の頃でしたかねえ。北海道大学（当時は東北帝大農科大学）へ防具もつけずに教えに行きました。

剣道の基礎は、形から入るもんですからね。だから、北海道大学では形だけを教えたんです。神道無念流がどういうものかわかりませんが、そういったことを示そうとしたんでしょう。

――「北大演武場に立った杉村義衛翁は、額《ひたい》に鉢巻き姿で、高々と股立《ももだ》ちをとって、白刃《はくじん》のなかをくぐってきた往年を瞼《まぶた》に描きながら、大いに張り切ってみせたらしい。しかも、もっとも得意とする神道無念流の型をみせ、その他諸流の型をみせて、居ならぶ学生を唸《うな》らせた」（栗賀大介著『新選組興亡史』より）。

その後、真剣をとって、大上段に構え、「人を斬るときには、こうして斬る」と大きな声を出したものの、そのまま道場の床にひっくり返ってしまったという。新八も齢には勝てなかったようだ。

この新八が形を演じた道場は、現在の北海道大学本部の北西、北区北九条西五丁目にあった。昭和六年（一九三一）に取り壊され、今は跡形さえもない。

昭和五十二年（一九七七）八月五日、この新八ゆかりの道場近く、北区北九条西四丁目に北区役所の手によって「新選組隊士、永倉新八来訪の地」という高札形の歴史案内板が立った。

除幕式は、杉村逸郎氏、杉村康郎氏をはじめ、地元町内会の人たちも集まり、しめやかに行われた。

この高札形の案内板も、現在は、北区歴史と文化の八十八選の一ヵ所としての標示板に形を変え、場所も北大正門前の右側に移されて立っている。

文久三年の新選組結成以来、数多くの白刃の下をかいくぐってきた新八も、大正四年（一九一五）一月五日、七十七歳でこの世を去った。

逸郎　じいさんが死んだとき、私は義父のところに行っていて、死に目に会えなかったんですが、水を含ませた綿を死んだじいさんの唇に当てたりしました。また、その時は、今のような寝棺でなく、座棺というのか、樽の中にあぐらをかいて座らせていました。私は焼場まで行きませんでしたけれども、その日は、雪が深かったのを覚えています。

それまで、じいさんは、いたって元気で、内蔵の病気などなかったはずですが、抜歯後、それが化膿して、骨膜炎となり、命取りの敗血症となったようです。

小林多喜二とのエピソード

――新八が死んだとき、逸郎氏は、小樽花園尋常小学校在学中であった。逸郎氏は、その後、旧北海道庁立小樽商業学校へ進み、百十三銀行小樽支店に入行する。二十二歳のときである。

逸郎　旧北海道銀行の方の為替係に、小林多喜二がいました。小樽商業高校の三年先輩で、銀行員同士ということもあって、そこそこの面識はありましたね。

多喜二さんが、「小樽の小劇場で『海戦』というロシア小説を劇化するんだが、大砲の音を出すために、ピアノの低音が必要なんだ」と持ちかけてきたんです。

これは、多喜二さん自身が、東京の劇団「築地小劇場」を当時の小樽中央座に招いて、実現したものですよ。

私の叔父の義太郎が、北海ホテルを経営していて、そこにピアノがあったものだから、「すまんが、借りてくれないか。ただ、お礼する金はない。入場券五十枚を渡すから――」。それで、ピアノを運べということで、以来、親しくなりました。

飲みにも行きましたが、いいところへは行かない。そば屋なんかで飲むんですが、いつも、つり鐘マントでぶらりというような印象があります。

ただ、私が京都新選組副長助勤・永倉新八の孫というような話はしなかった。

多喜さんは、この後、銀行をやめて、上京したが、彼の悲劇が始まるのは、その頃からですかねえ。

——逸郎氏は、戦後、銀行をやめて、小樽拓殖ビルディング食堂を経営、大北火災保険会社に入社、この会社が合併して興亜火災となり、この札幌支店直営課長で停年を迎えた。

逸郎氏は、明治三十八年（一九〇五）六月二十九日生まれ、平成二年（一九九〇）で八十六歳になる。

逸郎　三年に一回、十月頃ですが、東京で新選組の子孫などが集まって構成する新選組を語る会が開かれていますが、土方や宮川、松平容保《かたもり》のお孫さんたちが来ています。芹沢鴨《せりざわかも》のお孫さんと会ったときなどは、なんとなく変な気持でしたね。

——史実は、親が子に、子が孫に伝えることによって、後世の人々に残されるものであろう。

青春を剣に賭し、幕末から大正の世まで生きた新八であるが、晩年、小樽の海を見ながら、「海の向こうの空を見ていると、むかし、出会ったいろいろな人たちの顔が、次々にうかんできてねえ……それがまた、とても、たまらなくおもしろくて、なつかしくてな」（池波正太郎著『幕末新選組』から）と思う古老の姿が目に浮かぶようである。

杉村逸郎氏について

本編の〝永倉新八〟の冒頭に「カラコロと車音をたてながら孫たちを木馬に乗せて…」と描いているとおり、まさにその木馬に乗せられた孫の一人である。小樽に身を移していた永倉新八とともに暮らし、より詳しく面影を知る人物であったが、平成七年（一九九五）八月二十五日、九十二歳で生涯を閉じている。

杉村逸郎氏とは、昭和五十一年頃に知り合っている。

昭和五十二年（一九七七）八月五日、北海道大学正門前に設置された永倉新八の歴史案内板の除幕式、懇談会には、当

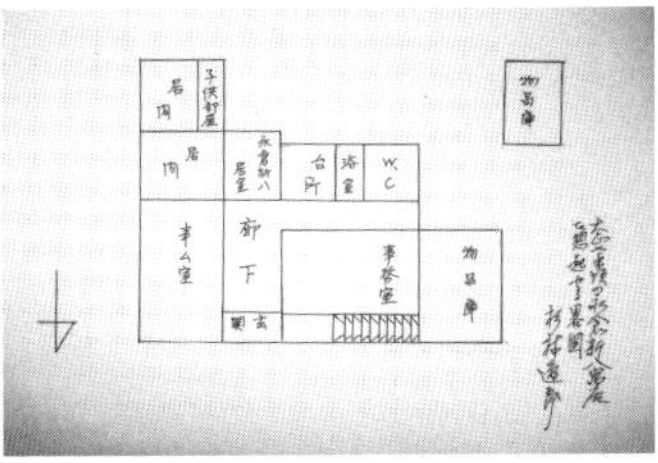

杉村逸郎氏が書き残した新八の住んでいた社宅の１階見取り図

「永倉新八来訪の地」歴史案内板の除幕式。写真中央が杉村逸郎氏、その左に杉村康郎氏

時七十二歳の逸郎氏、六十五歳の康郎氏の両孫とともに主催者側として同席。その後、小樽にも何回か同行し、小樽中央墓地にあった永倉新八の墓、かつて共に住んでいた小樽区聯合衛生組合の社宅跡地を訪れ、その建物のスケッチや間取り、また墓石の由来等々についてご教示いただいた。

本稿は、平成二年（一九九〇）札幌市南三十四条西十丁目の自宅を訪れた際に、聞き取ったものを、平成四年（一九九二）六月五日発行の『北の幕末維新』（第三号）に掲載したものである。

主な参考文献

　各々登場人物に関連する文献については、数多くを参考としているが、市町村史、古書、新聞掲載論考などを含め、その全てを列記することは割愛し、主な著作を記している。

『北海道剣道史』　長谷川吉次
『続北海道剣道史』　長谷川吉次
『三十年史』　北海道剣道連盟編
『五十年史』　全日本剣道連盟編
『剣道の歴史』　全日本剣道連盟編
『会津剣道誌』　全会津剣道連盟編
『一刀流極意』　笹森順三　体育とスポーツ出版社
『千葉周作遺稿』　千葉栄一郎編　体育とスポーツ出版社
『北区エピソード史』　札幌市北区役所編
『現代に残る北海道の百年』　読売新聞北海道支社編
『札幌百年のあゆみ』　札幌市編

『札幌百年の人びと』　札幌市編
『「明治」という国家』　司馬遼太郎　日本放送協会出版
『北海道歴史散歩』　栗賀大介　創元社
『北海道の歴史と文書』　北海道立文書館編
『北海道不思議事典』　好川之範・赤間均編　新人物往来社
『剣豪　その流派と名刀』　牧秀彦　光文社新書
『図説　剣技・剣術』（一・二）　牧秀彦　新紀元社
『日本剣客列伝』　津本陽　講談社文庫
歴史群像シリーズ『日本の剣術』、『血誠新撰組』、『坂本龍馬』、『日本１００名城』　学研
『新撰組顚末記』　永倉新八　杉村義太郎編　新人物往来社
『新選組戦場日記』　永倉新八　木村幸比呂編　ＰＨＰ研究所
『新選組興亡史』　栗賀大介　新人物往来社
『新選組銘々伝』（一〜四巻）　新人物往来社編
『サムライ札幌展図録』　札幌市中央図書館編
『幕末新選組』　池波正太郎　東京文芸社

『樺戸監獄』　熊谷正吉　かりん舎
別冊歴史読本『新選組組長列伝』、『新選組大全史』　新人物往来社
『新選組　永倉新八外伝』　杉村悦郎　新人物往来社
『子孫が語る永倉新八』　杉村悦郎　新人物往来社
『箱館戦争銘々伝』（上・下）好川之範・近江幸雄編　新人物往来社
『土方歳三のすべて』　新人物往来社編
『燃えよ剣』　司馬遼太郎　河出書房
『榎本武揚』　加茂儀一　中央公論社
『箱館戦争始末記』　栗賀大介　新人物往来社
『幕末・会津藩士銘々伝』（上・下）小桧山六郎・間島勲編　新人物往来社
『日本名城伝』　海音寺潮五郎　文春文庫
『幕末日本の城』　來本雅之編　山川出版社
『竜馬がゆく』　司馬遼太郎　文藝春秋
『坂本龍馬と明治維新』　マリアス・ジャンセン　時事通信社
『坂本龍馬　志は北にあり』　好川之範　北海道新聞社

『北海道の坂本龍馬紀行』（壱・弐）　北海道坂本龍馬記念館編
『京都見廻組秘録』　菊地明　洋泉社
『彰義隊遺聞』　森まゆみ　新潮文庫
『彰義隊』　吉村昭　新潮文庫
『上野彰義隊と箱館戦争』　菊地明　新人物往来社
『新選組相馬主計考』　佐藤喜一
茨城史林第30号「新選組最後の隊長相馬主殿考」　あさくらゆう　茨城地方研究会
『サムライ移民風土記—北海道開拓士族の群像』　栗賀大介　共同文化社
『新選組始末記』　子母澤寛　角川文庫
『新選組遺聞』　子母澤寛　中公文庫
『新選組物語』　子母澤寛　中公文庫
『蝦夷物語』、『厚田日記』（子母澤寛全集）子母澤寛　講談社
『子母澤寛　無頼三代蝦夷の夢』　北海道立文学館編
『松前藩』　濱口裕介・横島公司共著　現代書館
『武士道—文武両道の思想』　山岡鉄舟　勝部真長編　大東出版社

『剣禅一如』　結城令聞　大東出版社
『禅の思想と剣術』　佐藤錬太郎　日本武道館
『伊庭八郎のすべて』　新人物往来社編
『御聞番―会津藩・最後の隠密』　高橋義夫　講談社
『さらば・・えぞ地―松本十郎伝』　北国諒星　北海道出版企画センター
『北大百年の百人』　北海タイムス社編
『新渡戸稲造』　草原克豪　藤原書店
『対訳　武士道』　新渡戸稲造　奈良本辰也訳　三笠書房
『武士道』　新渡戸稲造　岬龍一郎訳　ＰＨＰ文庫
『武士道』　新渡戸稲造　山本博文　ＮＨＫ出版
『戊辰落日』（上・下）　綱淵謙錠　歴史春秋社
『北の礎―屯田兵開拓の真相』　若林滋　中西出版
『北の会津士魂』　好川之範　歴史春秋社
『幕末剣客秘録―江戸町道場の剣と人』　渡辺誠　新人物往来社
茨城史林第35号「北辰一刀流千葉家を語る」　あさくらゆう　茨城地方研究会

『開拓使にいた龍馬の同志と元新選組隊士たち』　北国諒星　北海道出版企画センター
『土方歳三最後の戦い』　好川之範　北海道新聞社
『箱館戦争全史』　好川之範　新人物往来社
『怒涛燃ゆ』（前編）　栗賀大介　道圏出版
『北海道の歴史』　田端宏一、桑原真人、船津功、関口明共著　山川出版社
『日本の歴史〈20〉―明治維新』　井上清　中央公論社

他に「北の幕末維新」（北海道幕末維新史研究会）、「歴史読本」（新人物往来社）、「歴史と旅」（秋田書店）、「歴史街道」（ＰＨＰ研究所）、「歴史人」（KKベストセラーズ）、「会津人群像」（歴史春秋社）、「剣道日本」（スキージャーナル）、「剣道時代」（体育とスポーツ出版社）等の特集など。

あとがき

『ほっかいどうサムライ伝』の第一弾を振り返って、登場人物を眺めたとき、その生き方に、改《あら》めて彼らの気迫とエネルギーの迸《ほとばし》りを感じる。

そのなかでも代表的な一人、〝永倉新八〟について書いておきたい。

新選組の本をいろいろ読むなかで、最初に新八を書いたのは昭和五十一年（一九七六）のことである。それは、札幌市北区のエピソード史の一つとして北海道大学の剣道場を新八が訪れたことについて書いたものであった。

この頃に、新八を主役とした『新選組興亡史』を著した札幌在住の歴史作家栗賀大介氏、小樽で新八と同居していた孫の杉村逸郎氏、杉村利郎氏、杉村康郎氏を知る。また、北海道大学附属図書館で、新八が訪れたという剣道場の所在地を調べ、TBS放映『新選組始末記』で新八を演じた夏八木勲氏と手紙のやり取りもあった。

その後も何回か新八を書く機会があり、『北海道不思議事典』や好川之範氏の紹介で出会った曾孫《ひ》の杉村悦郎氏の『永倉新八のひ孫がつくった本』にも拙文を載せてもらった。

なぜか、こうして新八との縁は続き、『ほっかいどうサムライ伝』は、〝永倉新八〟から始まる。

新八は、松前藩士である。

江戸の藩邸に生まれ、藩代々の名門の家に育ち、幼年から元気一杯の腕白坊主であった。その人生で最も夢中となった剣については、八歳から竹刀を握り、藩校「明《めい》倫館《りんかん》」では神道無念流と直心影流《じきしんかげ》を学び、その後、神道無念流の岡田十松の「撃剣館」道場に入門、十八歳で免許皆伝。「数ある門弟《もんてい》中には屈指の腕達者」だった新八は、師の岡田十松自慢の弟子であった。

さらに同流の百合元昇の道場に四年通い、次いで坪内主馬の心形刀流《しんぎょうとう》の道場では師範代を務める。そして、流派を問わず道場を訪ねては手合いを重ねるうちに、近藤勇の「試衛館」と出会う。剣の道を志《こころざ》し続けたゆえだが、試衛館の食客として居候するなかで近藤直伝の天然理心流を修める。のちに同派後継者が新八を訪れて教えを請《こ》うほどであった。また、一説によると北辰一刀流にも関わったともいわれる。

いずれにしても、二十代前半の新八にとって試衛館は、よほど居心地がよかったらしい。

次男として生まれた新八は、長男の秀松が三歳で早逝してしまったことで嫡男となったが、藩の仕事に縛られるより、剣に打ち込みたいがために十九歳で脱藩までしてしまう。とはいっても、剣術修行のために江戸府内の道場に住み込んだということだったため、藩からお咎《とが》めはなかったものの、家人に迷惑をかけないために、姓を〝長倉〟から〝永倉〟に変えている。

試衛館の仲間は、剣を通じてお互いよほど気心が知れていたのか、幕府浪士組、のちの新選組であるが、近藤一派として京洛へと行動を共にする。新八にとって血気盛んな青春時代である。

よく知られているとおり、新選組は、幕末において最強の剣客集団である。

新八は、新選組の結成当初からのメンバーとして知られ、副長助勤、二番隊組長、剣術師範を務め、新選組の主力としてほとんどの闘争に参加している。自分の体に残る刀傷、鉄砲傷合わせて「七ヶ所手負場所顕ス」を書き残しているほどだから、刀を頼りに、いかに最前線で命のやりとりを繰り返してきたかがわかる。

戊辰《ぼしん》戦争では、京都から江戸に帰った後も、甲陽鎮撫隊として戦い、靖共隊として会津、米沢まで転戦する。

米沢藩で謹慎となった新八は、脱走逃亡の末に江戸に潜伏するが、ここでも仇討《あだう》ちを頼まれたり、新選組が暗殺した伊東甲子太郎の実弟鈴木三樹三郎につけ狙われたり、政府転覆者のメンバーに名を連ね、また米沢で共に戦った雲井龍雄《くもいたつお》の斬首の件や松前藩士の蠣崎《かきざき》多浪との出会いなど、ことのほか忙しく立ち回っている。

加えて、旧幕浪士への取り締まりが一層厳しくなり、たまりかねた新八は、松前藩に帰参を求め、それが認められる。新政府にとって明確な敵である新選組の大幹部の帰藩、それも百五十石とも五十石ともいわれるが、召し出されているのである。

これは、新八が藩の重臣の家系ということもあるだろうが、いろいろな要件が重なった奇跡的な出来事のように思える。

ただ、新八が松前藩に帰参したとき、まだ新選組は箱根において戦っている最中《さいちゅう》であったことから、呵責《かしゃく》の念かどうかはわからないにしても、維新後の新八は「つねにいちだんの謹慎を表する」という姿勢を貫《つらぬ》いた、と子の義太郎は『夢のあと』のなかで語っている。このことも、純真なサムライ気質の現《あらわ》れといえるかも知れない。

新八は、婿養子となり、名を杉村義衛と改め、松前藩兵の調練に務める。

新八は、新しい名の〝義《ぎ》を衛《まも》る〟の言葉どおりに、明治に入ってから新選組の名誉回復に尽し、隊士の墓碑の建立や供養に奔走《ほんそう》する。同時に、多くの道場を廻って稽古を続け、樺戸《かばと》集治監《しゅうちかん》で剣術師範を務めたり、東京に「文武館」という、この名は新選組屯所内の道場名と同じだが、道場を構えるなど、最晩年には小樽から札幌の北海道大学剣道場まで出かけて行って、学生たちに形を披露したりしている。

維新後、新八は東京、松前、小樽、東京、樺戸、東京、札幌、東京、小樽、松前、小樽と転々と居を移している。諸事情があるにしても、実にめまぐるしいが、その間に、手日記を書き残し、それが新選組通史として貴重な資料となっている。この功績は大きい。

もう少し、新八について書く。

新八の幼年から晩年まで、新選組という剣に命を賭した時代を駆け抜けながらも、一貫して変わらなかったのは剣術の稽古を絶やさなかったことである。剣道が好きで好きでたまらないという言い方が現代風かも知れない。

新八は、どういう剣を遣《つか》ったのか。

同じ隊士の阿部隆明が、「沖田総司《そうじ》、これがマア勇の弟子で、なかなか能《よ》くつかいました。その次は斎藤一《はじめ》と申します。それから、派は違いまするけれども、永倉新八というものがおりました。この者は沖田よりチト稽古が進んでおりました」と、隊内での剣の実力について語り残している。このことは、新八は隊内随一の遣い手であったことを裏付ける。

新選組四人対浪士二十人余りが屋内戦闘を展開した池田屋事件では「表口へ逃げる者を袈裟《けさ》懸《が》けに一刀で納まる」と新八自《みずか》ら記しているなど、白刃《はくじん》の下を幾度もかいくぐった場面の記録は多い。しかしながら稽古については、「選《え》りぬきの剣客ぞろいのなかで、すばらしく腕が立ち、ひときわ目立っていた」、「試合でのかけひきや竹刀さばきに、持ち前の図太さと器用さを存分に発揮した」、「人一倍太刀すじもよかった」「小手さばきはなかなかのもの」などといった調子の言葉が散見される程度で、具体的な稽古内容や試合などを通じた剣風の記述が見当たらない。

そこで、新八が修めた流派の特徴を記してみる。

まず〝神道無念流〟は、裂帛《れっぱく》の気合いのもと、相手に対して左斜め前、あるいは右斜め前に体を捌《さば》いて、相手の撃ちをかわすと同時に、わずかな角度さで生じた隙《すき》に打ち込むことを要諦とする。

〝心形刀流〟は、常に心を直にして形を正し、心と形と刀の三位一体の奥義ながら、突きを中心に技が多彩である。

そして、構えは刀身を少し左に傾斜させた平晴眼《ひらせいがん》、受けと同時に斬ることが可能な攻防一体、相打ち覚悟の気組《きぐみ》を要するとされる〝天然理心流〟いずれも実戦に効果が期待できる。

こうしたことを重ね合わせ、「中背、ズングリ、がっちり体型」の新八が、稽古において鍛えた腕を発揮する姿を思い描いてみると、新八の剣は、巧緻というよりも、思いのほか剛剣だったのではないだろうか。

新八について、さらに続けたい。

新八の妻は十歳年下で名をよねという。藩医者の娘で気位は高かったらしい。性格的に折り合いが悪かったのか、晩年は共に暮らすことはなく、新八は娘のゆき夫妻と同居している。ゆきは風呂で新八の背を流したり、日常の世話をしていたという。

時を新八の新選組時代に遡《さかのぼ》る。

無骨一点張りの新八が、なんと京都亀屋の芸妓《げいぎ》小常との間に子供をもうけている。女児の名は磯子というが、小常は慶応三年十二月に産後の肥立ちが悪く、病没している。

新八は、新選組が京都を去って大坂へ出陣する直前に磯子と初対面し、磯子を預けた岡田貞子に新八証拠の品とともに五十両を渡し、江戸の松前藩邸で引き取ることを約束している。

しかし、この約束は守られることなく、時の流れは抗《あらが》いようのない騒乱のなかへと新八を導びいていく。

それから約三十年、磯子は、尾上小亀《おのえこかめ》という芸名の女役者として、関西方面で活躍、美人として人気を集めていた。それを伝え聞いた新八は、明治三十三年に磯子と涙の再会を果たしているが、五年後の十二月、磯子は京都において三十九歳の若さで病死している。

新八は、磯子を長女に、母親は違うが長男義太郎、次女ゆきという系譜として、磯子の骨を小樽の杉村家墓所に埋葬したという。


次いで、新八の性格について記していきたい。

子母澤寛《しもざわかん》は、『聞書永倉新八』のなかで、「江戸人らしい物事にこだわらぬ恬淡《てんたん》たる性格のもちぬしで、そうした性格が、あの人を生き残させたんでしょうな」と語っている。恬淡とは、こだわりなく、無欲なことをいう。

また、曾孫の杉村悦郎氏は『新選組永倉新八外伝』のなかで、長男の義太郎をして「天真爛漫というか、傍若無人というか、その性格は新八の遺伝子を間違いなく受け継いだものである」と書いている。受け継がれたのは、偽《いつわ》りがなく、真情をそのまま言動に移し、人に遠慮なく、自分の思うままに行動するということになる。

新選組にあって近藤、土方、沖田という天然理心流グループを除くと、他流派としては最上位に新八は就いている。おそらく新選組という組織において、対等に近藤を糾弾したり、局中法度に触れる行為をしても土方からは注意を受ける程度で、それを厳しく罰する気配がなく、そういう特異な立ち位置にいたのは新八をおいて他に誰一人いなかったのではないだろうか。

甲州勝沼の戦いのあとに近藤と袂《たもと》を分かつときも、あくまで同志として、思うままに言い、行動している。

とはいえ、近藤と土方を慕う心は、試衛館当時と変わることはなく、のちに新八は板橋に「近藤・土方両雄の碑」を建立し、その傍《かたわ》らに自分の墓を建てている。さらに日野にも「殉節両雄之碑」を建てて二人を顕彰している。

晩年まで住んだ小樽の自室には両名の写真を置かれていたという。

新八は七十七歳という長寿でこの世を去る。まさに血河の巷《ちまた》に身を置きながらも大正まで生き抜いた人生だが、その因果を求めようと、時代背景や人間関係、剣との関わり、そして新八の性格等々をあれこれ並べたために、あとがきが長くなってしまっている。

新八は、決して直情径行ではなく、また陰鬱にも見えない。屈託なく、そのときそのときに自分の持つ力を、思うがままに発揚し続けた男である。新八を支えた自信の根幹は、まちがいなく培《つちか》った剣の強さであろう。

剣道用語に「交剣知愛」というのがある。「剣の交わりによる攻め・攻め返しの鋭い緊迫のなかで、心と心のふれあいがあり、互いに人間的成長を求める出会いが生ずる。そこからの克己、内省、謙虚、寛容、互譲、さらにお互い心を磨き合うことによって人間愛が育っていく」という意だが、こうした剣縁に基づく交流範囲が広いこと、併せて剣友との義を重んじることも挙げられる。その点、サムライの典型であるかも知れない。

新八が生き抜いた要因は、すでに書いてきたことで多少分かっていただけたかも知れないが、これからも新八を巡る旅は、まだまだ続きそうである。

最後になってしまったが、このたびの発刊に当たって、北海道剣道連盟のご理解と、お忙しいなか同連盟の武田牧雄会長より序文の寄稿をいただき、さらにはご協力をいただいた多くの方々に心よりお礼を申し上げるとともに、歴史春秋社の阿部隆一社長をはじめスタッフのみなさんのご尽力に深く感謝申し上げる。

そして、私の著作活動に多大な恩恵をいただいた、いずれも故人となってしまったが、札幌在住の歴史作家の好川之範、栗賀大介の両氏へ本書を捧げたい。二人との出会いがなければ、本書の執筆にはいたらなかったと思う。

令和五年　陽春

著　者

《著者プロフィール》

村岡《むらおか》　章吾《しょうご》

1951年札幌市生まれ。剣道錬士六段。

北海道幕末維新史研究会会員、同会機関誌『北の幕末維新』編集人。

共著に『北海道の不思議事典』、『箱館戦争銘々伝』、『高田屋嘉兵衛のすべて』（以上、新人物往来社）、『北海道謎解き散歩』（新人物文庫）、『新選組永倉新八のひ孫がつくった本』（柏艪舎）、『北区エピソード史』など。

編著に『知己往来　好川之範さんを偲んで—。』

北海道剣道連盟機関誌『剣友北海道』（月刊）に「歴史を辿る」連載。

北海道剣道連盟『創立50周年記念誌・飛翔』、『創立60周年記念誌・剣縁』及び『創立70周年記念誌・剣即心』の編集委員。

ほっかいどうサムライ伝
～流れる星の如く、北辺の地へ～

2023年６月30日初版第１刷発行

著　者　村岡　章吾
発行者　阿部　隆一
発行所　歴史春秋出版株式会社
〒965-0842　福島県会津若松市門田町中野8-1
電話（0242）26-6567

印　刷　北日本印刷株式会社